教育部2018年度后期资助项目
"电影伦理学纲要"（18JHQ097）结题成果

{ 电影伦理学 }

Film Ethics

袁智忠 / 著

图书在版编目（CIP）数据

电影伦理学 / 袁智忠著. -- 北京：北京燕山出版社，2023.8
ISBN 978-7-5402-6917-3

Ⅰ．①电… Ⅱ．①袁… Ⅲ．①电影－伦理学－中国 Ⅳ．① B82-056

中国国家版本馆 CIP 数据核字（2023）第 076411 号

电影伦理学

袁智忠　著

责任编辑	满　懿
封面设计	一言文化
出版发行	北京燕山出版社
社　　址	北京市西城区椿树街道琉璃厂西街 20 号
电　　话	010-65240430
邮　　编	100052
印　　刷	成都鑫成发印务有限公司
开　　本	787mm×1092mm 1/16
字　　数	242 千字
印　　张	15.25
版　　次	2023 年 8 月第 1 版
印　　次	2023 年 8 月第 1 次印刷
定　　价	86.00 元

版权所有　　翻印必究

序 一

青春意气今犹在，世纪风华正扬帆

贾磊磊

袁智忠教授的《电影伦理学》就要出版了，作为中国电影伦理学建构的共谋者、合作者、践行者，智忠教授责成我为这部学术著作写个序，对此重任真是深感诚惶诚恐。可是，我想可能没有谁能够像我这样不仅是从字面上，而且能够从内心里读懂他的这部著作。想起几年来我们一起共同努力，携手奋斗的情景，觉得似乎又有一种责任要将智忠苦心孤诣的心路告诉大家——过去我们素昧平生，非亲非故。可是，自从我们开始共同进行电影伦理学的研究，我们就渐渐成了志同道合的好友、砥砺前行的挚友、坦诚相见的诤友。所以，不揣冒昧地为智忠教授的大作写几句感言。

一

上个周末，我到北京的万圣书园去买书。在书架上随手拿起一本关于文艺理论方法论的著作，按照习惯浏览了一下它的目录。映入我眼帘的文艺理论批评的学派基本上全部是西方的：符号学、结构主义、精神分析、女权主义……过去，我们已经习惯了这样的一种学派的排列。可是，就在昨天我忽然想到在不远的将来，在评述电影理论批评学派的著作中，将有一章是关于中国电影伦理学的——它将与其他不同的学术流派共同进入到艺术理论批评的历史序列之中。中国电影伦理学即将要在电影学术的历史上占据一席之地。而这个历史席位的获得当然不能缺少智忠教授的《电影伦理学》。其实，这个学术梦想并不仅仅是我和智忠教授的，她实际上凝聚了我们许许多多中国电影学者的共同心愿。我们有没有一种能够体现我们文化核心价值观的电影评价标准以及中国电影学的理论体系？这几乎成为我们中国电影理论批评界的一种历史宿命。

现在，智忠教授完成的《电影伦理学》，不仅是我们共同发起的中国电影伦理学研究的显著成果，而且也是中国电影理论批评界在迈向民族主体性道路上的重要一步。这部著作是在电影学和伦理学的交叉和跨界点上，开创一部的原创性学术专著，显示了电影学、伦理学学科的新发展、新动态、新成就。回想起这些年我们为中国电影伦理学的学术之梦在一步一步往前走的情景，尽管我们遇到了许许多多的困难，可是，我们毕竟将它们逐步克服，越来越抵近离我们预期的目标。这些年我和袁老师已经共同主编了三本关于电影伦理学的论文集：《中国电影伦理学2017》、《中国电影伦理学2018》、《中国电影伦理学2019》，它汇集了中国电影学者在三年内68位学者撰写的107篇理论文章，共计百万余字。这些凝聚着中国学者关于电影伦理学的理性思考，其中的许多真知灼见必将为中国电影伦理学的伦理大厦提供坚实的理论根基。如今，智忠教授的大作《电影伦理学》应当说是中国电影界乃至整个人文社科界第一部关于电影伦理学的学术专著。该书立足于传统伦理道德观的学术视角，将电影中的伦理道德问题作为主要研究对象，进行了系统、深入的具体研究。其中的学术贡献，自不必言。对于其中所涉及的电影伦理学的一系列命题，我想，历史自有公论，我们在此不用赘述。我们能够做的是应当为这部书的作者画一幅精神的肖像。

二

智忠教授在电影学界纵横驰骋了近30多年，是一位志存高远的学者。他很少去纠缠那些看似喧嚣热闹的话题，而一直在电影的道德教育与电影的伦理学研究领域一路扬鞭策马，飞奔向前…想起我们当初不约而同地决定一起进行电影伦理学的研究、组织相关的学术会议的情况，看似像是一种天意，其实是基于我们多年来共同的学术志向所决定的。近年来，在我们集中研究电影伦理学以来，发现在20世纪80年代就开始搜集伦理学方面的理论文献。其中除了这个古代伦理学的著述之外，国外最早的理论文献是由苏联学者1980年编著的《伦理学词典》。智忠的伦理学研究是从2006年，那时他就开始了电影道德的研究，并且在西南大学成立了影视传播与道德教育研究所，率先进行电影伦理道德的研究。尽管我们那时离中国电影伦理学的目标相当遥远，可是，我们却踏上了中国电影学术中的同一块领地。现在看来，智忠今天的学术建树离不开他对于电影创作现实的敏锐洞察，离不开他对电影理论始终不渝的钻研精神。也多亏他身边有一群与他志同道合的领导、同事、同学，和他一起东奔西跑，一起携手共进。他对学术的执着甚至使他能够在遇到困难的时候，自己慷慨解囊赞助学术研究。智忠教授很有情怀，集几十年的学术积淀之功力，最后喷薄而出，创造性地、创新性地完成了这部具有开拓意义的电影伦理学著作。基于所有这一切，才使中国电影伦理学这个学术之树在重庆、在西南大学、同时在智忠和我们的心中深深地扎下根来，并且步入了学科建设的通衢大道……

　　智忠教授是一位可以推心置腹的朋友。作为共同经历了当代中国历史的一代人，我们有着非常相似的经历。我们有共同的心里痛点，有共同的美好记忆，有共同的人生志向，有共同的学术理想，并愿意为这种理想的目标中国电影伦理学而不懈努力。他的《电影伦理学》现在就要面世，我不仅由衷地为他感到高兴！而且也由衷地为中国电影理论的学术进展感到欣慰。这是一部有利于或者造福于电影创作、电影观众和人类命运的，一部跨时代意义的电影伦理学著作。我相信，他的这部著作在中国电影伦理学研究方面必将起到开宗立派的重要作用。将为研究中国电影问题提供最直接的理论工具，同时为中国电影生产提供伦理参照，最终促进中国电影朝着政治正确、历史认知的真实性无可非议、艺术风格趋向完美，同时符合伦理道德的方向发展。

　　智忠是一教授位坦诚率真的诗人。他的诗赋集《心未眠》寄予了他内心对于学术与生活的深切情怀。他在写给重庆百年名校天府中学的赋文中写到"百年青春意气在，世纪风正好扬帆"。其实，这又何尝不是他对于自己的激励与鞭策呢？智忠当今的状态正是"青春意气今犹在，世纪风华正扬帆"。是的，在现实生活中我们谁也不能完全免除功名的诱惑，谁也无法彻底摆脱利益的驱使。可是，即便就是在这样一个被滚滚的红尘所裹挟的尘世间，一位能够拿起笔来挥毫赋诗的人，至少表明他不是一个被世俗的锁链完全绑架的人。他的内心有一片诗意的栖息之地，他即便是在最为忙碌与纠结的时刻，也可以有他可以驻足、可以冥思的去处。其实我们每个人都有一个自己向往的诗意的寓所。记得那时1998年参加在重庆召开第七届金鸡百花电影节学术讨论会。我们住在重庆渝州宾馆。那是一座非常有西南建筑特色的酒店。四周绿树环抱，鸟语花香，是个令人沉醉的地方。那时我和智忠还都是初出茅庐的年轻人，能够到重庆参加金鸡电影节的学术论坛还是很幸运的。当年与智忠教授相识就是在渝州宾馆的会场内。那时自己也写了一首自由体的诗作，以此作为对智忠这本书序言的结语吧。

　　望，
　　山城夜色，

万家灯火。
满江繁星沉入霓虹影里,
碧水流涟载去渔火船歌。

爱,
独行远路,
听山溪清唱,
赏绿树婆娑。
晓风起处江上征帆点点,
青枝啼翠梦回天府古国。

看,
星光飞掠,
昼夜如梭。
纵情摇舞抖落红尘烟雨,
渝州野陌挥斥高堂捭阖。

临川远眺,
千古惊涛阵阵奔来眼底。

当代英雄,
何时重返巴蜀故国?

2019年9月8日北京时间2:31 美国纽约至波士顿2248次列车 quiet
2021年10月10日定稿于北京

(贾磊磊,中国艺术研究院原副院长、研究员、博士生导师。原文发表于《四川戏剧》2020年第3期,收入本书时有改动)

序二

坚守本土文化立场，开创新的学科领域

饶曙光

对于西南大学袁智忠教授创意召开中国电影伦理学学术论坛，带领他的团队坚持不懈地深入研究电影伦理学，笔者个人一直是不遗余力大力支持的。因为笔者深知，电影伦理学不仅是电影学术研究必须努力拓展的的一个学术领域、学科领域，而且对于中国电影实践、对于中国电影可持续繁荣发展、对于中国电影从大国走向强国都具有不可替代的理论引领意义和价值。

在笔者看来，伦理叙事是中国传统文艺的叙事模式，也是中国本土电影最核心的叙事模式。伦理叙事根基于中国传统文化思维惯习，影响着中国电影的创作与观众审美。伦理叙事并非某种类型，而是中国人看待社会运转与日常生活的基本方式，它是中国人的"集体神话"，是中国电影多种类型共同的母题，是中国电影的"元类型"。我们可以通过分析中国电影史上各重要时期卖座影片受欢迎的背后成因，说明伦理叙事之于电影受众的重要性，伦理叙事将观众与银幕故事组织为一个审美共同体，通过伦理叙事达成与观众的共情共鸣共振。中国电影伦理叙事从初创到与政治伦理的融合再到当代新伦理的加入，始终根基于传统文化的深厚土壤，为影片和观众提供审美交流的可能，与共同体美学的内涵不谋而合。当代中国电影应从传统文化中汲取养分，立足本土伦理叙事，形成属于中国电影的价值表达方式；讲好中国故事。

电影作为大众文化的重要组成部分，始终反映着一个时代大众的生活状态，反映着一个民族的传统、信仰与价值取向。在中国电影百余年的发展历程中，形成了一套属于中国人自己的影像叙事方式，它代表着中华民族发展千年的精神传统，承载着愿望与想象，处理着不同时代中国人的生活困境。

众所周知，电影是继小说、戏剧等本土传统艺术之后一种新的表征中国传统文化观念的艺术形式。以伦理为本位的中国传统文化看重的不是一个人是否遵从国家法治，而是如何在错综复杂的人际关系中履行伦理义务。费孝通将乡土/传统中国社会结构归结为"差序格局"，就像石头投进水中形成的

一圈圈涟漪，乡土中国人以自我为中心界定人际关系，并形成自己的行事准则，这一套观念深刻地影响着中国人，它使中国人形成了以家庭为核心的社会结构，以伦理道德为标

准的社会奖惩机制，指导着中国人处理日常生活乃至整个社会和民族的矛盾和冲突。换言之，传统伦理道德塑造了属于中国人自己的一套意义阐释系统，规定着个体在这个社会中的位置和行为，它处理中国人生存于世的困惑和情感，成为一套能够在中华文化范围内普遍使用全员共享的"文化信码"，形成文化共同体，维持着中华民族的稳定。这一套意义阐释系统在不同时期或被调整或被改造，但其核心始终保持，影响着一代又一代中国人。

什么是"电影伦理"？举一个简单的例子。电影《心迷宫》讲述了偏远山村突然出现一具焦尸，并由此接二连三地发生离奇怪事，涉案者们为了一己私利而不断地撒谎，试图用谎言掩盖事实的真相，将人性的丑陋、阴暗面表现地淋漓尽致。影片展现了乡村家庭伦理的失序，社会伦理道德的混乱，影片中的众生相触犯了家庭伦理和社会道德伦理。因此伦理是存在一切人类的行为和业态之中，人与人之间、人与社会之间的秩序与规范。而电影伦理，指的就是电影在生产、传播、接受的整个活动中所涉及到的伦理关系，是社会伦理一定程度上在电影中的反映。

何为电影伦理学？电影伦理学是一种以影像叙事形态研究为基础，以影片表现的伦理取向为主要研究对象的电影理论体系。为何要呼吁中国电影伦理学研究？无论是从现实背景、伦理传统还是学科前景来看，电影伦理学的创建都是非常必要的，《电影伦理学》的著述都是十分具有学术价值和现实意义的。在《电影伦理学》中袁智忠教授着重解决了关于电影伦理学的几个问题：

其一，这是中国第一部电影伦理学专著，是在电影学和伦理学的交叉和跨界点上，开创的一个新的学术新领域而形成的学术专著。电影伦理学的学术位置得以确认，也是电影学、伦理学学科的新发展、新动态、新成就。该专著立足于传统伦理道德观视角，将电影中的伦理道德问题作为主要研究对象，包括(电影)"二律悖反"的伦理现象、性与电影伦理、暴力与电影伦理、社会正义与电影伦理、电影形式与电影伦理等，进行了专题、系统、深入的具体研究。

其二，这是一部体例完备，逻辑清晰的学术著作。这本著作承袭了作者

本人长期在高等院校工作、长期积累而形成的典型学院派学术风格，广泛借鉴了已有的人文社科的相关著作，如美学、哲学、文艺学、教育学等学科的研究范式和学术智慧，汇集成了这本独创性的专著。《电影伦理学》一共包括7个章节，

对电影伦理学的诞生与发展、电影生产伦理、电影叙事伦理、电影传播伦理、电影接受伦理、电影批评伦理、电影教育伦理进行了全面、详细的阐释。其结构完整，内容详实，案例丰富，在人文社科已有研究成果的基础上，建构起自己的话语体系和知识体系和相关研究范式。

其三，这是一本切合电影学专业，以及中国和人类的社会现实的一部著作。"电影伦理，确切地讲就是影片中表现出来的伦理生活，又何尝不少我们整个社会伦理生活的组成部分呢？"（贾磊磊、袁智忠：《中国电影伦理学·2017》，重庆：西南师范大学出版社，2017）当今电影市场化、工业化时代，大量的电影作品追求满足观众的娱乐需求，带来一场场视听盛宴的同时，也给人类带来了一定的社会危机和精神危机。电影伦理学的创建和探讨也许正是实现其救赎的一条重要途径。

作者无论从内容层面，还是从视听语言层面，都作了很好的思考，包括电影伦理学的基本原理、历史、叙事伦理、跨学科、电影个案等多个方面。面对中国电影理论发展的客观现实，面对电影创造界所出现的种种现象，面对电影批评中出现的诸多问题，作者以影像叙事形态研究为基础，以影片表现的伦理取向为主要研究对象的电影理论体系。电影伦理学是以视听媒介为代表的电影出发点，去分析电影所分析的伦理现象，去透析电影伦理诉求，去剖解有悖传统伦理道德的影像表达，去解决电影创作、生产、传播、接受过程中的实际问题。

其四，作者是一位有使命感的电影学专家和学者，综合电影学、伦理学、文艺学、美学、教育学等学科智慧，怀揣着勇气、信心和满腔热情，兢兢业业，刻苦钻研，潜心电影伦理学的研究，最终完成了这部富有学术拓展意义的电影伦理学著作。《电影伦理学》从构思到完成历时多年，是作者多年学术积淀的体现。作者面向中国电影的实际问题，透过现象看本质，力求建构中国电影的伦理精神，是建构中国电影伦理学学科体系的重要一步。

其五，作者从上世纪八十年代开始一直在高校从事电影学及其相关学科

的教学和研究，学术视野开阔，除了电影学的学术背景，他还具备文学、艺术学、美学、伦理学、传播学、教育学等多学科的知识积淀。这种开阔的学术视野，锤炼了作者独有的学术格局和学术胸怀，使得《电影伦理学》可以为研究中国电影问题提供直接的理论工具，同时为中国电影创造提供伦理参照，最终促进中国电影朝着政治正确、历史认知的真实性无可非议、艺术风格趋于完美，同时符合伦理的方向发展。

毫无疑问，电影伦理学是一个新的学术领域、学科领域，需要集聚电影学术研究更多人的智慧和能量。无论如何，《电影伦理学》迈出了极其重要的一步，为后来者提供了学术思路、学术借鉴；而更大更广阔的学术空间、学术建构，需要更多人坚持不懈、久久为功、功成不必在我的共同努力！

2021 年 10 月 25 日

（饶曙光，电影理论家，中国电影评论学会会长，中国电影家协会原秘书长）

序一 青春意气今犹在，世纪风华正扬帆……………………………贾磊磊
序二 坚守本土文化立场，开创新的学科领域……………………饶曙光

第 1 章
绪　论

第 1 节　电影伦理学的诞生……………………………………………001
　一、电影与电影伦理……………………………………………………001
　二、电影伦理学的学科构成……………………………………………007
　三、电影伦理学的诞生…………………………………………………010

第 2 节　电影伦理学的研究对象………………………………………012
　一、基于（电影）"二律背反"的伦理现象…………………………012
　二、性与电影伦理………………………………………………………014
　三、暴力与电影伦理……………………………………………………018
　四、社会正义与电影伦理………………………………………………023
　五、电影类别与电影伦理………………………………………………025

第 3 节　电影伦理学的研究范式………………………………………035
　一、镜头画面与伦理……………………………………………………036
　二、叙事内容与伦理……………………………………………………038
　三、艺术美学与伦理……………………………………………………040

第 2 章
电影生产伦理

第 1 节　生产伦理与电影生产伦理 ·····042
一、生产伦理 ·····043
二、电影生产伦理 ·····045
三、电影生产伦理的基本特征 ·····048

第 2 节　电影生产伦理的基本范畴 ·····054
一、生态伦理 ·····054
二、社会伦理 ·····057
三、商业伦理 ·····058

第 3 节　电影生产主体的伦理 ·····061
一、制片人 ·····061
二、编导 ·····063
三、演员 ·····065

第 3 章
电影叙事伦理

第 1 节　电影叙事与叙事伦理 ·····068
一、叙事与电影叙事 ·····069
二、电影叙事伦理 ·····073
三、叙事伦理与伦理叙事 ·····076

第 2 节　电影叙事伦理的特征 ·····082
一、必然性 ·····082
二、内生性 ·····084
三、个体性 ·····086
四、形式性 ·····088

第 3 节　电影叙事伦理的策略 ·····090
一、民族化 ·····090
二、审美化 ·····093
三、个性化 ·····095

四、时代性 ·· 098

第 4 章　电影传播伦理

第 1 节　电影传播伦理的概念及特征 ·· 101
　　一、传播学视域下的传播伦理 ·· 101
　　二、电影传播的道德作用与功能 ·· 105

第 2 节　电影传播伦理的基本范畴 ·· 111
　　一、电影媒介经营伦理 ·· 112
　　二、电影媒介责任伦理 ·· 117

第 3 节　电影传播伦理的失范与反思 ·· 123
　　一、电影传播伦理应有的规范 ·· 123
　　二、电影传播伦理的失范 ·· 126
　　三、电影传播伦理失范的反思与对策 ······································ 128

第 5 章　电影接受伦理

第 1 节　美学视域下的电影接受伦理 ·· 134
　　一、电影审美接受伦理 ·· 134
　　二、美学视域下电影接受伦理的基本形态 ······························· 141
　　三、美学视域下电影接受伦理的主要特征 ······························· 144

第 2 节　美学视域下的电影接受伦理状态 ··································· 150
　　一、交锋 ··· 150
　　二、融合 ··· 151
　　三、拓展 ··· 152

第 3 节　电影接受伦理的共同性与差异性 ··································· 154
　　一、共同性 ·· 154
　　二、差异性 ·· 156

第 6 章 电影批评伦理

第 1 节　电影批评的主体伦理 ············· 161
　　一、主体伦理的界定 ············· 161
　　二、学术伦理 ············· 165
　　三、职业伦理 ············· 166

第 2 节　电影伦理批评的范式 ············· 168
　　一、传统道德伦理批评 ············· 169
　　二、生态伦理批评 ············· 172
　　三、产业伦理批评 ············· 178

第 3 节　电影批评的伦理规范 ············· 182
　　一、电影批评的道德自律 ············· 182
　　二、电影批评的伦理规范 ············· 187
　　三、电影批评伦理的价值和意义 ············· 193

第 7 章 电影教育伦理

第 1 节　电影教育伦理的内涵 ············· 199
　　一、电影教育与电影教育伦理 ············· 199
　　二、电影教育的伦理内涵 ············· 203

第 2 节　电影教育伦理的基本范畴 ············· 205
　　一、电影教育的伦理价值和道德导向 ············· 206
　　二、电影教育者职业伦理 ············· 208
　　三、电影教学伦理 ············· 210

第 3 节　电影教育伦理的价值与意义 ············· 214
　　一、价值 ············· 214
　　二、意义 ············· 218

参考文献 ············· 223
写在后面的话 ············· 229

第1章 绪 论

从1895年卢米埃尔兄弟把人类渴望和追逐数千年的视觉运动影像变成了现实，电影就成了传播文化和艺术的重要媒介和载体。这120多年来，人们对电影的研究从来没有停下创新性脚步，包括电影哲学、电影美学、电影符号学等，都是现在电影学研究的重要内容和分支学科，取得了丰硕的研究成果。但是，一个本应随着电影诞生而得到研究和发展的领域却没有得到足够的重视，那就是电影伦理学。

第1节 电影伦理学的诞生

电影自诞生之日起，便受到广大人民群众的关注和喜爱，成为人们不可或缺的娱乐和艺术审美方式之一。作为视听艺术，电影注重表现人类的物质生活和精神生活，是人类生活直观化、艺术化的写照。电影一方面遵循着艺术创作的客观规律，另一方面，由于在人类的日常生活中，通常遵循着一定的社会道德和伦理规则。因此，作为现实生活的一种艺术表达，电影与社会道德、伦理之间究竟存在什么样的关系，这正是我们需要思考的问题。

一、电影与电影伦理

（一）电影及其发展现状

电影（film），对其基本的概念解释就是"用摄像机将人物、景物及其他被摄对象刻在胶片上,以此来形成很多具有连贯性的画面,然后再由放映机将其放映到银幕上而形成活动的影像,来让观众观看和欣赏的艺术形式"。[1]

而根据《电影艺术词典》的定义,"电影,是根据'视觉暂留'原理,通过活动照相技术把特定事物的影像摄录于胶片或数字存储卡上,再通过幻灯放映术进行连续放映造成动态、活动影像,表达一定的思想内容的技术"。[2]除从技术层面对电影加以定义之外,我们还可以从艺术的层面对其加以定义,电影也是一门可以容纳文学、戏剧、音乐、舞蹈、摄影、绘画、书法、雕塑、建筑等多种艺术形式的综合性艺术体。电影通过对各类艺术借鉴和兼容,极大地丰富了自身的表现形式和艺术魅力。但同时电影又具有其他艺术不可替代的特质,电影在艺术表现上不仅对其他艺术进行兼收并蓄,又因为它可以运用自身独特的镜头组接技巧——"蒙太奇"(法语:Montage)的剪辑手法和艺术手段,突破现实时间和空间的限制,创造电影跨越现实的时空,成为一种时空艺术,在人类发展史上具有划时代的意义。"蒙太奇"的创造性往往能实现非同寻常的影像艺术效果,即使在数字化取代胶片的今天,"蒙太奇"在电影创造中仍被广泛使用。

电影诞生于19世纪,彼时欧美人民整体的生活水平上升,大众的娱乐需求也因此不断上涨,各种形态的娱乐手段也随之不断出现。早期出现的电影由于物质、技术条件的限制,只能够显示黑白画面,也就是没有任何声音(包括原声、配音、配乐、音响等)的影像,这种纯视觉画面艺术的无声电影被称之为"默片"。最早出现的"默片"是1895年12月28日卢米埃尔兄弟在巴黎的一家咖啡馆的地下室里放映的第一批影片——《工厂大门》《火车进站》《水浇园丁》等,这些影片的出现及放映标志着电影的出现,以及它以一种全新的传播方式进入大众的视线和人们的生活。在此后一段时间,梅里爱、格里菲斯、卓别林、爱森斯坦、茂瑙、勒内·克莱尔等一大批电影艺术大师和理论大师相继诞生,他们在电影创作实践和理论探索中,积累并完善了一套相对成熟的影像"蒙太奇"技巧和艺术,成为后来的创作者和研究者不可多得的文本案例。

---

[1] 国家电影局电影产业发展调研组:《中国电影科技工作概况及其发展对策》,《影视技术》2003年第10期。

[2] 许南明等:《电影艺术词典》,北京:中国电影出版社2005年版,第1页。

第1章 绪 论

科技的发展水平在很大程度上决定了电影的表现手法、形式、视觉效果。在电影出现早期，由于技术水平和条件的限制，电影家们的奇思妙想受到很大的限制，在镜头画面、叙事内容、艺术美感上都趋于简单化，被称为电影的早期形态。比如法国电影大师梅里爱的电影作品《月球旅行记》（1902）、《仙女国》（1903）、《海底两万里》（1907）等，受到当时电影拍摄、制作设备和条件的限制，梅里爱的奇思妙想只能得到有限的发挥，黑白"默片"导致电影的声音和画面脱节。但在当时，梅里爱所创造的丰富多彩的电影类型片却受到广泛的欢迎，尤其是科幻片《月球旅行记》（1902）的放映，引发了巴黎社会性的轰动，一时间巴黎街头万人空巷，蜂拥而至走进电影院观看这部电影，成为19世纪电影发展初期的辉煌篇章。

随着时代的进步和科学技术的不断发展，电影也随之不断发展。由诞生之初的"默片"逐渐过渡到有声电影，早期的有声电影是通过现场配音实现的，包括音乐、音响和人声三种方式。但由于是现场配音，常常导致声画不统一、对不上位等问题。待至影片声音技术的发明，使这一问题终于得以解决，实现了声画同步，对电影的声音进行了还原，电影的现场感和逼真感得到极大的增强。1927年10月6日在美国上映的音乐故事片《爵士歌王》，通常被认为是有声电影的标志。声音的出现实现了电影从无声到有声的历史性跨越。而彼时有声电影仍然属于黑白"默片"。

随着电影科技的大力发展和电影大师们的努力探索，1935年，三色彩色系统被应用于彩色胶片，开启了彩色电影的新时代。美国知名导演罗伯特·马摩里安拍摄的电影《浮华世家》是世界上第一部彩色影片。声音和色彩在电影中的应用，使客观世界得到最大限度的还原、再现和表现。在此基础上，电影的表现形式、视觉效果也更加丰富多彩。到了20世纪中后期，科技的力量带来电影的再次革命。例如，美国导演乔治·卢卡斯执导的影片《星球大战》（1977）通过绚丽多彩的特效、跌宕起伏的剧情、精湛丰富的表演等开创了美国科幻电影的新时代，电影上映后获得广泛好评，并于1978年获得第50届奥斯卡金像奖最佳影片（提名），成为美国流行文化的重要标志。

如今，随着媒体技术的不断进步，人们生活水平、认知水平、审美能力不断提升，电影在制作上更为精湛、发行上更为便捷和畅通，基于电影独特的艺术魅力和高度逼真的可复制性，观看电影已经成为人们休闲娱乐的重要方式，受到广大观众尤其是年轻观众的喜爱。从早期的无声到有声音的黑白"默片"彩色电影，再到数字化、无胶片技术电影，直至今天的3D、4D、5D技术、宽银幕和4K技术等，历经120多年的沧桑，愈加焕发出勃勃生机。作为一门综合性的艺术门类，电影这一"第七艺术"综合了多种艺术元素，集时空艺术、视听艺术、造型与动态艺术、再现与表现艺术于一身，极大地拓展了电影艺术的表现力与感染力。2009年，詹姆斯·卡梅隆执导的科幻电影《阿凡达》利用IMAX 3D技术展现了一个美轮美奂的乌托邦——"潘多拉"星球，科技营造出的华丽视觉盛宴让人惊叹，超前的电影科技运用大大冲击了观众的感官，让人叹为观止。这部耗资近5亿的科幻电影最终斩获了不凡的票房，电影《阿凡达》也昭示了好莱坞电影新时代的到来。

电影科技的发展大大促进了电影表现手段的进步。在此基础上，出现了许多让人叹为观止的电影作品，如《功夫小蝇》(2012)、《美人鱼》(2016)、《流浪地球》(2019)以及漫威系列电影等，强烈的科技感和奇观叙事使得这些电影票房大卖，并培植了一批忠实的科技电影"迷"。人们在享受科技带来的视觉体验的同时，也引发了对电影呈现的关于人类自身、自然生态、人与自然之间的关系及其对人类所产生的影响的反思，如《美人鱼》指向的就是人类对海洋生态破坏所带来的影响和伦理反思。

当然，电影科技的发展不仅是对电影的表现形式产生深刻的影响，而且是对电影的镜头画面、艺术美感等多个层面都产生深刻的影响，如传统的电影特效多是通过道具和后期剪辑做出来的，而如今的电影特效多通过计算机CG技术进行合成，电影的创作具有极大的机械复制性，在一定程度上可以实现面向商业和市场批量化生产，这就导致了电影在生产、科技、艺术等一定程度上伦理层面的丧失。无论从哪个层面上说，电影这门"逼真"生活的艺术，似乎和现实生活一样，在内容和形式等方面都不可避免地无法超越"伦理规则"和"道德原则"的影响和束缚，而今天，无论从社会现实层面还是从学术上讲，电影的这一伦理命题都是我们亟须探求和研究的对象和课题。

（二）伦理、道德及其关系

伦理（ethic）指一定社会的基本人际关系规范及其相应的道德原则[1]。关

---

[1] 朱贻庭：《伦理学大辞典》，上海：上海辞书出版社2011年版，第14页。

于伦理的概念，在西方，"伦理"来源于古希腊语的"ethos"，后来逐渐演变为"性格""品质""德行"等意思[1]。而"道德"源于拉丁文的"mos"，指品行与风习。从词源来看，西方伦理和道德的含义基本一致，都有品行、品德之意，强调人应当如何遵守行为规范。在这里，伦理就是道德的意思。

而在中国古代文化典籍里，"伦理"有两层含义。"凡音者，生于人心者也；乐者，通伦理者也。"[2]这里的"伦理"指的是事物的条理、规律。而伦理，其义又与"人伦"一词相通。在这一意义上，"伦理"就是"人伦之理"。孟子提出"教以人伦：父子有亲，君臣有义，夫妇有别，长幼有序，朋友有信"[3]。这里的"伦理"则指人伦道德之理，指人与人相处的各种道德准则。综合以上两层含义，简单来说，伦理就是人们行为事实如何的规律及其应该如何的规范[4]。

道德（morality）作为社会意识形态之一，其中"道"本义指道路，后引申为规律和规则。"德"的本义是"得"，而得从于心，强调心要正直。后引申为品德和道德品行。二者结合起来"显然只是指行为应该如何的规范，而不是指事物事实如何的规律"。[5]因为一个人只有按照行为规范行事，才能得到正直的品德。所以，道德并不强调行为之规律，而强调行为之规范。

由此可见，伦理与道德在西方虽然含义一致，都是指人们行为应该如何的规范。但是在中华民族传统里却有差别，伦理与道德是整体与部分的关系。"伦理是整体，其含义有二：人们行为事实如何的规律及其应该如何的规范；道德是部分，其含义仅一：人们行为应该如何之规范。"[6]易言之，伦理与道德是上位概念与下位概念的关系，伦理可以涵盖道德，但道德却不能涵盖伦理。因此，我们说父子是伦理，但却不能说父子是道德。只有存在父子间"义"或"不义"时，我们才能评判其关系道德或不道德。但由于伦理的第二层含义与道德一致，现代社会常常将伦理与道德并用，并不对二者的含义进行区分。在现实生活中，伦理与道德存在和作用于法律和规则之外，约束

---

[1] 陈汝东：《传播伦理学》，北京：北京大学出版社2006年版，第20页。
[2] 陈戍国：《礼记校注》，长沙：岳麓书社2004年版，第273页。
[3] 孟子：《孟子·滕文公》，万丽华、蓝旭译注，北京：中华书局2006年版，第111页。
[4] 王海明：《新伦理学》，北京：商务印书馆2008年版，第325页。
[5] 王海明：《新伦理学》，北京：商务印书馆2008年版，第326页。
[6] 同上。

着我们生活的方方面面，使现实世界得以和谐共生，得以延续和发展。

（三）电影伦理

我们似乎已经习惯用一种固定的思维方式来认知电影与社会的相互关系，即将电影与现实割裂为两个截然不同的世界，并且分别确立了这两个世界各不相同的运行规律。然而，电影历史发展的客观事实证明，电影与社会之间不仅具有很强的同构性，而且在内部结构上也具有许多类似的机制。这种同构性与类似性不仅仅表现在电影工业化的制片体制与我们生存的社会政治体制之间具有类似的组织结构与管理模式。从根本上讲，电影并不是一个完全独立于社会之外的想象体系，而是社会体系中不可分割的一部分。电影与现实的关系更多地表现为一种空间的并列关系，而不是时间的前后关系。至少在文化研究视域内，电影所呈现的精神特质，与其所产生的时代精神特质同等重要。电影的叙事逻辑实质上延续了我们这个社会的现实逻辑，是社会政治体制和公共生活的再现性表达。不同的是，我们在电影中将这种现实逻辑故事化、艺术化了罢了。[1]电影伦理（film ethical），即影片中所表现伦理生活，其实就是我们整个社会伦理生活的组成部分。

什么是"电影伦理"？举一个简单的例子。电影《心迷宫》讲述了某偏远山村突然出现一具焦尸，并由此接二连三地发生离奇怪事，涉案者为了一己私利而不断地撒谎，试图用谎言掩盖事实的真相。故事将人性的丑陋、阴暗面表现得淋漓尽致。影片展现了乡村家庭伦理的失序，社会伦理道德的混乱，影片中的众生相触犯了家庭伦理和社会道德的伦理规范和底线。因此伦理存在于一切人类的行为和业态中，包括人与人之间、人与社会之间的秩序与规范。而电影伦理，指的就是电影在生产、传播、接受的整个活动过程中所涉及的伦理关系和规则，一定程度上正是社会伦理在电影中的反映。

电影伦理涵盖的范围不局限于电影所呈现的伦理信息，它是电影工作者的职业道德，以及电影行业和整个电影产业链所呈现的整体价值取向和道德指向，是电影行业、电影传播媒介（包括电视视频、影院银幕、网络视频、移动智能视频等传播平台）和电影从业者（导演、编剧、演员、后期等）和电影受众在电影创作、传播和接受活动中的价值观念、道德表现与日常行为

---

[1] 贾磊磊、袁智忠：《中国电影伦理学·2017》，重庆：西南师范大学出版社2017年版，第5页。

规范的总和。在电影创作、传播和接受活动中，伦理除作为定义行业和职业规范的重要标尺和核心内容之外，它还对电影受众的接受行为具有广泛的约束力。电影伦理的坚守与放弃，取决于电影行业及从业者、电影传播媒介组织、电影受众的整体价值观念和道德指向。因此，只有通过多方的共同努力，才能构建出良好的电影人文道德和伦理生态。

二、电影伦理学的学科构成

电影伦理学（film ethics）是电影学和伦理学相结合的新兴学科。电影伦理学从属伦理学，但它与美学、社会学、文化学、政治学、宗教学、历史学、传播学、符号学、经济学等学科关系密切，它是一个跨领域、跨专业的交叉学科。因此，我们可以说，电影伦理学是研究电影道德现象的科学，是一门关于电影道德的学问。道德是伦理学研究最为基本的范畴，电影伦理学是对电影道德现象的理论反思和学理升华。

（一）电影伦理学的元命题及学科构成

每门学科根据其不同的研究对象和宗旨，都有其研究的元命题（meta-proposition）。它是一门学科最为基本、最为原初的研究主旨。正如存在是哲学的元命题、影像是电影学的元命题一样，善恶则是伦理学的元命题。正是对这些命题的不断叩问与阐释，才促成一门学科自身学术体系的建构与发展。在伦理学的学科体系内，目前已经形成学科范式的有社会伦理学、医学伦理学、生态伦理学、传播伦理学、艺术伦理学、境遇伦理学等不尽相同的"二级"学科。因此，电影伦理学则是正在建立的一个"二级"学科。

我们从电影伦理学的元命题出发，认为电影伦理学的学科主要由以下几个方面的研究构成，包括电影伦理学的基本原理研究（如概念、特征、边界、学科定位、研究任务、目标方向等）、电影伦理学的史述研究、电影叙事伦理研究、电影伦理学的跨学科研究（提倡从电影学、哲学、美学、文学、文艺学、伦理学、文化学、教育学、传播学、符号学、政治学、历史学、经济学、广告学、策划学、市场营销学等多种学科立场对此审视）、个案研究（对具体的伦理现象、作品、思潮等予以观察研究），等。电影伦理研究作为国内电影研究的新动向和新发现，其学科体系的创建、发展是研究的核心和重点，目的就是要站在电影学的学科基础之上，系统、全面、深入地展开电影伦理道德层面的思考与探索，力图形成电影伦理理论体系的基本架构。

（二）电影伦理学的研究内容

具体而言，作为一种以影像叙事形态为研究对象，以影片文本表现的伦理取向为核心研究内容的电影理论方法，电影伦理学的元命题既包括影像、镜头、叙事这些来自电影本体方面的核心概念，又包括是非、善恶、正邪、美丑这些来自伦理领域的主要命题。在对这些问题进行初步探讨的基础上，逐渐深入、拓展学科所涉及的其他问题。

由于电影伦理学是一门新兴的交叉学科，我们可以从其他学科中汲取养分，以此来构建自己的研究内容体系。

第一，电影伦理学可以借鉴文艺学的研究体系与内容。美国文艺学家艾布拉姆斯在《镜与灯》（1953）中指出，文艺研究的四大因素，包括 universe（世界）、work（作品）、writer（作者）、audience（读者）。在这个基础上，电影伦理学的研究内容可以包括以下几点。

社会伦理与电影伦理。"电影伦理，确切地讲就是影片中表现出来的伦理生活，又何尝不是我们整个社会伦理生活的组成部分呢？"[1]也就是说，电影伦理作为社会伦理的组成部分，会受到社会伦理的影响，同时电影中的伦理取向又会反过来对社会伦理产生影响。因此，社会伦理道德与电影伦理道德之间的关系理应成为电影伦理学探讨的对象。

电影生产者与伦理。电影生产作为一个非常复杂的过程，其间牵涉制片人、导演、编剧、摄影师、演员等多个行为主体，生产者们的伦理道德水平和审美取向直接影响着电影的伦理取向和审美价值，而电影的伦理取向和审美价值又对广大观众的伦理取向产生直接而深刻的影响。因此，电影伦理学应该研究电影生产者的伦理道德现象和价值取向，以保证电影生产朝着正确的伦理方向推进。

电影作品与伦理。在整个电影生产链中，电影作品作为直接面向广大观众的最终成品，它的伦理道德取向直接作用于电影受众。因此，对于电影作品中的伦理呈现也应当成为电影伦理学研究的重点内容。包括电影独特的艺术语言的伦理道德表现规律、电影艺术形象的伦理道德表现规律、电影意蕴

---

[1] 贾磊磊、袁智忠：《中国电影伦理学·2017》，重庆：西南师范大学出版社2017年版，第5页。

的伦理道德表现规律等内容。

电影观众与伦理。电影作品要发挥其教育、认识和审美功能，离不开电影观众。电影伦理学要研究电影对观众伦理道德品质形成的作用与规律；观众对电影进行道德评价的标准、方法与特点；观众的伦理道德对电影生产的反作用和规律等基本问题。

第二，它可以借鉴大众传播学的研究内容与体系。拉斯韦尔于1948年在《传播在社会中的结构和功能》中提出了"5W"模式，包括传播者、信息、媒介、受众、传播效果五个组成部分，形成传播学研究的基本框架——控制分析、内容分析、媒介分析、受众分析、效果分析[1]。后来的研究将反馈纳入传播过程中，形成了完整的大众传播过程。在此基础上我们认为，电影伦理学的研究内容可以包括电影传播者与伦理、电影传播内容与伦理、电影传播媒介与伦理、电影接受者与伦理、电影伦理传播的效果及反馈。按照电影产业链，从上游到下游分别是电影制片、电影发行、电影放映三个领域，实际上对应着电影传播者与伦理、电影传播内容与伦理、电影传播媒介与伦理，涉及电影传播组织经营的道德现象、电影传播组织的责任伦理，具体研究电影传播组织的伦理规范及失范现象等问题。

而电影伦理及其传播的效果则涉及电影作品中的伦理内容对个人、群体、社会、文化等方面的影响，还有具体研究其显性效果和潜在效果，即时效果和延时性效果等问题。

第三，它可以借鉴电影学的研究内容与体系。电影学研究的核心包含三方面的内容，即电影理论、电影史和电影批评。相对应地，电影伦理学的研究内容可以包括电影伦理学理论、电影伦理发展史、电影伦理批评三方面的内容。

电影伦理理论是伦理学视角的电影理论，可以说它是现代电影理论。前面所论述的社会的道德与电影的道德、电影生产者的道德、电影作品的道德、电影观众的道德、电影传播者的道德、电影道德的传播效果均可纳入电影伦理学的理论体系。

电影伦理发展史。电影史的研究对象是电影的历史发展过程。从不同的

---

[1] 胡正荣等：《传播学总论》，北京：清华大学出版社2008年版，第125页。

角度可以对历史进行不同的解读，伦理视角也是一个重要的角度。电影伦理发展史可以从内部和外部两个方面展开研究。所谓电影伦理发展史的内部研究是指研究电影历史文本中的道德现象。例如，可以研究早期中国电影里的中国传统伦理道德观、新中国"十七年"电影的社会主义伦理道德观、欧洲早期电影的基督教道德观等。所谓电影伦理发展史的外部研究，是指研究电影文本之外的如国家和区域的电影伦理道德现象史、电影机构的伦理道德现象史、电影创作者的伦理道德现象史、电影观众的伦理道德现象史、电影批评的伦理道德现象史、电影效果的伦理道德现象史等问题。

电影伦理批评。电影伦理批评是对一部或者一类电影作品以及某一电影现象的具体分析和判断的活动。电影批评是在一定理论视角基础上的具体实践，因此，所谓电影伦理批评就是伦理视角的电影批评实践。电影伦理批评研究是探讨电影伦理批评原理的科学，其研究的对象是电影伦理批评本身；其研究的主要内容包括电影伦理批评的特性、电影伦理批评的功能、电影伦理批评的主客体、电影伦理批评的视点、电影伦理批评的范式及电影伦理批评文本等。

电影伦理批评研究和电影伦理理论与电影伦理批评实践联系密切，没有电影伦理理论背景的电影伦理批评研究，极易堕入简单、偏颇的误区不能自拔；没有电影伦理批评实践支持的电影伦理批评研究，必然会是空中楼阁，缺乏指导实践的价值和意义。同时，电影伦理批评研究又有别于电影伦理理论，电影伦理理论是宏观的、整体的、系统的建构，而电影伦理批评研究只是对电影伦理批评实践的理论进行总结和归纳。

三、电影伦理学的诞生

电影伦理学作为电影学与伦理学相互交叉融合的新兴学科，它是如何诞生的？电影伦理学是一种以影像叙事形态研究为基础，以影片表现的伦理取向为主要研究对象的电影理论体系。无论从现实背景、伦理传统还是学科前景来看，电影伦理学的创建都是非常必要的。作为以视听合一的语言为传输符号的大众媒介，其效果研究既是电影学范畴关注的核心，又是大众传播学领域关注的焦点之一。在今天的电影工业化时期，大量的电影作品出现在观众面前，带来一场场视听盛宴的同时，在伦理道德领域却是"负债累累"。从一定意义上说，它也教坏了人类，成为人类犯罪的"教科书"，扭曲人们生活的"哈哈镜"，给人类带来了一系列社会危机和精神危机。电影伦理学的创建和探讨也许正是实现其救赎的一条重要途径。

古往今来，伦理道德规范在中国传统价值观中一直扮演着最高评判标准的角色。前文提到，所谓伦理，是面向社会中人与人之间的关于性、爱等互动关系、人与自然的互动关系的行为规范，如我们所熟知的五天伦"天地君亲师"，五人伦"君臣、父子、兄弟、夫妻、朋友"，以及我们处理人伦的规则"忠、孝、悌、忍、信"，处理人与自然的伦理关系的和谐思想。电影伦理学是以视听媒介为代表的电影出发点，去分析电影所表现的伦理现象，去透析具体电影文本的伦理诉求，去剖解有悖传统伦理道德的影像表达。电影其实是中国传统文化、传统伦理道德观在现代化进程中的一个表象，对电影伦理学的建构和梳理正是承传中国传统文化、传统伦理道德的一种有效方式。

电影伦理学是电影学者一个大有可为的领域，是一座亟待开发的富矿。幸运的是，已有学者怀揣着勇气、信心和满腔热情迈出了开创性的一步。西南大学新闻传媒学院影视传播与道德教育研究所所长袁智忠教授联合中国艺术研究院研究员、文化发展战略研究中心主任贾磊磊研究员共同倡议和发起，实现了中国电影伦理学研究的新突破，取得了新成果。首先是《中国电影伦理学·2017》《中国电影伦理学·2018》《中国电影伦理学·2019》《中国电影伦理学·2020》《中国电影伦理学·2021》的出版，5本书共收录的近200篇文章，皆是内地各高校、电影研究机构的多位专家学者对中国电影伦理学热切关注和深度思考的学术成果，勾勒了中国电影伦理学的基本架构和核心概念、学科定位、研究任务和目标等问题，成为建构中国电影伦理学理论体系的重要基础。其次是2017年、2018年、2019年、2020年、2021年连续五年举办的"中国电影伦理学学术论坛"，会集全国各地高校和研究机构的专家、学者，就中国电影伦理学的立场与学科、核心与本体、跨界与边界、电影理论的伦理建构、电影道德的多元审视、伦理视角下的电影批评、电影的"原罪"与"救赎"、电影伦理学的学科建构和学派建设等问题展开了深入的探讨和交流，为中国电影伦理学的研究添上了浓墨重彩的一笔。再者，《首届中国电影伦理学·2017重庆宣言》正式发布，这昭告了中国电影伦理学的成立，也明确了中国电影伦理研究的未来目标:"建构中国电影伦理学的学科体系,借鉴人类已有的坚实的哲学研究成果,完善其基本学科架构,规制其核心概念与理论范畴,助推中国电影伦理学朝着既符合时代进步的历史需求,又能够承传中国优秀伦理道德的道路上繁荣发展!"

在此基础上,所谓"一生二,二生三,三生万物"[1]。经过5年的摸索与前进,中国电影伦理学在华夏这片土地上开出了花朵。

第2节 电影伦理学的研究对象

在上一节中我们提到,电影伦理学是凭借电影的视听媒介属性,并以此去分析电影所包含和传播的伦理现象,去透析电影的伦理诉求,去剖解其有悖于传统伦理观念和道德行为的影像语言和意义表达。电影中的"伦理"呈现成为我们主要的研究对象,其中包括:基于(电影)"二律背反"的伦理现象、性与电影伦理、暴力与电影伦理、社会正义与电影伦理、电影类别与电影伦理等。

一、基于(电影)"二律背反"的伦理现象

18世纪德国古典哲学家伊曼努尔·康德(Immanuel Kant)提出了"二律背反"(antinomies)的概念,并以此作为哲学的基本概念,康德将其定义为"逻辑上都能够成立的一对相反概念"[2],包括一个正题和一个反题,康德对每对相反概念都给予同等有效的逻辑证明。从人类理性认识的辩证性、思辨性出发,人们总是渴求超越个体的经验领域去认知客体,却误把宇宙的理念当作个体认知的对象,用说明普通现象的概念去说明宇宙的概念,这势必导致二律背反。二律背反的两个相反概念虽然各自成立,但是两者间却又相互冲突或者相互矛盾。

就电影而言,二律背反的伦理现象表现在情节的冲突、人物间的相互矛盾,甚至是人与自然间的矛盾等。电影剧本经常通过矛盾冲突来推动故事情

---

[1] 老子:《老子》,饶尚宽译注,北京:中华书局2007年版,第105页。
[2] 赵敦华:《西方哲学简史》,北京:北京大学出版社2012年版,第315-316页。

节的发展、塑造人物的形象,创造电影的戏剧性效果,这就是电影的"二律背反"伦理现象。以电影《美人鱼》为例,刘轩为了自己的地产计划实施填海工程,这本无可厚非。从人类自身发展的角度来说,这一概念是成立的。而美人鱼为了自己的生存去维护自己的领海免受侵扰,这也是正当的、成立的。那么刘轩为了自己的正当利益、美人鱼为了自身的生存权益,这两个逻辑上合理的概念就成了一对相反概念,刘轩的填海工程对美人鱼的生存构成了极大的威胁,正是这一对相反概念推动了电影情节的戏剧化发展,成为这一电影中二律背反的伦理冲突。

在李安的电影中,他用理智与情感、背叛与忠诚、戏剧式的封闭性叙事结构与开放式的文本等一组二元对立的符号构成了影像系统,在悖论中达到了艺术与商业的结合[1]。在好莱坞沉浸多年的李安,等到机会拍摄了颇具代表性的"父亲三部曲"《推手》《喜宴》和《饮食男女》,这三部电影正是基于李安以一个华人的视角来窥探中西方之间的文化差异,通过中国与西方、传统与现代、古典与时尚、留守与出离等相反的、二元对立的概念来表达自己身处不同的文化、生活背景的人生体验,在相互矛盾的伦理冲突中将其青春年华的美好回忆展现得淋漓尽致。而李安后一时期的电影作品如《卧虎藏龙》《断背山》等,早已走出了家庭这一狭窄空间,而是将目光转向更为广阔的贯穿中西的时空与文化差异,通过个性叛逆、文化传承和同志爱情等概念来审视和反思其中的二律背反伦理道德关系。

在电影《色·戒》中,李安对人类爱情的矛盾冲突作了进一步的探讨,它所呈现的仍然是二律背反的矛盾冲突,色与戒之间隔着理智与情感,正如影片海报上所说的"色易守,情难防",王佳芝在色与情的斗争中,理智输给了情感。王佳芝对重庆政府的背叛,对特工纪律的背叛,并且在关键时刻放走了易先生,但自始至终地忠于自己的社会角色,忠于自己内心的情感自由。

戏剧式的封闭性叙事结构则与李安的人生经历有关,李安在接触电影之前有着深厚的戏剧修养,于是他的电影常常在固定的场景拍摄,《色·戒》的主要拍摄地点就是在易先生的官邸。剧情上丰富多彩、跌宕起伏,使用了正叙、倒叙和插叙等叙事手法,也契合李安的戏剧式叙事模式。虽然《色·戒》

---

[1] 齐钢:《差参对照:李安电影的二律背反性——以〈色·戒〉为核心》,《艺术百家》2008年第1期。

是封闭式的叙事结构，但是李安通过使用文本叙事的留白和耐人寻味、含糊的结尾为电影预留足够多的想象空间，使电影意蕴非常丰富。李安通过一组相互矛盾对立的概念以增强作品的戏剧性和冲击力，以一种参差对照的方式，揭示其电影二律背反的伦理现象。而电影的二律背反伦理现象中所蕴含的丰富的伦理内涵正是我们需要探讨和研究的对象。

二、性与电影伦理

告子曰："食、色，性也。"[1]从古至今，"性"（sex）和"爱"（love）一直是人类关注和谈论的热点话题。性伦理学（sexual ethics）又被称为性道德学，是研究何种性行为是符合伦理学观点的一门学科，意在借此规范社会成员的性意识和性行为，从而促进家庭婚姻的和谐幸福、社会的稳定有序。首先，就文学、艺术与"性"的关系问题上，表现为无法回避，甚至不可分割，因为文学与艺术是人类生活的再现与演绎，在人类生活中两性关系是其最基本的人类关系之一，并且不仅是人类的物质生活需要两性的共同参与，人类的精神世界也离不开两性的共同书写。因此，性文化与文学、艺术的关系是一种艺术与生活、艺术与社会、艺术与人生的密不可分的关系。纵览中外电影史、美术史、戏剧史、小说史等我们会发现，差不多各门艺术都充满着生动而复杂的"性"内容和"性"表现。

两性关系问题一直是人类感兴趣的一个敏感问题。单就电影而言，它从诞生之日起，就包含了性文化。1896年，爱迪生手下的摄影师库思拍摄了《梅·欧文与约翰·赖斯的接吻》，以特写的手法拍摄了两名演员的亲吻镜头，它成为电影史上第一个银幕之吻。而金赛性学研究中心认为，情色电影类型早在进入19世纪就已自成一个类型，如德国《夜晚》、阿根廷影片《觭角兽》和美国最早期的情色电影《搭便车》《草地三明》。虽然性是所有艺术的永恒主题之一，但电影与性的联系显得尤为突出，正如巴赞在讨论色情与电影的关系时指出的那样："唯独就电影而言，我们可以说色情描写是作为目的和基本内容而出现的。"[2]虽然色情和性并非电影的唯一内容，但是在很多情况下，色情内容又能够成为一部电影中重要的、独一无二的，甚至是基本的组成部

---

[1] 孟子：《中华经典藏书·孟子》，万丽华、蓝旭译注，北京：中华书局2006年版，第241页。
[2] [法]安德烈·巴赞：《电影是什么》，北京：文化艺术出版社2008年版，第230页。

分。在阿特金斯的著作《西方电影中的性问题》中写道："没有一门艺术像电影这样放肆地向它的观众提供性满足，要求它的表演者这样准确地实现大众公有的幻想，或具备这样多的手段达到其目的。"[1] 显然，相较于其他艺术形式，电影所展现的性更为直接与真实，这也是为何情色电影一直大受追捧的原因。

电影中的性内容主要是指具有性意味的身体呈现，以及对涉及性爱关系的两性关系的表现。在西方，电影中性的表现在不同历史时期有所不同，如欧洲电影在性内容的表达上一直走在世界的最前面。北欧和意大利是最早规模化生产含有色情意味影片的地区，如意大利影片《西西里的美丽传说》（2000）通过年仅13岁的雷纳多的视角窥探了女主人公玛莲娜从风情万种一步步陷入泥沼，变成寡妇，带来了淫欲、嫉妒与愤怒。为了生存，饥肠辘辘的她接受一个又一个男人的"殷勤"，并无奈与他们产生了性行为。影片中赤裸裸的性爱镜头展现在13岁的小男孩面前，性与爱得到了极致的表达。与美国相比，欧洲电影的性尺度相对宽松，性在欧洲电影中被表现得更为直接，阿伦·雷乃的《广岛之恋》（1959）、费里尼的《甜蜜的生活》（1960）、贝托鲁奇的《巴黎最后的探戈》（1972）都直白地将不道德的性行为、不正常的性活动表现出来，而更为扭曲的性如：《发条橙》（1971）、《午夜守门人》（1974）、《马克斯我的爱》（1986）、《索多玛的120天》（2002）。关于性的问题，在德国的表现主义艺术家，法国的超现实主义者，甚至俄国的形式主义者们的影像中常常被置于十分显著的位置。虽然性在欧洲早期电影中就已经出现，但由于欧洲的艺术电影传统，因此纯粹地为了商业而表现性的商业电影并不受欢迎，而美国电影在第一次世界大战前一直追捧"纯洁女孩"的银幕形象，这一时期出现的女星如玛丽·碧克馥、丽莲·吉许，她们在影片中都饰演天真、善良的美好品质。"一战"后受欧洲电影风气的影响才逐渐开始流行"荡妇或妖妇"形象。

而在中国，早期的电影从第一部故事片《难夫难妻》（1913）开始，就已形成以家庭为核心的传统道德伦理观念的电影，电影中仁爱、忠孝、节义等观念通常是影片的核心。电影中存在关于感情的部分，但并没有以性和色情

---

[1] [美]托马斯·R.特金斯：《西方电影中的性问题》，北京：中国电影出版社1998年版，第11页。

为卖点的电影。《马路天使》（1937）中小红虽有爱情的戏份儿，但电影更倾向于描述她的单纯和善良，即使小红的姐姐小云在剧中扮演站街妓女的角色。但电影并没有表现性的一面，而是顺应道德的要求，描绘她不愿为娼，将她表现得更为圣洁。《小城之春》（1948）中周玉纹面对生病的丈夫戴礼言仍恪守妇道，尽管礼言的朋友、玉纹的旧情人章志忱的到来，扰乱了玉纹的内心，与旧情人旧情复燃的她，明白自己与志忱有着不可逾越的鸿沟。于是志忱与玉纹坚守着"发乎情，止于礼"的底线，彰显了导演费穆对中国传统文化的价值与秩序的最大敬意。

新中国成立后，性与爱成了电影创作中所避讳的情节。但在少数反特电影中，往往为了刻画反动敌人的道德沦丧和无耻行径，出现了部分带有蛇蝎美人、妖艳荡妇形象的女特务形象，如《羊城暗哨》（1957）、《永不消逝的电波》（1958）当中的带有性暗示的女特务形象。而以展现家庭观念为核心的电影如《活着》（1994）重点突出时代背景下的家庭伦理关系，是主人公富贵的人生苦难遭遇的书写，影片中虽然有爱情和性的元素存在，但是都是较为暧昧的、委婉的、含蓄的表现，如富贵通过皮影戏中男女的亲吻来表达爱情和性，就符合我国传统文化习俗和艺术表达中含蓄委婉、韵外之旨的表达方式和美学主张。在电影《地久天长》（2019）中，同样侧重于表示历经岁月浮沉的两个家庭所经历的伤痛和不安，影片同样通过比较委婉的方式，如在工厂里男主人公对女主人公手把手亲密教学以及男女在舞池手拉手、搂着腰、师傅手把手教女徒弟在车间钻钢板时火花飞溅等情景表达爱情和性，在电影中的人们看来，仅仅是跳舞这个行为都十分羞涩，映射出中国人骨子里的传统的、含蓄的观念，而钻钢花的劳动场面又是那么自然和谐、委婉含蓄、耐人寻味。

在亚洲其他国家和地区，情色电影的发展最成熟的要数日本与韩国。早在20世纪60年代末，日本"日活"影厂就开始设置发行称作"成人罗曼电影"的情色电影。在世界范围内被人们广泛熟知的四位日本情色大师，即寺山修司、神代辰巳、若松孝二、大岛渚，创作出了诸如《上海异人娼馆》《湿润的唇》《墙中秘事》《青春残酷物语》等电影作品，对世界情色电影所做出的贡献及产生的影响力可谓是有目共睹。韩国的情色片制作精致、考究，追求唯美、颓废的情调，表现一种恨意的悲情，比如《漂流欲室》《韩国情人》

《菊花香》等。此外，在我国香港地区也生产了诸如《金瓶梅》等比较知名的情色电影，影片当中将性与欲望夸大，无疑是在后殖民语境和后工业化氛围下对传统文化的一种想象性的背负与反抗。

如今的商业电影基本已离不开性与暴力，但是在实践过程中性在电影中的伦理尺度的确是非常难以把握的，性内容是电影之所以吸引观众的重要因素之一，就是在于其迎合广大观众的原始欲望和低级趣味，当然也一直是审查的重点所在。为了控制电影中对性的表达，20世纪30年代美国颁布了《海斯法典》，1968年更以分级制度取代了审查制度。中国大陆地区一直实行党和政府主管电影的审查制度，而在我国台湾、香港等地区，审查制与分级制都有存在，如台湾地区有"电影片检查规范"和"电影分级处理办法"，前者仅为电影片检查的参考，后者则为分级制，它将电影分为普遍级、保护级、辅导级、限制级。另外，不仅制度控制着电影中的性，通过传媒舆论的伦理道德压力、宗教组织的信仰反击、消费主体的市场反馈等手段，也在无形中规范着电影中有关性的呈现。

亚里士多德（Aristotle）提出了"中道"（moderation）思想，中道指的就是中间，是过度和不及这两个极端的中间，也就是既不过度也非不及。[1]而伦理道德就表现为中道，强调的是恰到好处，要求人们学会把握"度"，不要走极端。中道原则成为判定道德的重要标准。从性伦理学的学科立场上对电影中的"性"加以审视，就其社会功能和价值而言，电影中的"性"具有正道德价值和负道德价值，是一个颇具争议的元素。一方面，正确、巧妙地把握电影中的"性"表现的度，则具备正向道德价值，性可以用来强化叙剧元素，性本身可以是叙事元素，性还可以引渡为一种社会隐喻和象征。就其现实意义来说，含蓄、美好的性可以保留人内心对性与爱的美好向往，指导人们正确地处理现实生活中的两性关系，促进社会和谐。

另一方面，性乃人类的本性也。它是人类美好、快乐的天堂和乐园，是人类延续生命的基本方式。但同时，它又是罪恶的渊薮[2]。过度的、甚至是极端化的性表现，则具有负面道德价值，往往引发许多的道德危机和争论，出

---

[1] 张传有：《伦理学引论》，北京：人民出版社2006年版，第84页。
[2] 邹霞、袁智忠：《视觉文化价值取向的社会效应探析——影视创作媚俗化对青少年道德的负面影响透视》，《探索》2010年第4期。

现了如《金瓶梅》的电影改编，影片中大量赤裸裸的性镜头，把本该有的艺术性冲刷殆尽。但电影《色·戒》对性场面的描述，可以说是新千年以来电影"性""色"之最，以致有言论称："《色·戒》是大陆当代中国人思想迷途和审美错乱的危险信号。"[1] 目前，中国电影尚未建立严格的分级制度，加上网络、传播信息的发达，此类电影的可获得性使得广大观众尤其是青少年受到严重的负面影响，基于观众的窥视心理、青少年心智的不成熟，导致不健康的性爱观肆意蔓延，甚至具有教唆性犯罪的倾向，加重社会伦理危机和法律挑战。而电影伦理的目的就在于对其进行追问，以批判性的眼光来重构电影中"性"表现的正向伦理道德价值。

三、暴力与电影伦理

在人类的发展历史中，暴力从未离开人类的视野，也是人类最难以忽略的行为之一。在不同的社会历史阶段，暴力也具有不一样的特征，产生不一样的作用和影响。在人类封建王朝的历史更迭中，暴力往往关乎国家和民族命运，常常是王朝进行疆土扩张、维护自身和平稳定的重要手段，直至今日，部分国家之间的纷争仍然是以暴力、战争的方式呈现。暴力、战争会对双方的政治、经济等方面造成严重的打击和伤害，更使得无辜平民遭受身体和心灵的双重打击。而在文学、艺术等领域，人们在进行创作中总是避不开暴力这个元素，暴力成为小说、戏剧、电影中推动情节发展的重要矛盾冲突点，甚至是直接的主题呈现。虽然暴力往往带来的是破坏性的后果，但暴力行为、暴力场面的描述所带来的强烈官能冲击力，总是会诱惑人类将暴力纳入自己的故事创作之中。

在《汉语大辞典》中，暴力（violence）作为一个政治学名词时，指的是不同的利益团体，在无法通过和平方法协调彼此之间的利益关系时，便会采用强制性的手段来达到自己的目的，这一手段便是暴力。而一般意义上来说，暴力指的就是侵害他人人身和财产的强暴行为。因此，暴力总是具有强制、强暴、强悍的力量内涵，并总是会对他人和社会造成伤害。

电影中的暴力一般是指在电影中通过行为或者语言的攻击，对他人造成

---

[1] 李君才、安春芳：《2008年中国文化年报——魂兮归来》，兰州：兰州大学出版社2009年版，第269页。

身体上或心理上的伤害，还包括对财产的破坏等。而暴力电影则指的是以各种刑事犯罪、战争、武打为题材，非常直白地展现各种暴力动作、暴力场面的故事片。暴力电影中一般都有正反相互冲突的两方或多方，彼此的矛盾斗争往往包含使用各种各样的暴力、强迫的手段来进行。暴力影片中充斥着战争、凶杀、绑架、贩毒、斗殴、抢劫、酗酒之类的情节或元素，通过血淋淋的暴力场面描写，寻求感官的刺激。从1903年《火车大劫案》中展开追逐、打斗的暴力场景开始，一直到今天美国的《虎胆龙威》系列、《敢死队》系列、《速度与激情》系列，日本电影《杀手阿一》《热血高校》《花火》，中国的《十面埋伏》《英雄》《寻枪》《长城》《影》等，暴力电影在电影市场中所占的比例越来越高，成为无处不在的表现主题之一，它能带给观众强烈直接的感官冲击，在电影商业化生产和运作的今天，暴力成为电影吸引眼球、谋取利润必不可少的元素。

除犯罪片、战争片、武侠片此类暴力电影外，电影中的暴力还表现在科幻片、动画片、爱情片、喜剧片、剧情片、悬疑片等所有可能出现暴力行为的各种电影类型中，这类电影中所包含的不同程度、不同数量、不同表现形式的暴力内容，极可能对广大观众尤其是青少年的思想观念乃至行为产生非常大的影响。如法国电影《这个杀手不太冷》讲述了邻居家小姑娘马蒂尔达的父亲因贪污毒品全家被恶警杀害，马蒂尔达向里昂求救才幸免于难。尔后里昂为了保护马蒂尔达教她用枪，少女懵懂的情愫生起，里昂也因为马蒂尔达的到来看到了不一样的人生，而最终为了救前去报仇的马蒂尔达，里昂献出了自己的生命。作为一部剧情片，这部电影具有极高的艺术价值。但作为一部动作片、犯罪片，我们不得不发出疑问，教一个十二岁的小女孩用枪对于现实的未成年受众将产生什么样的影响？因此，从电影伦理的层面来看，电影中暴力犯罪的低龄化对青少年的思想观念将产生非常大的影响，甚至是教唆社会犯罪。从这个意义上说，我们不得不对这类电影伦理进行拷问。

就目前来看，暴力元素已经融入各种不同类型、不同风格的电影当中，成为一部电影在其叙事线索中不可或缺的抓取眼球的重要卖点。但是在不同的电影中，暴力元素与电影主题的疏近关系各不相同，因此暴力元素发挥着多样的作用，具备不同的功能，或是影片的主要表现形式和风格，或是处于从属地位，为故事的戏剧性、冲突性增光添彩，提升艺术性和观赏性，从而推动情节的发展。尤其是在以动作、冲突、暴力为叙事核心的动作片、战争片等电影中,由于该类影片既定的表达主题,因此暴力元素的出场带有一种必然性,成为电影的主要表现形式,如《暴雪将至》《暴裂无声》等犯罪题材电影,近距离肉搏等暴力场面占据了这些电影的绝大部分戏份儿,给观众以非常震撼的官能冲击。而正是由于这些暴力元素、暴力场面充斥、渗透在影片的叙事和情节中,我们才会基于这个理由将其划分为暴力电影。

暴力元素在不同的类型片中具有塑造人物形象、推动情节发展、展现奇观、刺激欲望消费、承载道义诉求、解决故事矛盾、表现战争残酷、质疑"合法"暴力等不同的功能。比如,见证南京大屠杀的电影《南京!南京!》等对于民族创痛的真实呈现与史诗性表达,具有一种不可推卸的文化责任和担当,这种影像呈现比表述那种民族的辉煌胜利更加具有借鉴和警示的意义和作用,真实地再现了法西斯的残暴和反人类。但是,影片赤裸裸地展现法西斯的血腥暴行几乎已经超过所能接受的极限。在这种情况下,我们又不得不提出疑问,到底是用真实的影像揭示法西斯的罪恶重要,还是保持电影的伦理性尺度重要?这些电影会产生什么样的影响?其实我们在日常生活中,也经常面对这种历史表达与伦理判断的两难选择,这也正是电影伦理学所面对的和所要解决的问题。

根据不同类型电影的需要,暴力元素在叙述方式、人物形象设定和视觉效果等方面的呈现上显得十分多元和复杂,因此,我们无法利用一些固定化、程式化的风格特征和符号系统来简单、笼统地概括"暴力电影"的表达手段和策略。所以,基于不同的电影类型来考察暴力元素在不同电影中扮演的不同角色、发挥的不同功能就显得比较科学,也只有通过其在不同类型影片中的具体存在形式,才能更加深刻地理解电影中暴力元素的功能和意义[1]。

当鲜血淋漓、尸横遍野的场面充斥银幕的同时,理论界也纷纷将目光的焦点集中在暴力电影上,尤其是"暴力美学"概念的提出,被援引到各种学术著作和报刊评论当中,我们是否应该提出疑问,暴力真的可以是"美"的吗?美国心理学家班杜拉(Bandura)在社会学习理论(Social Learning Theory)中指出,人们总是从媒介中获取行为范式来指导自己的行为,那么此时铺天盖

---

[1] 王一波:《电影中暴力元素的功能》,《宁夏社会科学》2015年第1期。

地的暴力镜头就会成为人们学习和模仿的范本，并不自觉地从电影内容走向现实生活，进而从事实上诱导人们使用暴力来解决问题。这时暴力影像便毫无美感可言，反而加重了社会暴力犯罪，引发道德滑坡，成为人们广泛关注的伦理问题。如香港的警匪片《寒战》《毒战》《扫毒》《英雄本色》系列，《无间道》系列等，在给观众带来感官刺激、情绪宣泄、压力疏解的同时，也给观众带来了严重的负面影响。以电影《扫毒》为例，该片出现的暴力次数总共为44次，其中枪战13次，枪杀10次，搏斗9次，爆炸5次，绑架、器械伤/杀人和虐待各2次，车祸1次[1]。试想44次暴力场面所产生的涵化作用将对观众特别是青少年产生什么样的影响？毋庸置疑，暴力场面的过度展示会降低人们对暴力的容忍度，在现实中违法犯罪的暴力行为，经由暴力电影的宣泄会让观众在潜意识中产生认同心理，导致实际暴力行为的发生。

在现代社会中，大众媒介所呈现的"拟态环境"（mimicry environment）对人们认知、态度和行为产生着非常大的影响。而大众传媒的倾向性导致其所建构的"拟态环境"与客观现实存在很大差距，由此人们在接受媒介呈现后导致其形成的主观现实与客观现实产生很大偏差，从而影响我们认识世界和观察世界的方式，同时这种影响又是通过潜移默化的、长期的"涵化"过程实现的。

也就是说，电影中的暴力以其直观的表现力和感染力，影响着大众的思维方式与价值观。美国国家暴力起因和防范委员会在1969年至1970年的一年半时间中进行了媒介暴力的研究，在结论中指出：在所有的电视效果研究中，电视暴力的影响是一项非常重要的内容，尤其是对儿童的影响。影像暴力将导致未成年人容忍暴力的能力上升，其思想和行为都更倾向于暴力[2]。相对于电视，电影所产生的影响有过之而无不及。长期接受电影暴力的受众，更愿意相信电影所呈现的暴力场面在实际生活中随处都会发生，他们会将电影中的场面直接当成现实生活环境，甚至无法辨别"拟态环境"和客观现实，导致自身成为暴力行为的受害者和暴力行为的实施者。虽然格伯纳的"净化作用"假说认为，媒介的暴力情形替代性地表述了人们内心的暴力倾向，暴力文本可以降低采取实际侵犯行为的冲动。但现实中发生的案例让我们为之

[1] 苏畅：《浅析香港警匪片中媒介暴力的隐性传播》，《新闻世界》2014年第7期。
[2] 胡正荣等：《传播学总论》，北京：清华大学出版社2008年版，第299—300页。

震惊。《古惑仔》系列电影在20世纪90年代的风靡影响了一代人，并且对社会造成了相当大的影响和冲击，包括语言、动作、心理、观念，暴力充斥在这一系列电影中。《古惑仔》不仅对彼时的电影界产生了巨大影响，还导致各大导演纷纷对其加以效仿，形成了所谓的"黑色潮流"。大批量生产的同类型电影所传递的"黑帮文化"渗透广大年轻观众的生活中，"大哥""马子""凯仔""砍人"成为他们的口头禅，并将《古惑仔》中的"兄弟义气"视为行为范式，只要兄弟有难，便会"拔刀相助"。电影所呈现的暴力世界让年轻受众感受到了另一个充满"豪气"的与众不同的世界，影响到实际暴力行为的发生，即藤竹晓所说的"拟态环境的环境化"，从而在一段时间内导致社会暴力犯罪事件陡增，拉帮结派、街头斗殴、抢劫吸毒等违法犯罪行为，对社会治安带来严峻的挑战和影响。

对于电影中的暴力，我们要以辩证的观点加以看待。"议程设置"理论（Agenda-setting Theory）认为，大众媒介在引导大众关注特定议题时具有重要作用，即能够告诉受众"想什么"[1]。而传播效果的发生过程往往是由认知开始，进而影响人的态度，最终决定人的行为。媒体通过不断的强化某个议题，就会在受众心目中造成"这个议题非常重要"的印象，从而将其作为重要事实加以采纳。媒介并不是有闻必录，而是具有一定的偏向性，是一个"现实环境再重构"的过程。同理，电影作为一种艺术创作活动，其在创作过程中也必然是有选择、有加工的过程，而电影的"议程设置"在很大程度上会影响甚至会决定观众的认知、态度和行为。因此，电影必须肩负起社会责任，遵循社会伦理道德规范和电影创作的客观规律，基于现实生活来选择有审美价值和道德规范价值的素材进行创作、加工，最后以"娱乐"和审美的方式提供给受众。

成龙电影通常都被认为是动作片的典范，却很少有人关注到他的影片其实是伦理的典范。成龙电影几乎每部都有精彩叫绝的"动作奇观"。成龙饰演的剧中人物每每也会受到九死一生的考验，时时要与各种各样的对手进行殊死搏斗。其实，成龙电影的暴力指数是很高的。然而，在成龙的电影中，我们却极少看到鲜血四溅、肝脑涂地的暴力和死亡场面。他用高度舞蹈化、喜

---

[1] 胡正荣等：《传播学总论》，北京：清华大学出版社2008年版，第274页。

剧化的动作场面消解了动作电影与生俱来的残酷性,使暴力动作呈现中国电影特有的民族风格和美学风范。成龙电影更重视人物之间为什么打,而不是怎么打。因为,为什么打展示的是暴力的伦理依据,而怎么打展示的更多是暴力的美学风格。

四、社会正义与电影伦理

长期以来,我们认为历史学研究的是真,艺术学研究的是美,伦理学研究的是善。作为一种形象的比喻,用来对待学科差异的表达未尝不可。可是,作为一种学科的基本设想,这样的描述对电影伦理学而言并不能成立,因为伦理学的终极命题并不仅是善恶与否的问题,而是正义与否的问题。

诗性正义(Poetic Justice)来自努斯鲍姆(Nuss baum)的《诗性正义:文学想象与公共生活》一书中的表述,指的是不可为而为之,如士兵为了旗帜而前赴后继,电影作为最感人的部分是现实生活中难以完成的或不可能完成的事件和情节,电影伦理学在某种意义上是现实世界中人的自我救赎,这就是我们讨论的诗性正义。

正义之所以比善更为重要,是因为正义是一个可以覆盖个人、家庭、族群、社会乃至人类的伦理学的终极命题,而并不仅仅是个人的道德修为、心理特质与行为取向的问题。所以,无论我们是在现实社会层面,还是在虚拟的艺术层面,伦理的终极问题都会指向正义,只是它们存在的方式有所不同,表达的方式有所不同,体现的内涵也有所不同罢了。

华尔特·惠特曼(Walt Whitman)写道,诗人是复杂事务的仲裁人。尽管我们可以看到诗性正义存在的种种问题,但它已经显现了它的价值和力量:基于情感的诗性正义能够给我们带来道德上的神圣感召,进而在心灵上拓展了我们的经验边界,诗性正义提供了弥足珍贵的视角和帮助,促使我们去寻求一种更加值得追求的、更加容易适用的正义标准。[1]不同的是,努斯鲍姆将它引入的目的是批判功利主义经济学,进而寻求对人的更全面的理解,而我们则将它引入了电影学。

电影的正义伦理既是一种艺术的美学法则,也是一种叙事的语言策略。

---

[1] [美]玛莎·努斯鲍姆:《诗性正义:文学想象与公共生活》,丁晓东译,北京:北京大学出版社2010年版,第3—19页。

对电影而言，我们不能把体现人类正价值（正义、公平、忠诚、勇敢、善良）的艺术形象置放在一个被否定、被质疑、被漠视的叙事语境中，也不应该把那些追寻人类美好理想的人物描写成为一种虚幻的、迂腐的甚至是荒谬可笑的角色。而是应该将正义置于一个肯定的、被正视的叙事语境中，从而唤起人们心中的正义感，或者去纠正那些非正义的行为，这类电影便具有了天然的伦理性。比如，《战舰波将金号》《第四十一》《这里的黎明静悄悄》《工人阶级上天堂》《现代启示录》《巴顿将军》《东方红》《周恩来》《开国大典》《建党伟业》《古田军号》等政治电影，或表现工人农民运动、政治事件，或表现反对强权统治，或表现典型的政治人物……通常都是为本国的政治路线和内外政策服务。以《战舰波将金号》为例，该电影旨在为宣传无产阶级革命而服务，讲述了一个无产阶级反抗残暴统治的革命故事，爱森斯坦创造的蒙太奇拍摄手法让这部电影至今被人铭记在心，通过特写和反复渲染统治者的残暴统治。经典的"石狮沉睡，睁眼，怒吼"的三个镜头，更是让无产阶级觉醒并取得胜利的主旨得到豪迈的表达。电影成功地唤起了无产阶级革命的热情，指向社会正义和历史进步。

无论是在现实中，还是在银幕上，"让我们难以接受的，并不是意识到这世上缺乏'绝对的公正'——几乎没有人会这样指望，而是意识到我们的周围存在着一些明显可以纠正的不公正。我们希望去消除它们，却难以如愿"。[1]这是印度伦理学家阿马蒂亚·森（Amartya Sen）在他的《正义的理念》一书中的一句箴言。雅思贝尔斯也曾经说过类似的话：我们对这个世界之所以不能理解，就是因为这个世界什么都是可以理解的。面对中国社会的诸多道德现实问题，在以现实世界为参照的中国电影界，其所呈现的伦理世界值得警醒。电影的伦理世界表现得再完美也无法直接拯救我们所处的现实困境。然而，电影毕竟是"整个社会系统发生变化的晴雨表和推进器"[2]，是作为大众传播媒介极具影响力的艺术，借助电影、电视媒介传播文化，对一个国家的民族文化认同和民族身份建构起着重要的作用，同时是在全球化背景下提升一

---

[1]［印］阿马蒂亚·森：《正义的理念》，王磊、李航译，北京：中国人民大学出版社2012年版，第1页。

[2]［美］丹尼尔·勒纳《传播体系与社会体系》，载张国良主编《20世纪传播学经典文本》，上海：复旦大学出版社2003年版，第317页。

个国家的"软实力"、增进国家的价值认同、传播中国文化的重要平台。说到底，对于电影世界伦理法则的建构其实就是我们现实世界伦理建构不可分割的一部分。

现在，韩国的电影观众最认可的影片（票房冠军）是《太极旗飘扬》以及《鸣梁海战》这样充溢着民族主义与爱国主义激情的电影；我们的票房翘楚却是《西游记之大圣归来》以及《捉妖记》《大鱼海棠》《哪吒之魔童降世》这样魔幻、戏仿的影片。好莱坞引进中国电影市场的是《血战钢锯岭》，是《萨利机长》这样不折不扣的美式主旋律电影，而我们与他们进行市场博弈的影片却是《罗曼蒂克消亡史》和《我不是潘金莲》……不是说我们的观众爱看《西游记之大圣归来》与《捉妖记》就是对爱国主义和民族主义的背弃，这些本土电影观众同样爱看《湄公河行动》《战狼》《红海行动》系列具有强烈爱国主义精神的主流电影。我们所希望的是，中国电影在实现了其举世瞩目的票房神话之后，在人类的道德世界上也能够创造出光耀千年的璀璨影像。

五、电影类别与电影伦理

在一百多年的发展、演变过程中，电影类型和样式也经历了由少到多、由简单到复杂多样的变化。从不同的分类标准和角度出发，电影也可以被划分为不同的类别。如根据电影的构成元素所占比例大小，可以分为音乐电影、美术电影、歌舞电影等类别；根据电影题材和受众指向的不同，又可以分为儿童电影和成人电影；而根据电影不同的流通和发行方式以及艺术和票房诉求，又可以将电影分为探索（先锋）电影、艺术电影、商业电影等不同的类别。目前，比较通行的电影分类方法是依据电影所使用的工具、创作手法、表达主体以及美学范式等综合因素的考量，将电影分为故事片、纪录片、美术片以及科教片四大类型，国内外普遍采用这种电影分类方式。毋庸置疑的是，几乎每个电影类别都与电影伦理存在非常密切的关系，因为只要有电影就有电影伦理。但由于每类电影的创作手法、表现主题和侧重点各不相同，在不同类型的电影创作、传播、接受过程中，也就具备不同程度的伦理性。

（一）故事片

故事片（feature film）指的是由专业或者非专业演员扮演影片的相关角

色，包含特定的叙事情节，有一定故事主题的电影。在整个电影艺术类别中，故事片的产出数量最多、成果最丰富、产生的社会影响最为广泛和深刻，从而成为衡量一个国家电影实力和水平的重要标准。故事片以反映丰富多彩的人类社会活动、人的内心世界、自然界的复杂多样为主要目标，又因为故事片在材料选取、创作理念和方法、情节构思、艺术风格的不同而显得千差万别，各具特色。故事片又可以进一步细分为喜剧片、悲剧片、战争片、科幻片、悬疑片、动作片等不同的亚样式。

从电影史看，世界上第一部故事片是梅里爱的导演舞台记录式影片《月球旅行记》，而中国第一部故事片为《难夫难妻》。故事片经历了很长一段时间的发展最终才得以形成。故事片作为电影艺术的主要组成部分，展现出独一无二的叙事灵活性、丰富性、复杂性，以及时空表现的灵活性、自由性、多变性。故事片的诞生和成熟，昭示着电影作为一门独立的艺术而存在，电影在艺术领域的地位也相应得到提升。在电影的四大类型中，故事片始终占据着主导地位。

故事片的核心要素就是叙事，不管是关于人还是自然界，故事片的最终指向都是"人"，是一门表现"人"的艺术。其一类是通过情节取胜，用故事吸引观众；另一类则是强调人物的刻画，表现人的命运、抉择、性格或者心理等，但两者的核心推动力都是叙事，在叙事的过程中讲述剧情、展开情节，交代人物性格、刻画人物形象。无论是直接刻画人物、表现人物命运的《战舰波将金号》《巴黎圣母院》《教父》《一江春水向东流》《芙蓉镇》《黄土地》《战狼》《无名之辈》《中国医生》《长津湖》，还是展现人与其他物种的沟通交流、矛盾冲突，如《阿凡达》《忠犬八公的故事》《一条狗的使命》《狼图腾》，甚至于直接表达非人类世界的故事片如《马达加斯加》《冰川时代》等，我们都无法将人或者关于人的元素从这些电影中除却开来，纵使是《马达加斯加》《冰川时代》《狮子王》这种非人类动画电影，也是通过拟人化的表现手法来呈现动物世界的，就这三部电影而言，其所展现的是美国的流行文化、人文主义和价值观。由此而言，故事片的最终指向都是"人"。法国符号学家罗兰·巴特（Roland Barthes）将叙事比作生命，遍布在人类社会生活中的每个角落，无处不在。在罗兰·巴特看来，人类社会中的叙事种类非常之多，叙事首先包括了各种各样的门类，而这些门类又可以通过几乎所有的材料来进行叙事。叙事可以通过口头的、书面的语言和形式来表达，可以用动态的、静态的形象、手势，或者进行排列组合进行表达。人类各种各样的事物都存在叙事，比如神话、寓言故事、历史事实和传说、电影、喜剧、报纸杂志上的新闻、彩色玻璃窗，以及人们日常对话都包含着叙事。自从人类社会诞生以来，叙事就存在于任何一个时代、任何一个社会、任何一个地方，从来不存在没有叙事的民族，叙事是跨越任何种族和文化的存在，即使是不同背景的人们之间的叙事仍然具有共通性，因为它像生命一样存在着。关于故事片的分类和功能，学界和业界从未停止过探索的步伐，但迄今没有明确的、统一的标准。部分研究学者认为，在故事片下面应该进一步细分为各种类型片，但是故事片和类型片两者的概念本身就相互混杂。也有人认为故事片可以分为现实片、娱乐片、探索片三种。现实片如《我不是药神》《无名之辈》《厕所英雄》等侧重于"认识"功能，以充分发挥其对现实（对历史也相同）的认识功能作为主旨，娱乐片如《一夜风流》《摩登时代》《低俗小说》等则侧重于"娱乐"功能，以愉悦人的身心为第一天性，而探索片如《海洋》《最后的猎人》等侧重于"审美"功能，以对电影艺术本体进行探索为己任。这种分类在学界中认可度较高，无论是类型片还是现实片、娱乐片和探索片，都是故事片的典型代表。

　　故事片与电影伦理紧密相关，基于故事片所包含的子类型以及叙事手段、叙事主题等千差万别，因此故事片所呈现的伦理关系也是错综复杂的，我们理应站在伦理的视角之上对其加以审视。比如以叙述暴力场面、暴力情节为主要内容的暴力电影，作为故事片的代表，暴力电影在伦理道德领域可以说是"负债累累"。比如被誉为超现实主义经典之作的《一条安达鲁狗》，这部只有24分钟的情节不完整的电影，以梦境的形式呈现了一个血腥、残忍的杀戮世界。其中最为恐怖的一个镜头是将一个女人的眼睛割开的特写。且不说这一镜头的艺术价值，单说这赤裸裸的暴力呈现显然是与社会伦理道德不相符合的，那么这种简单粗暴的方式是否合理呢？而在《斯巴达300勇士》《血战台儿庄》这两部电影中，两军交战所导致无数的战士躯体被堆积成山，展现了英勇的战士为了本民族浴血奋战的伟大爱国情结，无论是从政治的角度还是从历史的角度来看，这两部电影通过影像所建构的场景似乎并没有什么可疑之处，但《血战台儿庄》当年在香港公映之时，却被列为"儿童不宜"

的影片。问题就在于这种过于残酷的电影场面应该有其"伦理底线",而不是放之四海而皆准。这样的电影伦理冲突普遍存在于国内外的各种故事片当中。

(二)纪录片

纪录片(The documentary)是以真实生活为创作素材,以真人真事为表现对象,并对其进行艺术的加工与展现的影视艺术形式。它以展现真实为本质,并用真实生活引发人们思考的电影或电视艺术形式。[1]真实性是纪录片的核心,电影的诞生正是开始于纪录片的创作。

电影诞生伊始,记录是其主要功能,世界上最早的一批电影就是纪录片。1895年12月28日在巴黎卡普辛大道14号大咖啡馆的印度厅内正式公映的由卢米埃尔摄制的包括《工厂的大门》《火车到站》《婴儿的午餐》等在内的12部实验性的影片,都是记录现实生活场景的纪录片。从19世纪末开始,电影被用于新闻题材的报道。俄国沙皇加冕、英国国王出席奥林匹克开幕式、西班牙的斗牛、澳大利亚的竞走等新闻事件,都以电影的形式进行呈现,成为初期记录电影创作的主要题材。

弗拉哈迪的《北方的纳努克》于1923年正式公映,标志着纪录电影在艺术创作上进入了一个全新的历史阶段。该影片记录了一个爱斯基摩人与他的家人在冰天雪地的北方谋求生存的艰苦斗争生活。而真正面向观众的影片是二次拍摄的。1913年弗拉哈迪跟随一个探险队到加拿大的北部地区去探矿,他站在一个旁观者的角度,客观地记录了当地的爱斯基摩人的生活。但不幸的是,他所拍摄的3万英尺的底片素材在大火中被全部烧毁了。随后,他按照自己的创作思路再次前往拍摄,同时,他还吸纳了一些当地的居民参与拍摄,其中的部分镜头是按照故事片的方法进行拍摄的,比如当地人所居住的冰屋是按照拍摄需要建造的,猎杀海豹的场景也是根据影片需要而采集的,但弗拉哈迪所反映的都是当地的爱斯基摩人的真实生活。通过艺术化的加工,这部影片比之前的纪录电影更具感染力,因此弗拉哈迪被称为"纪录电影之父"。

在苏联的十月革命后,列宁非常重视纪录片和宣传片的宣传意义与传播价值。维尔托夫拍摄的23集新闻片《电影真理报》广受欢迎。其素材是在战

---

[1] 刘洁:《纪录片的真实性与故事性探析》,《电影文学》2013年第9期。

争前线和后方各地拍摄而来的,维尔托夫将这些素材串联起来,然后加上字幕汇编而成,包括《国内战争》《在世界六分之一的土地上》《前进吧,苏维埃》等。在摄影师们看来,摄影机的镜头就是电影的"眼睛",电影的"眼睛"比人的眼睛更加敏锐,更具观察和分析的能力,从而被称为"电影眼睛派"(Movie Eyes Send)。他们认为,为了对现实世界进行更好的展现和还原,所采集的素材都必须来源于现实。因此,他们经常到街道、商店、学校、市场等地方拍摄和收集素材,事先也不去征得被拍摄对象的同意,也不要求他们表演,在客观记录的基础之上进行剪辑,把看似混乱的素材变成条理分明的纪录片。

20世纪20年代至30年代,美国电影产业发展迅猛,进入了全盛时期,好莱坞利用摄影棚拍摄的"超现实"影片风靡一时,英国等对其进行了抵制,发起约翰·格里尔逊为代表的纪录电影运动,力求摆脱电影商业化的影响,着重强调电影的社会价值。他们直面社会现实的矛盾和问题,积极发挥纪录电影反映现实的能力,通过画面造型、解说、配乐的剪辑与组合,实现了纪录电影诗意的艺术追求。一大批杰出的纪录电影艺术家及代表作品相继出现,如P.罗沙的《交接点》《船坞》、H.E.安斯戴与A.艾尔顿导演的《住房问题》、B.瑞特的《锡兰之歌》等。他们并不掩饰电影的宣传功能,甚至公开宣称"电影院就是一个讲坛,而我们是宣传家"。

在我国,随着改革开放的不断推进,20世纪90年代中国文化向大众化转型,由"阳春白雪"逐渐变为"下里巴人",大众文化、商业主义、消费主义不断渗透到文化的创造、生产和传播过程中。"娱乐"和"游戏"成为电影文化的重要标识,极大地改变了传统文化的形态。在这样的大环境下,纪录片也不断向大众化和商业化看齐,"眼球效应"、娱乐经济使纪录片的创作理念发生了深刻变化。有些纪录片的题材故事性很强,着重凸显人物性格和事件发展的曲折,如《阮奶奶征婚》,记录了82岁老人征婚的故事,客观记录的同时又注意凸显趣味性。

相较于故事电影,纪录片出现的事件更早,因为影像一开始就是以记录现实为使命而存在的。如今,纪录片的类型、题材、内容不断丰富,表现力和影响力等方面也在不断进步和发展。其价值已远不止简单地记录事实,而是变得多种多样。尤其是21世纪以来,纪录片的价值和作用不再仅局限于历史资料的保存，而更加注重凸显其社会价值、人文价值、美学价值、科学价值等。如《四个春天》是一部以真实家庭生活为背景的纪录片，记录自己家庭四年光阴中的美好的、伤痛的日常生活，挖掘平凡生活的无限诗意。影片《二十二》拍摄的目标则以关爱为目的，从客观、人性的角度记录"慰安妇"幸存者的生活状态，融入人文主义关怀的温暖，凸显影片的人文价值。《厉害了，我的国》《港珠澳大桥》等则是新时代以来我国在政治、经济、文化、军事等多个方面"强起来"的真实写照，凝聚民族力量，展现中国智慧、中国气派，对内和对外都具有极高的社会价值。这些纪录片都取得了不凡的票房成绩。纪录片以一种突破传统的全新姿态受到广大观众的喜爱和好评。纪录片在发展过程中，不断丰富自身的内涵和外延，丰富的社会价值和教育意义使其更具兼容性和丰富性。这也恰恰说明一部纪录片的成功与否，很大程度上取决于它的社会功能及影响。

不过，出于对社会各方面史料、资料的完善和建立的目的，以及对于社会发展各行各业和文化演进事无巨细的记载，纪录片正以一种更加多元的形式出现，而且涵盖范围之广，涉及领域之大，已经达到史无前例的历史新阶段。不仅是内容上的不断翻新，连形式上也寻求与以往纪录片沉闷低调、平铺直叙的表现形式有更多不同的展示。而现在的纪录片也可以划分为纪实性纪录片、宣传性纪录片、娱乐性纪录片和实用性纪录片等，在四种类型的纪录片中涵盖跨领域的发展和融合，纪录片已不再只具有单一功能而是复合型的影像资料。作为一种文化的记录方式，它具有伦理关怀和伦理建构的重要功能和价值。

首先，伦理关怀。纪录片的主要题材一般都围绕着人出发，着眼于人的现实生活和记忆的再现，从根本上说，都是出于对人的关怀。纪录片《二十二》通过寻访者对现实生活的记录，平凡、真实地展示了"二战"受害老人目前的生活状态和复杂的内心状态，通过现实再现历史，通过较为隐晦的方式提供了历史的在场性证明。该纪录片以拍摄人物和历史反思为目标，以人文关爱为目的，给这些老人们一次最深情和庄重的凝视。体现了人对于人的最真切的人文主义伦理关怀。同时唤起人们对那段屈辱历史和伤痛的记忆和思考。这种历史关怀旨在启迪观众：勿忘屈辱才能更好地面向未来。从这个层面来说，纪录片其实具有极强的伦理关怀价值。

其次，伦理建构。纪录片的另一个功能和价值就在于社会伦理道德的建构。社会作为一个复杂的共同体特别需要合力，只有实现合力才能实现可持续性发展。纪录片通过社会舆论的引导，实现社会道德价值的建构。如《厉害了，我的国》《港珠澳大桥》等纪录片在宏观层面展现中国智慧、中国力量、工匠精神等，以此来增强民族自信、凝聚群众合力，建构社会主义核心价值体系；《四个春天》等影片则在微观层面通过亲情、友情、爱情等展现人与人之间和谐的人际关系，以小见大，建构社会伦理道德观念，而这对于一个社会来说又是至关重要的。

另外，由于种种原因，我们又不能忽略纪录片的伦理问题和伦理冲突，核心就是分析制作者、被拍摄者以及观众围绕纪录片制播过程中的利益冲突而出现的道德困境[1]。

第一，拍摄者与被拍摄者的冲突。一方面，隐私权作为每个公民最基本、最重要的人格权利，具有神圣不可侵犯性。另一方面，每个公民又具有自由表达、自由传播的权力。这就造成了自由表达权和隐私权之间的冲突。纪录片的拍摄者在很多时候是隐去自己的身份，并把摄影机藏于暗处进行拍摄的，如《电影真理报》在学校、商场等公共场所采集素材，就不可避免地对出镜的人造成隐私上的侵害。而弗拉哈迪的《北方的纳努克》这一部纪录片的拍摄，实际上就造成了对纳努克私人生活的干扰和放大，无论弗拉哈迪自己在主观上如何尊重纳努克，但纪录片的拍摄和放映实际上还是对纳努克一家的生活造成了影响。由于他们一家人过多地参与拍摄，加速了其家庭结构的瓦解，在弗拉哈迪走后，他们一家的生活变得更加困难。而在媒介科技飞速发展的今天，媒介的权利逐渐下放，使得"人人都拥有麦克风"，每个人都是生活的记录者，但却在一定程度上加深了拍摄者与被拍摄者之间的矛盾冲突。

第二，制片者、观众和纪录片的冲突。制片者、观众和纪录片三者之间的冲突主要是通过纪录片呈现的，与纪录片本体论中的"真实性"问题直接关联。如1993年2月2日，日本NHK在1992年拍摄的纪录片《禁区——喜马拉雅深处的王国：姆斯丹》存在造假行为而被揭穿，作为一部纪录片，该片在扮演、臆造方面共有19处造假，并且没有向观众说明，丧失了纪录片创

---

[1] 沈庆斌：《纪录片伦理问题探讨》，《文艺争鸣》2010年第24期。

作应有的底线。以纪录片的拍摄手法拍摄的电影《冈仁波齐》在上映后遭受质疑,为了拍电影而进行的朝圣是否虔诚?导演是否有"卖"信仰的嫌疑?这些都是值得我们去思考和探讨的现象和问题。

(三)美术片

美术片(animation)是电影类型中比较特殊的一种,主要包括动画片、木偶片、剪纸片、折纸片四种样式。艺术家们通过绘画或者其他艺术形式来展现美术片的意图,是一门集绘画、摄影、特效于一体的综合性艺术。而美术电影可以分为短片、长片和系列片等多种类型,题材、内容和形式都非常丰富,在整个世界的电影版图中占据重要地位。在电视领域更是受到青少年的青睐。其中,动画片是美术片最为典型、基础的一种样式,它是通过绘画来表现特定故事情节、人物形象的影片。实际上,最专业的名称应该叫手绘片,动画片只是一个总称。20世纪60年代,中国成功研制出"水墨动画片",如《小蝌蚪找妈妈》《牧笛》《神笔马良》等动画片将中国传统水墨画与电影完美融合在一起,成为动画片的一大突破,具有极高的美学价值,成为我国民众极为珍贵的影像记忆。而在西方,美国的迪士尼、梦工厂等拍摄的动画片在全球范围内都拥有广泛的受众市场。

包括《小蝌蚪找妈妈》等在内的美术片通过虚构、拟人、比喻、象征等手法提供娱乐和教育大众,总的来说,主要具有以下几个特点。

幻想丰富。美术片不仅能够反映现实,而且还能将画家丰富的想象力所构建出来的画面变成动态的影像。相比其他电影类型直接反映现实和生活的方式,美术片更适合通过想象和幻想来反映现实生活,因此也被称为"魔幻电影"。通过幻想产生的美术片主要包括两种:一是来源于传统的幻想故事,包括古代神话、童话寓言、民间传说等。通常这类故事都具备荒诞、离奇的特征,如我国传统神怪小说《搜神记》等,同时具有很强的指向性和社会启示意义。二是新幻想故事,是作家、画家等艺术家在社会现实的基础上创作出来的童话式的幻想故事,因此被称为"新童话"。通过将现实和幻想相结合,这类故事具有更强的社会意义。

艺术夸张。由于美术片造型的随意性和创造性,在艺术夸张方面,它比其他的电影类型更具优势。在造型上,美术片能够自由、自主地突出、强调表达对象的内容和形式,从而产生一般电影造型所不能达到的强烈效果。这种艺术夸张主要包括两个方面：第一，在故事情节和叙事上，美术片可以超越现实、突破常规，进行各种各样夸张的描述。从现实来看，这种夸张是不合理的，但在童话的逻辑里却具备合理性。第二，美术片在动作和造型上的夸张，改变了影像原有的外貌和特征，产生了许多独特的、生动的、有创新的艺术形象。基于这种夸张手法，美术片实现了其艺术典型化的目的。

高度概括。美术片通过神话、寓言、童话等幻想性的内容来表达特定主题，大量运用夸张的手法，这种手法本身就需要高度概括的方法。其主要包含三方面的内容：一是情节上的高度概括。不同于真人表演的影片，可以有很多生活细节，而美术片是一帧一帧做出来的，制作的难度和成本都比真人表演更高，因此需要高度凝练，去除许多无关紧要的东西。正因为如此，美术片的情节发展节奏比真人表演的影片更快、更迅速。从而创造了一种更为简洁的电影语言，精确地发挥自己的想象力和表现力，精炼和简短是其主要特征。二是形象的高度概括。美术片作为一种艺术而存在，要求艺术家用极为简练和高度概括的手法来表现电影形象。美术片的形象是基于现实生活想象出来的，具有虚构性、概括性和典型性。其典型形象保持外部特征和内在性格的高度统一，通过外在形象的夸张和概括，内在性格表现得更加饱满和鲜明。三是主题的高度概括。美术片在情节和形象上的高度概括必然要求主题的高度概括，三者之间存在密切的关联性。不管影片的长短，都要求美术片的主题简单而明确。一部美术片都只应集中表达一个主题、一种观点或者一个哲理。美术片的主题所蕴含的观点和哲理应该是含蓄、深刻的，而不是直白肤浅的。其寓意必须以小见大、以短见长、深入浅出，寓教于"艺"。基于幻想而来的美术片，看似远离现实生活，但实际上同样能够表达深刻的社会寓意。

美术片和其他电影类型一样，是面向大众的艺术，是人们休闲娱乐、文化活动的重要组成部分。现如今，电视的高度普及所面临的大量受众，要求大量的影像内容来满足受众的需求。基于幻想生成的美术片更受少年儿童的喜爱，成为教育儿童、娱乐儿童的一种生动活泼的文化、艺术形式。也有的人认为，美术片不应该只面向儿童，必须改变这个传统的观念，使美术片成为成人观赏的艺术形式。在他们看来，美术片和漫画类似，都可以反映社会现实，特别是针对幽默反讽的题材，更容易实现犀利尖锐、戏谑诙谐的艺术效果，完全能够适应成年受众理性思维的观影需求。这个观点当时在欧洲十分盛行，由此许多欧洲的艺术家们创作了许多短小精悍的美术片，以适应成年观众的需求。

不同的观点就导致了美术片在受众定位上存在分歧，到底是面向少年儿童还是成年人，目前为止还没有一个定论。而就目前我国电影市场的情况来说，并没有严格的电影分级制度，不管是国产电影还是进口电影都是同样面向所有年龄层次的受众，这就会导致美术片存在很大的伦理问题，透射出严重的伦理道德危机。以美术片基本的样式——动画片为例，在当今商业主义和消费主义的宏观环境中，动画片的生产及其所传递的观念瓦解了以往的审美观念，对青少年的思想观念和行为产生极大的负面影响，比如动画片情节的日趋复杂化和成人化、内容的低俗化和娱乐化等。具体表现如下。

故事情节的成人化倾向。电影市场丰富的影片使少年儿童不满足电视频道里所播放的国产动画片，电影不分级使儿童也能轻松地进入电影院观看自己喜欢的动画片。但是很多动画片只是通过动画片的形式来讲述"成人"的故事内容，比如来自美国的动画片《狮子王》充斥着权力的争夺，相互间的钩心斗角，将动物"人格化"。另外，《驯龙高手》系列男女主角之间的爱情展示，甚至无牙仔（夜煞）在看到白龙光煞后一见钟情，在白龙光煞离去后，无牙仔开始了单相思，看任何东西都像白龙光煞，甚至去亲吻自己的影子。这一系列成人化的行为，都会对青少年造成严重的负面影响，使未成年人过早地"成人化"。

故事内容暴力化、色情化倾向。电影产业的商业化趋势必然导致动画产业的不断商业化，在动画片创作的过程中，为了吸引受众眼球、获得更多的商业利润，"三俗"倾向内容的比例飙升，各种暴力、低俗的内容充斥其中。比如在《功夫熊猫》系列动画片中，阿宝在学习武术的过程中，师父教授了他各种各样的打斗技巧，这无疑为青少年受众提供了行为示范，去学习阿宝的行为习得功夫。而在《哆啦A梦》系列动画片中，经常出现大雄和静香"暧昧"的情景，甚至出现大雄不小心偷看静香洗澡的镜头，这样的镜头表达对于青少年儿童来说是极其不合时宜的，甚至有人提出要抵制日本动漫。动画片丧失了原有的儿童教育的责任，其暴力化、色情化倾向都与固有的社会伦理道德价值观念相距甚远，与动画片所追求的"真""善""教"背道而驰。

（四）科教片

科教片（scienceand education film），即"科学教育片"，是以传授科学文化知识和科学方法、推广先进经验，服务人民群众的生活、工作、学习等为宗旨的电影类型。

科教片题材十分广泛，包括《地球》《家园》《宇宙时空之旅》，国内的《珍爱生命，远离毒品》《毒品——致命的诱惑》等都属于科教片。科教片涵盖了天文、地理、科技、人文等方方面面的学科领域知识。许多导演还会在科教片中加入娱乐性元素，如美国的《我们的星球》。科教片所具有的伦理价值体现在对"真""善""美"的传递，观众在观看时能够增长知识、开阔视野、陶冶情操，正确地引导大众的行为，为人们正确地探索、发现提供伦理规范。科教片通过影像画面与配音、音效的结合，独具特色。优秀的科教片往往具有很强的表现力和传播力，在给受众带来感官享受的同时传递科学文化知识，因此我们认为科教片具有很强的正向伦理道德价值。

随着时代不断向前推进，电影艺术的表现形式还在不断发展和丰富，新的表现形式不断涌现，在给电影艺术注入新的生命力的同时，也满足受众的多元化需求。值得注意的是，一些电影工作者为了个人利益，一味地迎合市场需求，导致出现一些不合乎民族伦理道德价值取向的作品。这也是电影艺术在当今发展过程中需要警惕的问题。

第3节 电影伦理学的研究范式

电影伦理学作为一门新兴学科，其学科内容与研究方法应该怎样建构和选择？换言之，我们应该以什么样的方法研究什么样的内容？首先，从电影伦理学的本体论意义出发，镜头画面应该是电影伦理研究的起点，以此探寻其与伦理的关系；其次，电影作为讲故事的载体，从叙事学的角度探求叙事内容与伦理的关系，亦是电影伦理学的题中应有之义；最后，从美学的立场出发，探求电影作为一门艺术所具有的艺术美学内涵与伦理的关系，则是电影伦理学的根本追求。

一、镜头画面与伦理

一般来说，画面（frames）是指镜头运动中的每个构图，镜头（shots）是指摄影机从对某一个场景起拍到停止不间断地拍摄的多个画面。由于电影的画面都要借助光学、电学等科技的支持，所以很多时候我们就称之为影像（image）。应该说，影像是电影作品中最重要、最基本的形式元素，是电影的故事、题材的直观表现形式。从物理学角度考察，影像是物体借助光学装置、电子装置等通过光影或光电转换呈现的形象。匈牙利电影理论家巴赞指出，影像是"人和摄像机取得结合后产生的一种新型的知觉形式"[1]。在现代视觉文化中，影像的概念有两层含义：狭义的理解是以电影、电视、录像为媒介的活动画面；从广义上说，影像还包括静止图像和一切以视听语言为基础的各种媒介相互组合的画面，比如网络艺术、电脑动画、Flash等数字虚拟成像技术生成的影像。本书所指的影像是指通过摄像机为主要记录手段进行采集和摄录而来的影像，其主要元素包括动态图像、人声、音响和音乐等，最为典型的就是电影所生成的影像，也是本书的主要研究对象。

从艺术角度看，影像可以分解为四项基本的元素，即画面、镜头、声音和造型。画面，一般是指电影银幕中的单个图像，作为一种瞬间的呈现，是电影艺术构图的重要基础。相对于画面而言，镜头是一种动态画面的存在，指的是摄像机或摄影机从录制开始到停止所摄录到的所有影像。一个镜头的完整表达或叙述，包括它的长度、动作的记录、摄影或摄像机至主体的距离、摄影机或摄像机观看主体的角度、摄影机或摄像机是否移动及移动的方向，有时含有这个镜头的特殊功能。电影声音也是电影影像的基本构成要素，它的存在使电影从纯视觉媒介（无声电影）变成视听合一的媒介（有声电影）。

通过一系列电影造型和表现手段，经由画面构图、镜头剪辑、光线处理、音乐音响效果的后期加工以及特效美化等一系列过程，才能把客观对象的形色结构变为呈现在银幕上的电影的形色结构。负载影像的一段胶卷或数字存储卡放映在电影银幕上，才能称为镜头画面。

镜头画面（footage）是电影造型语言的最基本的构成要素，是一部电影的基本构成单位。我们所能看到的每部电影都是由多个镜头组成的，而每个镜

---

[1] 安德烈·巴赞：《电影是什么》，崔君衍译，北京：中国电影出版社1987年版，第6—14页。

头又是无数帧画面构成的。也就是说,连续的画面组成镜头,而多个镜头拼接在一起又构成了完整的电影叙事链。打一个形象的比方,每帧画面就是文章的一个字,而每个镜头就是文章的一个句子。当然句子有长短之别,还有语法、修辞等寄托,镜头也有长镜头、短镜头,远景、近景之分。

电影伦理学最原初的理论问题,可以演变为一个对话式的问题——镜头有对错吗?回答是肯定的。如今,一部电影通常是由上千个镜头组成的,如果我们要对每部电影的伦理取向进行审视和判断,如此一来,就离不开对影片的每一个镜头的道德内涵进行阐释。同时,对每个镜头的道德内涵的阐释又离不开对影片整体伦理倾向的把握。假设世界上存在一个道德显微镜,让我们借以去观察每个镜头的伦理内涵,那么我们是不是可以提出疑问:色彩有善恶吗?机位有是非吗?表演有正邪吗?[1]在面对镜头画面时,我们不想把所有的问题都伦理化,或者把所有的电影伦理问题庸俗化。但是,若要审视电影的伦理问题,又不得不从电影的基本构成要素——镜头画面入手。因此,镜头的对错(道德价值取向)成为电影伦理学研究的逻辑起点。

镜头的对错在电影叙事链上并不是一个孤立的问题,而是一个互文问题,或者说是由"蒙太奇"所建构起来的语境问题。一般来说,一部电影是由画面剪辑和画面合成而产生的一个完整的表意系统,出于艺术创作的主观性,电影在"蒙太奇"手法的构建过程中并没有一个统一的标准。因此,从电影艺术的视角来看,有时往往是那些看起来有"问题"的镜头恰恰具有审美价值,那些平庸的镜头在艺术层面并没有多少含金量。但从电影伦理学的学科立场来看呢?一个镜头除在整个电影语境中获取互文意义之外,它还涉及镜头本身想要表达的原初的意义,也就是这个镜头原本想要表达什么。比如,一个举枪的镜头,它的意义究竟是什么,必须要在下一个镜头出现时才能够完成。这表明,在电影叙事体系中单一的镜头是没有完整意义的。所以,无论是历史的内容还是伦理的内容,都必须在电影完整的叙事链中才能够看清楚。在《英雄本色2》中,宋子杰举着枪对着靶子正在打靶,单看宋子杰举枪对着镜头的画面,可能我们通过他头上戴着的隔音耳机知道他在打靶,仅此而已。但镜头在宋子杰打靶和他哥哥宋子豪在监狱看信的画面之间不断切换,

---

[1] 贾磊磊、袁智忠:《中国电影伦理学·2017》,重庆:西南师范大学出版社2017年版,第1页。

两组镜头就形成了一个完整的表意系统,即宋子杰对哥哥宋子豪所做之事难以释怀,为何自己是警察,哥哥偏偏是匪徒。

也就是说,我们只有通过这一组完整的镜头的交错、串联,才明白其背后的意图是什么。这种"蒙太奇"的剪辑手法正好凸显和说明了单个镜头是无法完成意义阐释的,或者说它本身所表达的意义是难以实现这一组镜头所要表达的意义的,它存在的意义就在于构成完整的叙事链条。从这个层面上来说,单个镜头除具备艺术美感之外,它只有通过与其他镜头的组合,才能完成叙事意义和伦理意义上的建构。

二、叙事内容与伦理

克里斯蒂安·麦茨(Christian Metz)曾说,电影是一种会讲故事的机器。"所谓的电影手法实际上仍然是电影的叙事法"[1]。在电影创作中,所谓电影叙事(film narrative),就是利用镜头语言讲故事。电影叙事可以分成两个部分,即叙述和故事,也就是说电影"讲的是什么"以及"如何讲"这两方面的内容。其中,电影"讲的是什么"指的是要叙述什么样的内容,而"如何讲"指的则是电影叙述的手段是什么。

那么叙事是否具有伦理性?答案是肯定的。从一定意义上说,每次叙事实际上都是一次伦理实践。如是,叙事的内在属性就自然包含伦理性,由此我们必须十分重视"叙事伦理"(narrative ethics)的概念。在我国,这一概念最早是由刘小枫在其1999年的哲学著作《沉重的肉身——现代性伦理的叙事纬语》中提出来的,此后在文学批评领域被广泛使用。叙事伦理的研究内容一般包括两个方面,一个是故事内容的伦理,任何一部叙事内容作品在创作过程中建构出来的伦理困境,人物在伦理困境中所作出的艰难选择,该选择所包含的丰富伦理内涵,个体在作艰难选择时的感受等,都是叙事伦理研究的内容;另一个是叙事形式的伦理,如叙事的结构和形式,以及叙述者、倾听者、读者和叙事文本之间的伦理关系,这也是叙事形式伦理研究的重点。

在文学叙事伦理的基础上,电影作为一种语言,更是一种叙事的艺术,由此我们也可以站在伦理的角度对电影的叙事内容进行审视,即电影叙事伦

---

[1] [法]克里斯丁·麦茨:《电影符号学中的几个问题,结构主义和符号学》,上海:三联书店1987年版,第7页。

理。和文学意义的叙述伦理相类似,电影叙事伦理也内在包含了叙事形式和故事内容两个方面的研究对象。前者侧重于分析电影镜头语言与伦理之间的关系探讨,包括叙事结构、叙事视角、叙事人称、叙事的时间和空间、蒙太奇、构图、色彩、光效等所呈现出来的伦理内涵[1]。后者可以承继和借鉴学者刘小枫的观点,"叙事伦理学从个体的独特命运的例外倾向去探问生活感觉的意义,紧紧搂抱着个人的命运,关注个人生活的深渊"[2]。电影故事内容伦理侧重于电影内容的伦理诉求和伦理指向,将"人"置于故事内容的核心,关注"人"在面临伦理困境、做出伦理抉择时的内心彷徨、徘徊与焦虑、担当等,从而进一步去探讨人性的复杂、丑陋与美好。

  以前文提到的电影《心迷宫》为例,我们就可以从叙事形式和故事内容两个方面来透视电影的叙事伦理。首先从叙事形式上来看,《心迷宫》一开头出现的是大壮(贾致钢饰)开车从县城回来的路上碰到陈自立(曹西安饰)的片段信息,属于插叙的叙述方式,而后又是按照事件发展的时间顺序进行讲述。该影片使用了多种叙事结构。从叙事视角上看,《心迷宫》采用的则是全知全能的第三视角,并且是多个视角交叉叙事,比如肖宗耀(王笑天饰)和黄欢(罗芸饰)在村口小树林里不小心误杀白虎(朱自清饰)逃到县城的同时,其父亲肖卫国(霍卫居饰)恰巧目睹了这一幕,因此在儿子肖宗耀逃离后,他选择为儿子隐瞒这一事实,于是将白虎的尸体付之一炬。电影同时采用回环嵌套式结构,以多层叙事链为叙事动力。也就是说,在同一时间里,多个不同的空间在发生着不同却紧密相连的事件交叉同时进行。这也是常用的蒙太奇剪辑手法,将原有的时空顺序予以打乱,让观众在错综复杂的线索中感受事件本身的复杂、丰富和多变性。如果不采用多重叙事手法的话,便无法将完整的事件串联起来,同时多重叙事还进一步凸显了影片人物的人性之复杂。从色彩上看,整部影片的色调非常冷淡,尤其是晚上采用的是蓝色调,非常压抑,表现出影片人性的阴暗,与影片的人性主题构成呼应。同时画面由手持摄像机拍摄,十分晃动。这种昏暗的影调和晃动的画面,与影片所展现的人性主题相得益彰,更好地表现了人性中的阴暗和丑陋面,也更好地从反面来讥讽现实社会的问题,这种讥讽正是对人性赤裸裸的拷问。由此,

---

[1] 赵文国:《中国电影叙事伦理研究现状与进路》,《电影文学》2017年第23期。
[2] 刘晓希:《论"电影叙事伦理学"建构的逻辑必然性》,《当代文坛》2016年第3期。

我们可以说，叙事形式是为叙事内容服务的，同时通过特别的叙事技巧如蒙太奇剪辑、阴暗色调运用等进一步深化主题，借助三个主要人物视角交错叙事的进程，人性原始之恶得以呈现，这场荒诞、讽刺的悲剧折射的是当前农村道德高墙的坍塌和乡民伦理关系的紊乱。所以我们说电影的叙事形式是具有伦理性的，它总是通过种种技巧来直接表现和升华电影的伦理内容。

另外，从叙事内容（narrative content）来看，《心迷宫》作为一部荒诞、讽刺的悲剧，其想要表现的主题就是在偏远的山村里，由于远离法律制裁和文明约束，人类原始的兽性得到释放，人们为了私欲而不断撒谎，人性中隐秘的罪恶和阴暗面得到了极致的展现和暴露，从意外杀人到抛尸荒野，道德底线在罪恶的打压下不堪重负，直至最终坍塌。就叙事内容而言，《心迷宫》可以说是电影伦理的教科书，将人性之恶表现得淋漓尽致，所幸电影最终的指向是光明的，肖宗耀和他的父亲选择去自首，完成了自我救赎。因此可以说，电影的叙事内容具有毋庸置疑的伦理性。

三、艺术美学与伦理

艺术美学（art aesthetics）是美学研究的重要领域，同时是哲学的一个重要分支，也被称为艺术哲学。美学是研究人类审美活动的学科，以审美现象作为自己的研究对象。艺术美学的研究对象则是艺术领域的审美现象，比如音乐、美术、绘画、雕塑、戏剧、电影、电视都可以成为审美现象。那么电影作为艺术的重要表现形式，成为当下人们进行审美活动的不可或缺的对象。而人们进行电影创作，实际上就是在进行审美的艺术创作。人们欣赏电影艺术的过程，实则是对具有"美"的属性的审美现象的感知和领悟。美既是人类追求的崇高精神价值之所在，又是评判客观事物的重要价值标准。电影作为一种直观化的艺术呈现，在人们的审美活动中占有重要位置，电影艺术能够很好地满足人的精神价值追求和审美需要。那么我们在研究电影时就必须按照艺术美学的标准来展开和进行。

电影作为一种审美现象在现实生活中普遍存在，而人们总是渴求透过现象看本质，寻求美的真谛。电影艺术来源于生活，是对社会现实的反映。因此其现象与本质是紧密结合在一起的，也就是说，电影是艺术与美学的完美结合体，通过美学理论去透视电影艺术，我们可以更加容易探讨电影美的本质和真谛，更加深刻地理解电影画面和声音所蕴藏的审美内涵。

每一种艺术形式都有自身独一无二的表达手段，在电影创作的过程中，电影艺术是通过镜头画面呈现的，它用摄像机所拍摄的多个画面组接而成的连续性镜头来反映现实生活、表达观点和思想。因此，镜头画面就是观众最直接的审美对象。每一组镜头又是按照一定的艺术构思进行剪辑和后期制作的，镜头中所包含的画面构图、光线色彩、音乐音响等各要素的搭配使用，都必须遵循一定的美学原则，符合审美规律。而电影艺术美学和电影伦理学是相得益彰的，电影对艺术美的最高追求也必定会促进电影伦理的内涵更丰富、现象更复杂；而一部电影在伦理上达到了善的要求，它也相应地具有了一定的美学价值。并在此基础上实现电影艺术真、善、美相统一，最终指向社会正义。如电影《卧虎藏龙》就摆脱了中国导演寻常的武侠拍摄套路，摒弃激烈的打斗场面，采用充满诗意的打斗形式，将东方武侠引入影片，充满古典文化和艺术之美，把中华文化含蓄、内敛的传统美学观念表现得淋漓尽致。同时，这种充满诗意的打斗场面与血腥暴力的传统打斗场面截然不同，含蓄内敛的表达方式也使中华优秀传统伦理得以发扬光大。也就是说，《卧虎藏龙》的艺术美学观念和传统伦理具有融合性和一致性，相得益彰，充满诗意的时空艺术表现形式更符合中华传统伦理，实现了美与善的和谐统一。

第 2 章
电影生产伦理

中国是世界上最早对生产伦理问题进行深入探讨和系统分析的国家之一。在先秦时期，以孔子、孟子、老子等人物为代表的思想家，从朴素唯物主义的视角出发对生产伦理的相关问题进行了探讨。北宋李觏、南宋朱熹对生产伦理问题也进行了深入的阐释。在新的历史语境下，我国倡导新型生产伦理观念，即在社会主义义利观指导下的生产伦理思想，涵盖社会的各个方面。就电影而言，当下中国电影产品与全球电影一样，商品属性与人文价值、视觉符号与现实生活的差异、精英文化与大众文化的矛盾也在不断加剧；电影生产不同程度地存在着经济利益至上、娱乐狂欢化盛行以及对现实表现的片面化、碎片化、低俗化等偏颇认识，由此就形成了外在解构和内在重建的压力。就我国目前而言，现实倒逼本土电影生产的发展转型和升级跨越，成为当下我国电影生产所面临的急迫现实问题。我们认为，当下我国电影生产，应该立足传统，直面现实，唱响主旋律，通过品牌的创建和打造以及进一步深化文化体制、机制的改革，优化电影文化生态，促进电影生产的"绿色"、"低碳"和"环保"，实现电影生产的可持续性发展转型和升级跨越。

第 1 节 生产伦理与电影生产伦理

生产（production）是人们创造各种生产资料和财富的活动与过程。一般情况下，在经济领域以及经济伦理领域中常常提到的生产大多指物质财富与精神财富的创造活动与过程。作为起点，生产更多的是体现一种创造性以及带来效用与利润的经济性特征。从经济伦理学的视域看，生产伦理主要关注和研究的是生产目的和生产手段的伦理内涵和问题，即什么样的生产目的才是合乎伦理道德的，如何进行生产才是合乎伦理道德的。

一、生产伦理

所谓生产伦理（produce ethics），指的就是在生产过程中生产主体之间的伦理关系以及应当遵循的伦理道德规范的总和。

作为世界四大文明古国之一，中国在文字出现之后一直到19世纪中叶的很长一段时期里，经济水平和劳动生产水平高度发达、历史文化源远流长，使我国的文明曾一度居于世界的前列，成为当时世界上最发达的国家之一。因此，为了更好地促进生产力的发展和国家之兴盛，不同时代的学者们也相应较早地对生产关系、生产伦理等进行了深入分析和系统阐释。通过对先秦时期、两宋时期、清末民初和新中国成立以来这四个时期的思想家和哲学家的生产伦理思想、观点的发展和流变进行分析和阐释，深刻探索自古至今我国伦理思想嬗变的内在原因和演变规律，从而为建构既有效继承传统优秀生产伦理思想，又体现当代社会主义核心价值观的现代生产伦理思想寻求理论资源和实践参照。

先秦时期，以孔子、孟子、老子等为代表的大思想家，从朴素唯物主义的视角对生产关系、生产伦理等问题进行了深入探讨。生产伦理的价值取向受到奉行"重农抑商"政策和思想下的小农经济、小商品生产的农业社会属性的制约，因此其生产伦理思想表现为"以义生利"的价值观、"生财有道"的道德观、"勤劳敬业"的从业观、"重本抑末"的产业观等[1]。先秦时期法家奉行"重本抑末""重农抑商"政策，重农业、轻商业的生产伦理思想成为这一时期的主要特征。到了汉武帝时期，董仲舒提出"罢黜百家、独尊儒术"的思想观点，但同时把法家的"重本抑末"的生产思想纳入自己的经济发展观念中，形成了汉代独特的生产伦理思想。这一思想实际上是对先秦时期的生产思想的改造，以"正其谊不谋其利"[2]为核心，强调义大于利的生产伦理

---

[1] 郝添、邓晓丹：《中国传统生产伦理思想述评》，《中共福建省委党校学报》2014年第2期。
[2] 班固：《汉书》，颜师古注，北京：中华书局1999年版，第1918页。

观,后逐渐走向鼎盛,儒家生产伦理思想逐渐成为中国古代的正统思想,并在很长一段历史中居于主导地位。

南北朝时期,由于秦汉的没落,中国古代思想大发展的"百家争鸣"时代也画上了句号。封建王朝实行思想禁锢,在思想上难以得到大的发展。这一时期具有代表性的生产思想来自北宋的李觏和南宋的朱熹。北宋时期,官商勾结,联合进行土地兼并,导致社会矛盾激化,民众怨声载道,民不聊生。因此,李觏见状,提出"平土均田"的观点,通过恢复井田制,企图抑制大地主、大官僚、大商人兼并和侵占农民土地,推行分配土地的办法,以解决土地资源占有不公平、不均衡的问题,借此缓解社会矛盾,维护封建王朝的稳定[1]。成为这一时期的主要生产伦理思想。到了南宋时期,朱熹又提出财富生产最为重要,同时认为生产主体——农民的积极性非常重要,提出"以农为本"[2]"体恤民情"[3]和"佃户不可侵犯田主,田主不可扰虐佃户"[4],以此调和封建社会的各阶级之间的矛盾,但从根本上说,朱熹的生产伦理思想的出发点仍然是为封建统治阶级服务的。

明末清初,鸦片战争打开了中国的国门,我国的封建制度也逐步走向瓦解。封建统治下的生产伦理思想也不断走向衰败,人们逐渐认识到发展经济的重要性。随着资本主义经济开始萌芽,有识之士如王韬、郑观应等也对封建生产思想进行了批判性继承与发扬,把传统的"重本抑末"生产思想发展为"本末并重"的生产思想,实际上很好地权衡了农业、工商业之间的关系,即工商业与农业同样重要,应该大力促进农、工、商、矿等各行业协调发展,对于改变当时"自给自足"的落后状态具有重要作用,这一生产伦理观具有一定的历史进步意义。

中国共产党带领中国人民经过艰苦卓绝的斗争,推翻了帝国主义、封建主义、官僚资本主义三座大山,于1949年成立了中华人民共和国。在我国社会主义初级阶段,"人民日益增长的物质文化需要同落后的社会生产之间的矛盾"是社会基本矛盾,它决定了社会主义的生产目的就是为了满足人民的需

---

[1] 郝添、邓晓丹:《中国传统生产伦理思想述评》,《中共福建省委党校学报》2014年第2期。
[2] 朱熹:《朱熹集》,成都:四川教育出版社1996年版,第5062页。
[3] 朱熹:《朱熹集》,成都:四川教育出版社1996年版,第451页。
[4] 朱熹:《朱熹集》,成都:四川教育出版社1996年版,第5106页。

要，确立了人民的主体地位。1992年，中国确立社会主义市场经济的发展战略，肯定了市场在资源配置中的决定性作用，劳动力由计划分配变为自由竞争，充分肯定了人们追求物质利益的合理性和正当性，同时强调人们要讲道德、讲追求，强调义利的统一。第十八届中央委员会第五次全体会议确立了"五大发展理念"，对于发展生产，全面建成小康社会具有全局性的指导意义。强调"人人参与、人人尽力、人人享有"的人民至上的伦理观念。

党的十九大提出，中国特色社会主义进入新时代，我国的社会基本矛盾已经发生了转变，转为"人民日益增长的美好生活需要和不平衡不充分的发展之间的矛盾。"而新时代的发展观念、生产伦理观念，是在马克思列宁主义、毛泽东思想、邓小平理论、"三个代表"重要思想、科学发展观、习近平新时代中国特色社会主义思想指导下的、以人为本的社会主义市场经济生产伦理观。同时，社会主义义利观作为一种新型的价值观和道德观，是在继承和吸收古代义利观的合理因素基础上，对义利关系的科学认识和关于正确处理社会主义社会各种利益关系的基本观点，是指导人民进行生产、生活的基础和重要的生产伦理思想。

二、电影生产伦理

所谓电影生产伦理（Produce ethics of films），正是电影生产过程中经济主体之间（制片人、导演、编剧和演员）的伦理关系和应当遵循的道德规范的总和。电影生产伦理规范具体表现为各种关于电影的法律、法规等。

电影作为艺术的重要形式，具有大众化和普及化的特点，其商业属性和消费属性不断强化，不断受到市场的影响。从传播学的角度看，电影作为一种影像产品有着广泛的影响力，对大众的价值观念、审美取向有着重要的影响。电影作为一种产品，它的审美价值必然反映出电影生产者的道德品质和价值取向，同时，电影生产者的道德品质也必然影响着电影作品的审美价值。[1]电影可以作为一种文化产业而存在，作为一种大众传播媒介而存在，还可以通过特殊的视听语言传播国家的意识形态和民族文化，流淌着一个国家和民族的精神、艺术血液。电影是一种供大众消费和娱乐的产品，同时电影

---

[1] 袁智忠、杨璟：《电影伦理学的命名、对象、边界与谱系》，《电影艺术》2019年第4期。

作为一门艺术又具有艺术审美、教育大众和服务大众的功能。因此，对电影生产进行规范就显得尤为重要。20世纪以来，各个国家纷纷出台相关的法律、条例和规定来约束和规范、保护和促进电影的生产。

在美国，1930年3月31日由电影制片人和发行人协会主席海斯与耶稣会教士洛德等人共同起草制定了一部旨在限制影片表现内容的《海斯法典》。《海斯法典》的核心是道德补偿原则，即恶必须用更大的善来进行平衡，而最终必须是善战胜恶。《海斯法典》并不禁止电影去描写恶，只是必须坚持正确的道德立场，恶可以通过电影宣泄，但必须适度被压制。1962年1月韩国第一部规范电影的专门法律——《韩国电影法》开始执行，这部法律的核心在于保护和培养韩国电影。

在我国电影业专门立法方面，2001年12月12日，国务院第50次常务会议通过了《电影管理条例》，其内容分为：总则、电影制片、电影审查、电影进口出口、电影发行和放映、电影事业的保障、罚则、附则，共八章六十八条。这是我国电影产业法律规范中立法层次最高的、规定最为全面的规范性文件。《电影管理条例》由国务院制定并颁行，对电影产业的制作、发行、放映、进口与出口做出了详细规定，并且在其中设置了电影审查制度、电影业促进保障机制等法规。

随着国家文化发展的体制机制的不断改革，文化产业成为国民经济的重要支撑，在新媒体技术和市场机制的共同推动下，我国电影产业迅速发展，并不断走向繁荣。目前，我国的电影产量已居于世界前列，成为电影生产大国。电影票房不断上涨、持续走高。在国内，票房已连续十年以超过百分之三十的速度增长。随着电影产业投资与合作的扩大化、国际化，多种多样的电影产品随之产生，但这也加剧了国内甚至国际范围内的电影市场的竞争。高科技的生产方式、多媒体的分发和营销渠道，使电影生产和市场的版图不断扩张，原有的电影生产格局被大大改变。在开放的市场环境中，本土电影开始发挥自己独特的优势，在中国电影市场稳扎稳打，经济效益和社会影响不断扩大。但随着我国各项改革进入深水期和攻坚期，电影产业受到诸多制约，电影生产规律、市场发展规律、经济利益、社会效益、受众心理等都在不同程度上影响着电影产业的发展和走向。

在不断变化的市场竞争格局、受众需求的多样化以及主流价值的导向要求等因素的影响下，我国电影生产的转型发展面临着许多新的问题。在商业主义的消费环境影响下，目前我国电影的生产，不同程度地存在片面追求经济利益等问题，导致各种同质化、偶像化、类型化甚至低俗化的电影作品充斥市场，电影应有的深刻的文化内涵、艺术美感和人文精神严重受损甚至被忽略。当前的电影生产类型多、数量大，产量和产值也不断增大，但普遍存在有"高原"，无"高峰"，缺乏艺术精品的问题和不足。电影市场激烈的竞争、对利益的追逐使有艺术追求的电影人的坚守变得十分艰难。导致电影生产伦理存在追求经济利益、缺乏艺术精品这一较为普遍的问题存在，加大了文化精英阶层的焦虑感并引起了管理部门的关注。

《中华人民共和国电影产业促进法》（以下简称《电影产业促进法》）已于2016年11月7日由第十二届全国人大常委会第二十四次会议通过，从2017年3月1日起开始施行。这是为了促进电影产业健康繁荣发展，弘扬社会主义核心价值观，规范电影市场秩序，丰富人民群众精神文化生活，促进我国电影生产的一大重要举措，是我国电影行业的一大盛事，为我国电影产业的健康发展提供了法律保障。习近平总书记《在文艺工作座谈会上的重要讲话》中指出："我们必须把创作生产优秀作品作为文艺工作的中心环节，努力创作生产更多传播当代中国价值观念、体现中华文化精神、反映中国人审美追求，思想性、艺术性、观赏性有机统一的优秀作品，形成'龙文百斛鼎，笔力可独扛'之势。"[1]电影产业要做大做强，就要夯实产业基础，营造有利的政策环境，做好供给侧结构性改革，最终表现在更多产出能够满足人民群众精神文化需求的优秀作品。

《电影产业促进法》对在我国境内所从事的电影创作、摄制、发行、放映等活动具有适用性，电影产业促进法主导下所形成的现代电影生产伦理，对于解决电影产业发展中的多而不精、缺乏优质艺术品等问题，对于优化电影产业运营和行业管理模式，对于创作更多的电影艺术精品、增加社会的精神文化财富，推动国家文化软实力和综合实力起着极大的促进作用。

---

[1] 习近平：《在文艺工作座谈会上的讲话》，《人民日报》2015年10月15日。

三、电影生产伦理的基本特征

电影生产的伦理目的是满足人们日常生活的精神需求，提供生活娱乐的精神产品。电影作为文化产业的重要组成部分，是一种大众传播媒介。而电影以影像的方式传递特定的思想观念，又是对国家意识形态和民族文化的再现和反映。

电影在生产上遵循一定的伦理观念，这个伦理观念是由时代背景、社会环境、产业政策、受众偏好共同决定的。而在此基础上创作的电影作品，通过"文以载道""寓教于乐"等方式传播社会伦理规范，通过舆论惩恶扬善，促进社会伦理道德和谐，最终指向社会正义。就电影生产伦理的特征来说，它表现在民族性、地域性、时代性、政治性等几个方面。

（一）民族性

在中华民族的灿烂文明史上，经过长时间的探索与总结，我国形成了具有民族特色的"以义生利""生财有道"的生产伦理观念，对当下的生产关系调整仍然具有一定的指导意义。

"以义生利"是先秦时期的诸子百家对于社会性生产劳动的价值观体现，提出追求物质财富、摆脱贫苦乃是人之常情，关键就在于这一追求是否合乎正确的、民族的、大众的义利观，是否遵循"仁、义、礼"形成的行为规范。也就是说，以义生利的生产伦理思想不仅是为发展社会生产、增加物质财富提供指导，也是为了强化民族伦理道德意识，协调物质财富与价值观念之间的关系。另外，人们从事生产活动的目的不是为了满足个人私欲，而是为了创造更多的社会物质财富，促进社会进步。同时，"知礼节""知荣辱"作为一种道德教化、道德观念渗透在经济实践活动中，成为发展生产、规范生产关系的伦理因素。电影生产不仅是满足创作者的物质财富，而且是在此基础上推动价值观念和社会的进步。《战狼2》票房超过人民币56.9亿，不仅刷新了国产电影票房新纪录，还传递出了民族正义、爱国主义、世界和平等中国特色社会主义的基本价值观念，体现出我国古往今来一以贯之的家国情怀。

"生财有道"是指人们进行各种各样的生产活动时，必须遵循和恪守自己所属的伦理规范，每个人的生活背景、身份、社会地位和等级都各不相同，因此，只有在这个前提下进行生产活动，获取相应的物质财富才会合乎社会公认的社会伦理道德标准。具体来说，人们在从事生产活动时，必须遵守三个"道"。

第一个"道"，是指每个人身处于不同的社会阶层，必须在自己的职业范围内从事经济生产、谋取物质财富等活动，逾越职业界限进入其他职业领域开展谋取经济利益的活动，都属于非"法"、非"道"的行为，这对于维护社会秩序是非常必要的。第二个"道"，是指社会中各行各业在从事经济活动时，不能与其他行业竞争逐利，否则就是非"礼"、非"道"的行为，这是为了防止社会阶层出现严重的两极分化。当然，按照这个逻辑进行推演，又容易导致社会分工的世袭化、承继化而产生社会地位、社会角色、社会阶层的固化，使下层社会进入上层社会的渠道被阻断，对社会整体和谐不利。第三个"道"，是指社会中的任何一种职业，都必须遵循相应的职业规范，抛却职业规范去谋求私利即为非"德"、非"道"。《礼记·王制》篇记载了包括"用器不中度""奸色乱正色"[1]等在内的16种禁止交易的物品或行为，认为倒卖产品、销售有质量问题的商品或者在售卖时缺斤少两都是不正当的谋求财富的非"道"途径。

这些理念成为今天中华民族进行生产活动的重要指导思想，并由此形成中华民族现代生产伦理规范。2018年5月，著名主持人崔某某发了一条微博直指范某某的阴阳合同事件，让整个影视圈的"阴阳合同"问题成为热点关注话题。所谓"阴阳合同"指的是影视明星疑似通过一高一低不同收入的两份合同进行偷税漏税的问题。根据我国的合同法、税法的有关规定，与税收筹划合理避税相区别，"阴阳合同"属于一种违法行为。在整个影视圈掀起轩然大波，根据《中华人民共和国税收征管法》等相关法律条例，范某某补缴税款、滞纳金和罚款共计8.84亿元，造成了十分恶劣的社会影响。后来的女明星郑某补缴税案亦是如此，妄求钻法律的空子谋取不正当利益，与长久以来中华民族所遵循的"生财有道"的生产伦理规范背道而驰，此不正当手段谋求个人利益的行为，最终只会遭到全社会的唾弃与指责。所以，影视工作者应当遵守应有的法律法规，"生财有道"。

在中国传统价值观念里，评价社会生活和个人生活行为的最高标准就是

---

[1] 陈戍国：《礼记校注》，长沙：岳麓书社2004年版，第101页。

伦理道德规范。"善"成为"真"和"美"的基础,行为和事物只有是道德的、善的,才有可能是真的和美的。其价值判断、事实判断和审美判断之间是相分离的,价值仅仅是作为一种道德价值而存在,认识价值和审美价值被道德价值所取代。以伦理道德为核心的价值原则成为中国传统价值观所奉行的最高原则,以至于很多人将中国社会称为伦理社会,将中华传统文化称为"伦理文化",将中国哲学称为"道德哲学"。

中国传统文化主导下的中国电影生产伦理具有鲜明的民族性,这种民族性表现在生产者对传统的伦理观念如"仁""义""礼""智""信"的坚守和传承。具体而言,电影生产者们在进行电影创作的过程中既要身体力行践行这些伦理观念,又要将中华传统优秀伦理观念贯彻到电影之中,由此诞生了许许多多的表现伦理道德的电影作品。到了新时期,电影人在新的历史语境下,始终坚守中国传统道德价值观,以影像的方式延续民族道德伦理的血脉,在家庭关系、夫妻关系、父子关系的演绎中,创造了《城南旧事》《芙蓉镇》《香魂女》《图雅的婚事》《洗澡》《过年》《地久天长》等一个又一个优秀的文本。这些优秀的艺术品,在创作生产过程中都遵循着中华民族优秀伦理道德观念,这也正是生产者们伦理观念的具体体现。

(二)地域性

电影随着每个国家的经济、科技的不断发展而进步,因此也会受到特定地域的限制,比如各个国家、地区的电影创作、发行的政策和法律法规是不同的,那么其所遵循的生产伦理规范也是不一样的,致使电影生产伦理上也呈现鲜明的地域特征。对于电影的分级制度,所发行的电影根据所包括性爱、暴力、毒品、粗俗语言等在内的成人内容将其划分成特定的、相应的级别,并给每一级别规定好允许面对的观众群,以便区分所面向的观众群体,起到指导和限制未成年人看电影的作用。

在中国,电影生产采用审查制度。电影在上映之前就会经过两次审查,分别是对剧本的审查和对成片的审查,只有通过层层把关,一部合乎伦理道德和相关法律法规制度的电影才有可能面向受众。根据《中国电影产业促进法》的相关条例规定,电影生产者应首先将电影剧本梗概报送省级电影主管部门备案,符合本法第十六条规定后予以公告。电影拍摄制作完成经省级广电部门审查通过后,可领取《电影片公映许可证》片头(即龙标)并在中国大陆地区公映。2010年8月19日,国务院新闻办举行文化体制改革发布会,广电总局相关负责人发布声明指出,关于电影分级制的讨论可以停止了,中国不适合实行电影分级制度,原因包括目前的管理跟不上、与我国国情不相符合等。从理论上来说,电影分级制度的确能够满足和保证不同年龄层次观众的需求。在美国、英国、日本、我国香港特区等都有完善的电影分级制度。但是仅仅依靠电影分级制度来管控电影生产、分发、接受的伦理问题是远远不够的,包括在一些发达国家,也很难有效控制未成年受众去看一些"越级"的电影。所以,电影分级制度在我国实行起来是非常难的,有着各种各样因素的影响。

中国目前难以实行电影分级制度,但在电影进入市场后,也采取了很多措施来限制未成年观众的观影行为,中国电影生产伦理深深烙上了具体国情的因素。《电影产业促进法》的相关内容于2017年3月1日起正式施行。根据相关规定,影片需在所有售票窗口(包括影城售票窗口及电商平台等)显著位置标明:小学生及学龄前儿童应在家长陪同下观看。目前据此条例进行提示的电影有《金刚狼3》《异形:契约》和《湮灭》等。

因此,由于不同国家和地区的电影生产制度的不同,导致电影生产伦理有所不同,而我国目前的电影生产伦理是在《电影产业促进法》的管控下促成的,形成了特有的中国电影生产伦理,它对电影的生产、制作、发行、传播等一系列过程都起着重要的指导和规制作用。

(三)时代性

"文以载道"是儒家文艺思想的基础,中国电影的生产也深受其浸染。但随着时代的变迁,历史的发展,社会价值观也在与之相适应。

五四运动之前,强调人际之间和谐亲睦、互爱互助的朴素道德观。将伦理价值作为核心,与新的社会思潮相结合,以此表达自己的呼声。其中,以《孤儿救祖记》最具代表性,"《孤儿救祖记》出世后。受社会所欢迎也久矣。各报章杂志评赞之者亦伙矣"。[1]《孤儿救祖记》的良好口碑,使国产电影地位得到认可和提升,促进了"国产电影运动"。五四运动之后,各种改良派和启蒙思想家倡导取缔封建制度和推行民众义务教育,成为20世纪20年代

---

[1] 周世勋:《评〈孤儿救祖记〉中之要角》,《电影周刊》1924年第27期。

初期非常热门的话题。新中国成立后，阶级革命的热火仍然持续，致使电影由产业向事业转变，商业利益让位于政治利益。尤其在"十七年"时期，中国电影形成了以集体主义、爱国主义、革命英雄主义等为标志的我国主流电影伦理基调的价值观。而紧接着的"文化大革命"使我国文艺发展受到严重挫伤，仅有八部样板戏流行，电影创作基本为空白或者是变成了政治斗争的工具。进入 90 年代后期，随着市场经济发展日益强大起来的大众文化主宰了电影市场，社会主义核心价值观与后现代多元价值观相互碰撞，并不断朝着正向度的伦理方向前进。

党的十九大报告指出，"社会主义文艺是人民的文艺，必须坚持以人民为中心的创作导向，在深入生活、扎根人民中进行无愧于时代的文艺创造"[1]。在当代历史和现实语境下，电影作为文艺的重要表现形式，在创作过程中一定要体现对党、祖国、人民的忠诚、热忱、肯定，坚定舆论导向，发挥电影的强大舆论引领作用，将社会主义核心价值观融入社会的方方面面，引导人的行为习惯，促进社会和谐。近年来，我国涌现了许多契合时代主题，符合社会伦理道德和价值走向、凝心聚力、增强国民自信的优秀电影作品。《红海行动》以也门撤侨、保护我国侨民生命安全及利益为背景，通过营救活动凸显了我国人民的历史核心地位，与马克思主义群众史观相契合。《战狼2》以冷锋寻找杀妻仇人为切入点，却不慎卷入了一场非洲国家叛乱之中为叙事起点，表现了他为拯救同胞和难民，毅然挺身而出，不负使命，带领同胞突出了重围。故事点燃了观众强烈的爱国情怀，增强了民族凝聚力。《我不是药神》通过讲述主人公寻找抗癌特效药"格列宁"而进行的自我救赎，肯定了人的生命价值，同时肯定了人与人之间友爱的伦理之善，李克强总理亲点该电影的社会价值，由此我国多种药物也得以纳入医保范围之内，推动了社会变革。《流浪地球》更是着眼于整个人类的命运前途问题，与当前我国主流舆论倡导的保护环境以及人类命运共同体意识高度契合。这类电影所体现出的时代性正是与我国当前的社会正向伦理道德价值保持一致。同时，也是电影生产者响应时代号召，紧跟时代步伐，将党的十九大文艺创作精神内化成电影创作团体价值理念的集中体现，党的十九大以来的文艺创作成为电影生产伦理的核心

---

[1] 习近平:《决胜全面建成小康社会夺取新时代中国特色社会主义伟大胜利——在中国共产党第十九次全国代表大会上的报告》,《时事报告（党委中心组学习）》2017 年第 6 期。

观念，在此基础上生产出来的影像作品满足了广大人民群众的精神需求，具有鲜明的时代性。

（四）政治性

《电影产业促进法》的发布，对于促进我国电影产业的良性和可持续发展，继续弘扬社会主流价值观，规范我国当前电影市场的秩序，以及丰富我国民众的精神生活具有重要的价值和意义。电影作为一门综合性艺术，它的视听符号传播对于展现文化自信、民族自信等方面非常具有优越性，越来越成为凝心聚力的重要工具。进入新时代以来，中国电影人奋勇前进，积极探索，面向广大人民群众，不断创作出群众喜闻乐见的，同时彰显我国文化自信的优秀作品。它同时要求我们的电影创作者、从业者不断提升个人道德修养、审美素养、业务水平和大局意识等，从而创作出无愧于时代和人民的精品。

习近平总书记指出，"文化兴国运兴，文化强民族强"[1]。中国电影自诞生以来，就肩负着服务于党和人民的重任。在新中国成立以后，我国把电影事业作为发展的重要战略之一，面向电影行业的创作生产体系和覆盖全国范围的电影放映体系，产生了许多影响巨大的电影作品，对于丰富人们的精神生活、引导人们的精神走向起到了举足轻重的作用，成为见证我国从站起来到富起来，再到如今强起来的重要文艺窗口，电影生产必须与国家利益、民族利益保持高度一致。也就是说，电影作为一种大众媒介，既是党和人民的喉舌，又肩负凝聚社会合力、宣传国家形象的重要使命。电影在生产过程中必须服从党的领导，坚守政治红线和道德底线。明确这一点，才是我们进行良性电影生产的前提和基础。

党的十九大报告在对2035年到21世纪中叶的战略安排中指出，到21世纪中叶，我国物质文明、政治文明、精神文明、社会文明、生态文明将全面提升，实现五位一体全面发展，综合国力和国际影响力显著增强。而国际影响力的显著增强，理应包括中国文化实力的增强，电影则更应该成为文化发展的重中之重。在党的领导下，我国电影生产一贯坚守立场，产出了一批又一批展现中国力量、中国气派和中国智慧的电影作品，如《建国大业》《建党伟业》《建军大业》《厉害了，我的国》《红海行动》《金刚川》《长津湖》《我和我的

---

[1] 习近平：《决胜全面建成小康社会夺取新时代中国特色社会主义伟大胜利——在中国共产党第十九次全国代表大会上的报告》，《时事报告（党委中心组学习）》2017年第6期。

祖国》《我和我的家乡》《我和我的父辈》等，展现了中国人民在民族独立、人民富强、实现中华民族伟大复兴的历史征程中不懈努力的丰功伟绩。电影生产者肩负使命，听从党的号召，在党的领导下形成的电影生产伦理具有鲜明的政治性，由此而生产出来的影像作品也具有鲜明的政治立场。

现阶段，中国将以一个电影强国的全新姿态屹立于世界民族之林，在电影的创作、市场、分发与传播等多个方面，为世界电影的健康、可持续发展提出有中国特色、基于中国传统优秀文化立场的价值主张，美学倡导和伦理示范，为世界电影的繁荣提出中国方案、贡献中国智慧，为实现世界文化的大发展、大繁荣以及人类命运共同体的建构提供有力的精神支撑和引领。

中国电影发展的经验也表明，电影创作兴盛是民族文化兴盛的重要标志，电影质量则是电影发展壮大的保证。因此，坚守电影创作的阵地，提升影片质量是当前电影工作的重中之重，是从电影大国向电影强国转变的必经之路。

第 2 节　电影生产伦理的基本范畴

现代社会，电影生产已成为国家第三产业的重要支柱之一，电影生产作为一项社会活动，不可避免会与其所处的环境发生关联，电影生产伦理就是电影的生产活动所应遵循的伦理规范。具体而言，包括生态伦理、社会伦理、商业伦理这三个基本范畴，反映了当前电影生产伦理的基本样态。

一、生态伦理

生态伦理（Ecological Ethics）指的是人类在处理自身与周围的动物、大自然环境等生态环境的关系时所遵循的一系列道德规范。通常是指人类在进行与自然生态有关的活动中所形成的伦理道德关系及其调节原则。在生态智慧这个层面，其终极性规范是"最大限度的（长远的、普遍的）自我实现"，也就是"普遍的共生"或"（大）自我实现"，人类应该让共生现象最大化，也是自我实现的最大化。而生态伦理学作为应用伦理学的一个分支，是以生态学作为科学基础、以生态哲学作为价值论基础、关于人与自然关系相统一的整体主义的道德哲学。人与自然的关系问题是生态伦理学的基本问题，生态伦理学是一门研究人与自然之间的关系的学科。生态伦理学的观点认为，世界是统一的整体，是包含人、社会、自然在内的复合生态系统。要求人们把对人的关怀延伸到对人类社会之外的自然环境的关怀，呼吁人类与自然保持和谐共处的道德关系。

  电影生产者为了给观众呈现一个"逼真"的视觉效果，许多电影作品都选择在风景区进行取景拍摄，如《阿凡达》《变形金刚4》《十面埋伏》《无极》等影片都在颇具代表性的旅游胜地取景拍摄，尤其是《阿凡达》给观众带来了十分震撼的视觉冲击力。但同时在景区取景时也会造成一些负面效果，特别是战争片的拍摄，由于其在拍摄交战等场景时涉及到爆破等效果，一般都难以避免地对环境造成伤害和破坏，这就牵涉电影拍摄制作过程中的生态伦理，当人们面临电影艺术创作的伦理抉择时，往往会陷入两难之中。笔者认为，为了电影中艺术效果本无可厚非，但是如果以牺牲人类赖以生存的环境为代价，这是有悖于生态伦理、生产伦理原则的，也是我们应该极力避免的。1996年，被誉为"战争三部曲"之一的《红河谷》展现了西藏绝美的冰川雪景，但电影的一段雪崩的画面是由拍摄组利用炸药造成的真实场景，造成绝美的乃钦康雪山这一自然生态景观遭受到毁灭性的破坏，至今还没有恢复。2004年，电影《无极》摄制组为了视觉艺术效果，在碧沽天池修建了长约100米、宽约4米的砂石路面和约20米长由木条铺成的道路，在景区搭建了"海棠精舍"临时建筑物，这些行为对碧沽天池景区的自然环境以及周边高山草甸、植被造成了一定程度的破坏。2005年，电影《惊情神农架》在外景地拍摄时现场随处丢的垃圾遭到当地人的批评和指责。此外，电影《情人结》在国家一级保护建筑哈工大土木楼拍摄时，肆意搭建布景，甚至改变了老楼的格局，遭到批评和质疑，但是这并没有阻挡其他剧组破坏自然环境和自然生态的行为。电影《情癫大圣》在神农架景区拍摄时，为了效果需要使用水泥浇筑成蘑菇形状，原有地貌遭受了不可逆转的破坏。《鬼吹灯之云南虫谷》摄制组在场地种草养护、拆除原有房屋、搭建临时竹楼进行拍摄。摄制组拍摄结束后撤场，场地内留下大量建筑垃圾，且未按约定拆除竹楼，恢复场地原有景观。我们认为，片面追求电影的艺术效果甚至是商业价值而对自然环境造成损害都是不应该的行为，当遭遇不可抗因素时，应该将这种破坏和损害降到最低限度。

与此同时,电影在表现生态伦理意义的实际价值时更具优势。在反映生态伦理意义的影片中,灾难片占据相当大的比重,灾难片(disaster movies)指的是关注各种灾难、以灾难为表现主题的电影。灾难片的表现形式集中表现在人类活动所产生负面结果,以全球变暖所引发的各种灾难的预警式电影最为典型。比较有代表性的电影如以雪崩为主题的《大雪崩》《垂直极限》等,以地震为主题的《大地震》《唐山大地震》等,以洪水和海啸为主题的《海啸奇迹》《十万火急》等,其他比较出名的生态灾难电影如《后天》《2012》等。因生态环境破坏而造成的次生灾害成为这类电影表现的共同母题,其直观的视觉呈现让观众感同身受,引发观众共鸣。另外,许多剧组对生态的破坏又引人深思,发人深省,从而令观众产生强烈的环保意识和对电影生产伦理的灵魂拷问。

此外,包括《可可西里》《海豚湾》《美人鱼》《海王》《环太平洋》在内的电影,展现了丰富的生态伦理思想。集中表现了工业革命以来,商品经济的大力发展导致人们的功利欲望急剧膨胀,有的电影人和剧组一味追求私欲和自我享受,肆意掠取自然资源,破坏自然生态环境,甚至残忍地杀害各种野生珍稀保护动物。以电影《环太平洋》为例,电影通过科幻叙述方式,讲述了由于人类对环境的过度污染造成怪兽入侵,随后机甲战士出征,失败后反省和寻找怪兽入侵的原因,最终人类封闭怪兽进入通道,认识到污染环境的错误,重建地球环境。

生态伦理视角下的生态电影多以人类破坏生态环境的视角出发,讲述人与生态自然的相互关系。即由于人们过度开发自然所造成的破坏,反过来也在以各种方式对人类生存产生威胁,如极端气候、地震、海啸、泥石流等,部分学者称"地球上的人类正在饱受人类中心主义虚妄所招致的大自然的复仇"[1]。这些人类生存过程中与自然环境所产生的矛盾问题,都通过电影影像的方式得到了呈现,其艺术化效果使人们认识到自然环境的重要性,人与自然的和谐共处是可持续发展的基础,同时强化了人类的生态伦理观念。因此,电影在引导观众对生态环境破坏的认识和态度改变方面具有很强的实际意义

---

[1] 周春艳、王国栋:《从生态批评的视阈解读〈后天〉》,《电影文学》2011年第1期。

和现实价值。

二、社会伦理

社会伦理（Social Ethics）是以社会伦理关系作为研究对象，以权利和义务间的关系为核心，以人的自由为目的，有关社会和谐秩序以及实现和谐的条件的社会公正的理论。我国自古至今一直崇尚伦理道德，尤其是儒家以"仁"为核心的伦理观，形成了中国以人为中心的道德哲学思想。"仁"的思想讲求三纲五常，是以宗法血缘为纽带的国家共同体的产物。其中，五常指的是"仁""义""礼""智""信"，作为五常之首的"仁"被孔子解释为"君子务本，本立而道生。孝悌也者，其为仁之本也"[1]，也就是说，"守孝悌"乃仁之根本。从微观层面上说，"孝"和"悌"所体现的是孝敬父母、友爱兄弟，以家庭伦理为核心的传统道德观，这种传统伦理道德思想以长时期占据主导地位的小农经济作为基础。到了1905年，电影引入中国之时，它其实已经遭受到巨大的冲击；商品经济的涌入以及社会结构的改变，都在不断解构小农经济，传统的伦理道德思想观念也随之不断消解。但因其几千年深厚的思想渊源，仍然对国人的价值取向产生着深刻的影响。

电影是大众传播媒介，作为电影创作者理应有责任和义务为社会秩序和谐做出贡献。作为中国电影开山之作的《难夫难妻》（1913）、《孤儿救祖记》（1923）、《姊妹花》（1934）等作品，使郑正秋导演成为我国第一代导演的代表和象征，社会大众对其艺术风格、人格品性给予了高度评价。在郑正秋的影片中，所展现的是勤劳、忠诚、美德等良好品质，所指向的是国家发展和民族兴亡之际的人物和家庭命运，并将导演本人的"既勤且忠，服人以德"的道德品质进行了艺术化再现，把劝善教化的改良主义思想融入长篇正剧中，积极向社会进步力量靠拢，对于彼时民众的伦理道德教化发挥了重要作用，展现了其本人职业和人生的双重典范。以致郑正秋本人及作品成为传颂的经典，尤其是他开创的社会正剧范式，标榜社会伦理价值取向，对于中国电影业、社会伦理道德导向，起到了精神层面的感召作用，在电影发展史上占据重要的历史地位。

---

[1] 孔子：《论语》，张燕婴译注，北京：中华书局2007年版，第2页。

电影来源于生活，是对生活的艺术再现，这种艺术形式总是力图在最大限度上"客观地再现"，正如电影现实主义理论大师安德烈·巴赞（André Bazin）所言："摄影不是像艺术那样去创造永恒，它只是给时间涂上香料，使时间免于自身的腐朽。"[1]电影的直观形象性、大众化使其成为一种受到广泛关注的社会现象，社会学家、哲学家等纷纷将目光聚焦于此。毫不夸张地说，只要人类社会存在一天，电影作为一种社会文化实践，就会不停歇地以影像的方式反映社会现实，通过这样的方式不断影响客观现实和审美大众，反过来客观现实和大众又不断影响、改变、推动着电影艺术的发展。

在社会伦理的层面，时下的许多电影都在不断反映社会现实生活，促进和推动社会发展、变革，从这个意义上来说，这些电影具有正向伦理道德价值。比如，喜剧电影《我不是药神》，以幽默诙谐同时不乏深刻内涵的艺术手法，将病人的生存困境、药贩子的道德困境、警察的法律困境进行了生动再现，针砭时弊，成为我国现实主义题材影片的典型。在电影上映之后，李克强总理亲自针对《我不是药神》批示，要求有关部门加快落实抗癌药降价保供等相关措施，成为推动社会变革的重大举措，对于促进社会和谐、民生发展发挥了不可忽略的作用。而印度电影《地球上的星星》《三傻大闹宝莱坞》《摔跤吧爸爸》《神秘巨星》《厕所英雄》《印度合伙人》《一个母亲的复仇》《无所不能》等或直指印度社会的儿童教育，或关注印度女性权力，或提倡平等自由的思想……此类电影都在不同程度上推动印度宗教问题、儿童问题、女性问题等的解决或变革，这些电影以其独特的艺术魅力起到了为社会公正服务的作用。

三、商业伦理

商业伦理（Business Ethics）指的是任何商业组织或以营利为目的的生产机构，在以合法手段从事经营活动时应该遵守的伦理准则，它不仅要求个人拥有良好的道德品质，而且要求人们在组建公司的时候建立一套合乎商业伦理的价值体系和企业文化，以规范整个公司的商业活动。在实际的商业活动中，它必然会受到社会文化的影响，而世界各个国家、各个地区的社会文化

---

[1] 安德烈·巴赞：《摄影影像的本体》，北京：中国电影出版社1987年版，第13页。

各有差异,这又导致了不同国家、不同民族的商业伦理各具特色。中国作为东方大国,具有五千年的灿烂历史文化,在这个过程中,不仅出现了许多经典优秀的文明成果,而且还形成了丰富完善的商业伦理思想体系。其中,许多经典的商业伦理精神直到今天仍然具有很强的借鉴意义。在社会主义市场经济步入改革深水区的当下,对如何发挥社会主义市场经济的优势、增强企业的竞争力,具有非常重要的引导作用。而在我国长期占据主导地位的儒家文化,其中就包含着丰富的商业经济伦理思想,成为今天我国商业伦理建设的重要思想基础。儒家文化所倡导的伦理观有着明显的"人本"特征:首先,儒家伦理向来看重"以人为本"的"仁爱"观以及"人本管理"的思想观;其次,儒家伦理追求"义大于利"的"义利观"、"诚信"和"修己"的自律意识和"礼法"兼容的精神;最后,儒家伦理推崇"以和为贵""天人合一"的和谐理念。

但就目前的电影市场来看,我国传统优秀的商业伦理精神并未得到很好的发扬,部分电影创作者将电影作为一种有利可图的商品,迎合观众的低级趣味,甚至在电影拍摄、发行、传播的过程中进行偷税漏税、偷漏瞒报票房等犯法犯罪行为,导致电影生产、传播过程中的伦理失范现象十分严重。

偷税漏税问题。中国电影市场很长一段时间都存在着偷税漏税的问题,但之前并未引起大众和相关执法部门的集中关注,如前文所提到的2018年5月29日崔某某曝光了某演员签订了"一大一小双合同"。10月3日,范某某公开道歉,称自己在影片《大轰炸》和其他一些合同中出现利用"拆分合同"等逃税问题,一时将我国电影市场中演艺人员偷税漏税的行为推上了风口浪尖。随后,国家税务总局出台了《关于进一步规范影视行业税收秩序有关工作的通知》(以下简称《通知》),中宣部等部门联合印发《通知》治理影视行业天价片酬、"阴阳合同"、偷逃税等问题。最终范某某需要补齐的税款和罚金超8亿元人民币。范某某的"阴阳合同"事件只是影视行业的冰山一角,此后,全行业进行自查自纠,涉及所有影视公司和高收入人员,引发了影视圈的"大地震"。可以说,影像从业人员的个人道德水平和职业素养亟待进一步提升。

偷漏瞒报票房问题。中国电影市场一直存在着偷漏瞒报票房等问题,"偷"指的是购买A影片的电影票却去观看B影片,或指低于票价出票、使用套餐票、收取 3D 眼镜的清洁费等附加费用等；"漏"指的是利益方对票房收益进行虚报或者漏报等行为；"瞒"是指个别利益者使用两个系统做票或者对系统的软硬件进行修改，按照电影售票的程序，每张电影票都会通过售票系统上传到中央平台上，但是个别的电影院为了获取更多的利益，使用一些违反商业伦理的手段使其售出的电影票不记入系统中。

随着人们的生活水平、经济实力以及娱乐消费需求的不断提升，电影市场不断壮大，电影作品不断丰富。电影产业成为拉动国内经济的有力支柱之一，电影市场所产生的巨大利润让许多电影制造商和影院打起了票房分成的主意。由于最初并没有针对性的法律法规明令禁止这些行为，导致许多电影被偷票房却无投诉之门。比如，2014 年 7 月，韩某导演的处女作《后会无期》被《小时代》偷票房，成为近几年电影行业中人人皆知的丑闻之一。同时，全球权威票房网站 Box Office Mojo 更是声称不再提供中国电影市场票房数据。导致包括国产电影《捉妖记》等在内的多部电影遭受票房损失。从 2015 年起，中国电影发行放映协会通过曝光台，陆陆续续对 12 批一共 72 家存在严重违规行为的电影院进行了曝光，这足以说明近年来我国电影行业投机取巧偷瞒漏报票房的伦理失范行为十分严重。

部分电影公司出于自身利益，为了让自身电影票房成绩看起来乐观，发行方会跟电影院进行协商，通过给电影院多一些分成，要求电影院伪造票房数据[1]。于是，在经济利益的诱惑下，许多电影院选择钻法律的空子，冒险为发行方偷瞒漏报票房。另外，电影的补贴政策也在一定程度上为票房泡沫化、虚高化的趋势铺就垫脚石，让部分电影公司主动伪造票房数据，使电影受众真正的购买能力被掩盖，电影的影响力和知名度被人为地夸大和抬高。中国电影产业作为我国文化产业的重要组成部分，对民众有着非常大的影响。偷瞒漏报票房是我国电影市场投机取巧、追名逐利的不良表现，重量轻质、重名轻义。伪造虚假票房忽视了电影本身的质量，破坏了电影市场的伦理秩序，使电影市场朝向恶性竞争的异化趋势发展，票房虚高泡沫化现象十分严重[2]，非常不利于中国电影市场的良性发展和良好的文化环境的构建。

---

[1][2] 徐蒙南：《论新〈电影法〉对偷漏瞒报票房的立法措施与监管》，《视听》2018 年第 1 期。

第3节　电影生产主体的伦理

电影生产主体即电影生产者，包括制片人、编导、演员等主要参与电影生产者的个体。电影生产者的伦理观念也会对电影文本的伦理价值取向产生直接的影响。因此，强烈的道德责任感、自我伦理意识是电影生产主体应当具备的基本素养。

一、制片人

在现代社会，电影作为最普遍的一类大众消费商品，它同样有着自身严谨工业体系下的制作流程。我们常常说的制片人制度实质上也就是影片的投资人、决策人或制作人以对影片生产、宣传、发行承担全责从而参与整个电影工业制作流程的一种产业形式。电影制片人不是影片完全的、唯一的决策和参与者，制作者不是唯一存在，但制片人制度在整个电影工业体系中却占据重要的地位。

面对电影这项综合艺术，制片人所起的作用最大、影响也最强。制片人（producer）是对电影（包括电视、文化产品）等的投资人和协调赞助的人。制片人也被称为出品人。而出品的影片是否具有相关的商业属性则关键取决于制片人。在一定意义上，制片人是主宰整个电影、决定电影相关事务的参与者和决策者，甚至是在选取剧本、聘请艺术团队、派出监制、管理资金等相关重大问题上，都起着参与和控制的作用。

作为特殊消费内容的电影，除观众购买电影票以外，在客观上可能不会直接参与消费者的物质活动，电影所能提供消费的内容、产品自然也是独属精神领域。电影作为精神食物的非物质性为电影观众提供了精神养料。由于电影的文化性、精神性、综合性，也对制片人的基本素质提出了更高的要求。倘若制片人缺乏基本素养，就会导致作为商业消费品的电影在社会意义和商业利润上的价值缺失。同时，相关的负面影响内容也会毒害心灵、对受众产生不利的影响。综上所述，制片人对电影的影响毋庸置疑，而对于综合艺术的电影，制片人的道德素质也需要达到很高的标准和要求。

（一）强烈的社会责任感

电影作为一种精神产品要求电影创作的总把关人——制片人必须具有社会责任感。电影是十足的商业消费，在上映后它可以给消费者带来多方面的影响。影像艺术的主体品格将深刻影响影片的价值观和道德走向，作为成品的影像作品又会进一步影响消费者的道德品格。一部好的电影作品如《地久天长》《中国医生》《长津湖》可以陶冶情操、提高审美趣味、放松心情，引导社会的舆论走向等。相反，在价值导向方面存在问题的电影作品势必也会产生不良的社会负面影响。譬如，当前网络电影的大热导致涉及低俗的内容进入公众视野，一些不良的思想也在频繁地传播。"马诺式"拜金主义等思想也是给广大的受众带来了负面影响。

由于制片人缺乏责任感，单一层面地寻求吸引眼球的内容，甚至不惜一切发掘"恶俗趣味"、迎合精神空虚的"社会物种"，带坏社会风气。甚至导致社会上的拜金女、物质狂等恶俗和无知人群在诸如"抖音""快手"这些缺乏管控的无责任平台上被包装、追捧，乃至在网络上蹿红。尽管国家监察部门会在第一时间参与整顿，但毕竟滞后的调整无法弥补和全部消除前期的负面影响。

因此，制片人是决定电影道德产出的重要角色，必须具备强烈的社会责任感和道德素养，以保证电影生产以及电影作品本身具备深刻的价值内涵。具有文艺知性的制片人实在是难能可贵的。

（二）强化个人职业道德修养

制片人在艺术生产中扮演着组织者、经营者、管理者等多种角色，保证其相关因素的合理配置是其最为重要的职业内容。制片人的个人职业道德、个人修养水平、个人审美标准都直接影响电影艺术的集体性创作。强化制片人职业修养也能够最大限度地保证"制片人制度"的良好产出。

试想，如果制片人具有较高的职业道德水平和个人修养，那么在电影的创作过程中他一定会坚守道德底线、遵守法律法规，在某些演员提出不合理的要求时，予以坚决反对和抵制，坚持"保电影质量"而不是片面地"强电影阵容"。那么所谓"阴阳合同"事件也就不会如此泛滥，电影生产伦理失范问题也就不会这么突出。

因此，作为制片人，首先要具备爱岗敬业精神，要在保证道德内容的前提下参与电影的经济行为。其次作为制片人，对己严格、对人表率也是十分重要的。再次，在严要求、高标准下，制片人也需要在满足影片道德内容下高度重视主创的劳动和心血付出，尊重创作团队人员的创造性，积极协调、平等相处，营造家庭式的创作氛围。复次，制片人必须真诚、守信，必须发挥领导力和管控力，带动主创团队进行创造性参与。最后，作为制片人参与经济内容，也应当守住不贪色、不敛财的基本道德底线。

（三）全方位的法律意识

法律意识是"红线意识"，制片人必须死守法律底线。尽管市场经济下商业售卖行为已然十分自由，但法治经济内容一直也是相辅相成的，国家调控、管控等也是需要依托法律手段的。作为制片人，也必须全面知悉法律内容，"想要质量过关，还需法律把关"。

在熟悉规范日常行为的法律法规以外，制片人必须严格按照《中国电影产业促进法》等行业相关的法律条款行事。要知道哪些是"可为"的，哪些是"不可为"的，对于产业促进法支持和维护的，要大胆去做；对于产业促进法明令禁止的，要坚守底线，绝不能冒法律的风险顶风作案，或者钻法律的空子，存在侥幸心理。

此外，制片人还要加强把关。制片人把关，一方面需要对影片的思想进行把关，另一方面需要对内容进行把关。影像生产利用他人资料不同于著作、文章撰写引用前人观点，为免"盗版"，书文可注明出处，但"镜头"很难标明来源。对于这些行为内容的界定，制片人也必须十分明确。

经济发展带动生活质量的提升，电影产业不断发展带来了影像艺术的长足进步。然而，其中也不乏相关问题。大量低俗内容、丑恶主题、甚至无中心、无体系、无深度、无思想的影片也一度困扰国民思维。影像是消费产品，制片人制度发挥的作用无法取代。要解决电影产业的相关德行问题，我们从制片人的角度进行考虑实在是必要的，制片人法律意识的提升无疑是守住影片产出的底线的重要路径。

二、编导

编导（conducting），即编剧和导演，负责编写剧本和执导演戏，作为电影叙事内容的创作者和生产者，编导的道德水平直接决定电影叙事内容的道德走向，进而对叙事内容的观看者产生深刻影响。编导成为影响电影生产伦理的关键人物。

电影是源于生活的艺术，它相对现实行为而言是潜移默化的间接影响。电影叙事的游戏性和虚拟性，往往也会导致行为的伦理规范在影像艺术中失语。即便是那些带有纪实性的内容，艺术的追逐也容易让作品游离于伦理之外。我们可能守住了法律，但却忽视了道德。中外电影在近些年，现实中的"不道德"行为如暴力、色情、犯罪等长期被随心所欲地制作、编排，在引导人们谴责恶行的同时，讲述和表演"不道德"的叙事行为却没有引起人们的高度重视。以《杀死比尔2》为例，在影片中，"不可杀人"的禁令脱离现实，在叙事中应然的存在，复仇、暴力、杀戮等元素充斥电影，凶杀、盗窃和奸淫的展示甚至冠以道德名义，让观众已经难辨是非。

随着叙事学发展，我们引入哲学、伦理学等相关学科理论和知识，就叙述行为开展研究，也共同指证了关乎伦理叙事的内容。导演、编剧等作为叙事主体的制作者，掌控故事信息、使用主体视角，并参与着叙述行为的安排。许多影片轻易越过伦理底线，热衷于杀伐呈现，如《电锯惊魂》《死神来了》《投名状》《苹果》等，在影像世界也融入了与现实情绪不相融合的叙事。当叙事没有道德豁免权，对"恶"的呈现、复制和传播，实际上也是在助长恶行的滋生与扩散。当叙述行为不再受伦理规范和约束，下一步就会直接回归于现实的失范，电影影像中的"恶"所形成的示范效应，导致现实生活中"恶"的社会犯罪行为的加剧。

导演叙述和设计人物、刺激观众热情不单单是编剧或导演个人的行为，也是创造价值认同、建构影像身份的重要内容。相关叙述是决定了"可见"的区域、参与了社会的关联、决定了道德内容的延绵。这对提升观众意识、参与价值系统构建具有不可替代的作用。叙事伦理是客观存在的，在电影生产中不能回避、也回避不了。叙事不能只为盈利，缺乏伦理约束、迎合窥视欲、反映负面心理诉求，是在颠覆电影创作的观念。甚至，许多不负责的批评行为也陷电影于尴尬处境，在电影市场运作下变成了"票房推手"。但中国影史也不乏优秀产出，《一步之遥》就是其中一部。戏中戏的形式批评了时代的不合理内容，片中"枪毙马走日"就是嘲讽文明戏叙事者王天王逾越道德底线。叙事者和扮演者合一的王天王通过"色情杀人"故事赚取票房。王天王的暴力凶杀叙事，迎合观众窥视、利用观众心理构成了叙事情景，无疑引发了文明戏的负面效果。

而在虚构的相关故事情节中演示与讲述作为不涉及现实的行为，叙事的自由随意也不是能全部获得通过的。宁浩导演的"疯狂"系列的"疯狂喜剧描述"，《无人区》"杀人"和《心花路放》"车震"，虽都属虚构，但在叙事目的和行为上也与王天王没有实质区别。素材组织不当、虚构人物设计、营造"叙事场景"，对暴力、凶杀、色情的展示也是在满足观众的窥视欲。展示不当行为、演绎人物恶行、场景仿真呈现，是把观众带入犯罪现场观看。相同视角下的关注将刺激和兴奋带给观众，甚至形成了犯罪行为的思维同位。或许一些影片结局回归善意，但已经是在观众大面积感官受到刺激之后了。

虚构的叙事、纪实的内容，都逃不开道德的审判。虚构负面信息是对真实的诱导，戕害人心是不足为奇的，没有伦理道德规约，叙事就是在诱恶。的确，市场作为电影的基础，我们在考虑市场之前就应当圈定相关边界。叙事不当不仅颠覆艺术，而且还会吞噬真相，陷入悖逆道德伦理的误区。

三、演员

"影视圈"被媒介放大成为"光环圈"，也受到媒介影响而被普通民众曲解，甚至被戏称为"淫乱圈""名利圈""权色交易圈"。演员（actor）尤其是名演员颇受关注，作为直接参与叙事创作的他们，在电影行业也发挥着重要的作用。演员要依靠自身认知水平分析角色、演绎角色，要以自身身体创作塑造角色。要演戏，先做人，这是艺术的知性和公共准则。艺术发源于生活，而生活是艺术的导师，演员需要向生活学习，但需要抱有对生活的基本理性态度。

原本出于企业利益考虑的职业道德是商品经济的产物，它作为超越企业利益构建的社会原则内容，已经成为相当利益范围内的突出元素。在商品经济条件下，一个社会经济活动不间断地正常运转单靠一笔笔互不联系的交换是远远不够的。一个人在岗位上工作，并非经常有人监督，把从事某种职业看成是单纯的交换，只有存在监督的情况下才能成立，没有监督时必须依靠基于职业道德的自我约束。同样，作为从事特殊精神劳动和精神生产的演员，由于艺术生产性质的决定，也需要树立和强化职业道德意识。人类从事的生产（包括物质生产和精神生产）都是自觉的、有目的的活动。艺术也是社会意识形态、也属于精神生产范畴，演员从事艺术实践，是在进行自觉的和有目的性的活动。通过对艺术的形象塑造、认识生活，是能够有效感染和启发受众的。演员参与审美教育和道德教育也是必须的，改变"戏子误国""贵圈淫乱"等言论的不良评价，既离不开对"仇富仇官"民众的良性引导，也需要演员本真自我良知的理性回归。演员处于闪光灯下，身处展示社会形象的大平台，在努力提高艺术技巧的同时，演员必须明确自己对社会和公众所承担的职责，要不断加强职业道德，自觉地运用艺术来为人民服务、为社会主义服务。同时，高尚的职业道德，也是演员艺术生命本质的反映。只有重视职业道德，才能拥有爱岗敬业、自觉奉献的精神，才能对工作忠于职守，对艺术精益求精，积极探索，不断提高技艺水平，以完善的形式、娴熟的技巧创造出优秀的人物形象和艺术作品，给观众以美的享受。反之，任何一个缺乏应有的责任感和使命感，思想僵滞，技艺平庸的演员，是不可能创造出优秀艺术作品的，当然也是不可能成为一名优秀演员的。

很大程度上，正是"天价片酬""阴阳合同""不实代言"甚至是发表"反党反社会"言论的个别"戏子"作为始作俑者，导致了演员整体形象的崩塌。此外，更有部分演员在获得一定的知名度后，肆意妄为、狂妄自大，借"寻找灵感""缓解压力"之名淫乱甚至吸毒犯罪，置法律、道德底线于不顾，与媒介所建构的公众形象背道而驰，消费公众的信任，实乃有愧于"演员"之名。国家一级演员、中国电影家协会主席陈道明对吸毒艺人加以斥责，他指出有些演员用压力解释吸毒纯属是借口。演员的个人品德成为当前影视行业十分突出的问题。

当然，国家也及时出手制止了相关责任人。如央视新闻就在"演员天价片酬"专题中，就相关问题进一步地思考和研究了避免不良内容的措施，为促进影像产业健康发展及时出击。2017年，毫无演技的流量明星天价片酬、抠图、替身等成了电视剧行业最大的病，众多的声音也都指向了这些乱象。演员作为一个创作者，一个影像工作者，更需要遵守职业道德规范。在国外，演员们坚信"观众就是上帝"，调动一切艺术细胞淋漓尽致地在舞台上表演，可我国有很长一段时期，在艺术表演团体中，有些演员还习惯于躺在大锅饭上等、靠、要，存在"干好干坏一个样"的落后思想和低俗观念，演出时还需要领导进行动员，对职业道德的树立和强化冷漠处之，对工作有无兴趣无所谓，职业道德有或无也动摇不了他的铁饭碗，所以还没有意识到职业道德与其生存息息相关。

　　演员需要道德上的"自律"和文化上的"自觉"。随着文艺体制改革的不断深入，文艺作品的商品属性越发明显．演员们在现今社会经济体制已由计划经济向市场经济转轨变型的情况下，职业道德观念急需进行深刻的转变。那种"有职业无道德"的思想需要立即摒弃，从而朝着"有职业更重道德"方向发展，否则那些有职业无道德的落后行径最终会自砸饭碗。一个不忠于自己职守的演员，必然会被时代淘汰，全体社会成员具有强烈的职业道德意识正是商品经济长期锤炼的结果。目前，我国演员职业道德意识的强化和规范尚存一定的困难和距离，只有打破现有的全民事业单位所有制，进行体制上的大变革，才能真正从根本上强化职业道德意识，让演员们在竞争环境下产生对艺术的忠诚，通过改革的手段来实现对艺术的追求，最终实现文艺创作的"文化自觉"和"艺术创新"。

{ 第 3 章
电影叙事伦理 }

　　文本内容是电影的核心话题，电影文本讲述的过程就是叙事的过程，即电影叙事。电影叙事作为一种主观性极强的创造活动，叙事主体在选择叙事内容和叙事形式的过程中不可避免地植入了主观的情感、价值观等意识形态因素。其中，电影到底如何合乎社会一般伦理规范进行叙事，便是电影叙事伦理，指的就是电影在使用影像语言讲述故事时所遵循的伦理准则。因此，电影作为社会公器，如何选择叙事伦理立场，将是本章要探讨的核心问题。

第 1 节　电影叙事与叙事伦理

　　电影叙事的问题是关于电影怎么讲述故事的问题，任何电影的叙事都必须遵循一定的逻辑。作为一种通过视听语言讲述故事的媒介，一个镜头就相当于一个陈述的句子，所以对电影的叙事研究也可借鉴文学叙事研究的方法。电影叙事和文学叙事一样，是通过某种中介机制出现在观众面前的，这一机制与观众机制、与故事里各个人物体现的角色机制共同存在[1]；因为创作者在传统伦理道德语境中进行创作，即使有意避免这种伦理意识的凸显，但是仍然可以窥见创作主体在作品中渗透的叙事姿态、文化立场、道德价值判断、

---

[1] [加] 安德烈·戈德罗：《什么是电影叙事学》，刘云舟译，北京：商务印书馆 2005 年版，第 30 页。

艺术观念和美学风格诉求等叙事意指性因素。因此，从伦理的角度分析电影叙事的相关问题是十分必要的。然而关于电影叙事伦理的研究还很不成熟，为了深入了解这一新的理论，需要从叙事与电影叙事、电影叙事伦理，以及叙事伦理与伦理叙事等基本概念入手，结合具体文本分析研究，以对这一理论做进一步阐释。

一、叙事与电影叙事

（一）叙事

"叙事"（narrative）作为人类文明的记录和反映，首先出自文学范畴，是文学、符号学等学科的重要组成部分，具有特定的所指含义，并在此基础上发展了一门专门讨论叙事的学科——叙事学（Narratology）。"叙事学"这一概念是法国著名符号学家茨维坦·托多罗夫（Tsvetan Todorov）在著作《〈十日谈〉语法》（1969年出版）时首次提出的。他通过对《十日谈》的分析建立了一套叙事结构模式。从这开始，叙事学家们尝试从时间、语式和语体三个层面研究叙事。在此基础之上，热奈特提出了时间、语式、语态的三分法。从这种意义上而言，叙事学这一学科的建立更多是由热奈特完成的，尤其《修辞卷三》的发表使叙事学逐渐为世人关注。

热拉尔·热奈特（Gérard Genette）在电影叙事研究中分析了一些文学叙事学未能探讨的问题。影片由于表现材料的多样化，比小说具有更多的复杂性。叙事的载体形式多样，语言、文字、图画、声音、影像等，除了口头叙事，还有画面叙事、视听叙事等，关于叙事学的研究也深入更多领域。

（二）电影叙事

电影作为一种外在表现和内在机制综合呈现的艺术，其叙事以内部机制的表现形式为主，因为电影具有这种"内在的叙事性"，所以电影符号学的其中一个分支就是电影叙事学（film narratology）。

电影叙事（film narrative）的研究最早可以追溯到柏拉图和亚里士多德。柏拉图提出"模仿"的概念，在著作《理想国》第三卷的对话中，柏拉图说所有诗人、所有叙述者讲述的是过去、现在和将来的事情。在《国家篇》中，柏拉图指出叙述的两种形式：一种是人物的声音和动作，一种是诗人自己的声音。前者柏拉图称为"模仿"，后者称为"叙事"。叙述包括故事的内容（讲什么，内容层面，涉及故事伦理，是否体现了正义）和讲述的形式（怎样讲，形式层面）两个问题。亚里士多德将模仿方式改为叙述之后，开始有了现代叙事学的基本概念。他认为叙事是模仿的方式之一，叙事也是模仿（与柏拉图相区别）叙事，其媒介是语言。同时亚里士多德也指出，叙事和扮演分别对应两种艺术形式。前者对应史诗，后者对应戏剧。模仿、叙事、纯叙事、叙述、情节、人物，这些由柏拉图和亚里士多德提出的概念成为现代叙事学研究的出发点。亨利·詹姆斯、布斯、热奈特、托多罗夫等人对展示和讲述的区分直接来源于柏拉图对模仿与叙事的区分；热奈特区分了叙事的三种含义：故事、话语、叙述。其理论基础则是柏拉图的叙事思想，即经典叙事学对叙述者、叙事视角、叙事声音的研究；弗莱把文学虚构作品划分为神话、传奇、高模仿、低模仿、反讽五种基本模式。其理论基础就是亚里士多德所提出的被模仿人物与普通人相比较的标准；经典叙事学多集中于虚构叙事性作品的研究，这也与亚里士多德的模仿叙事理论不无关系。

作为一种视听语言讲述故事的艺术，电影叙事学理论的发展借鉴了文学相关的概念。叙事学关心的是其自身内部诸因素的关联。研究者们试图解决的并非作品"说了什么"或者是"为什么这样说"，而是"怎么说"的问题。电影叙事学的主要任务是分析理论前提下的叙事方式。电影叙事学研究者借用了格雷马斯叙事动素模型、普洛普的叙事功能、布雷蒙的叙事序列来解决电影中的叙事结构，借用热奈特的有关学说分析了电影叙事本文中的叙事语式、叙事时态和叙事语态。电影叙事学着重研究叙事时态、叙事角度以及叙事人称问题，并从视点、视角、视域三个层次分析叙事角度。当代电影叙事学主要围绕"谁在叙事""谁在看"的问题，并将电影表达方式和叙事学原理结合。电影不是从一开始就是一种表意语言，电影诞生之初只是用来记录、复刻、还原现实的机械手段，自镜头作为单位出现、各种叙事意识的介入才使电影逐渐成为表意工具，有了系统的叙事方法。

总体而言，关于叙事学的研究主要体现在两个方面，一种是以普洛普、施特劳斯等人为代表进行的理论研究，更多地关注讲述的故事以及内容；另一种是关注表现形式的表达叙事学。这类研究更多地倾向于叙事的表现形式，如叙事的时间、空间、视点以及结构等，由"讲什么"转向了"怎么讲"的方法研究，关于叙事学的研究更多地倾向于后者。《电影叙事学：理论与实践》一书主要由叙事时间、叙事空间、叙事视点、叙事结构等几个部分构成。弗朗索瓦·若斯特的《什么是电影叙事学》一书主要也从基本概念、讲述者、空间、时间以及视点分析。总结发现，关于叙事表现形式的内容，大多围绕以下几方面内容。

叙事视点。关于"谁看"的问题，即视点被认为是叙事学研究的核心。托多罗夫、热奈特等人对叙事视点做出分类，较为普遍的是三种：（1）全知叙事，即托多罗夫视点公式中的"叙述者＞人物"，热奈特的"零度聚焦"。这种全知全能性观赏视角是影片叙事中最常见的设置，叙述者获取的信息大于剧中人物。（2）限制性叙事，即托多罗夫视点公式中的"叙述者＝人物"，热奈特的"内部聚焦"，叙述者和人物知道的信息一样，是一种较为直观代入的叙事角度。（3）纯客观叙事，也就是托多罗夫视点公式中的"叙述者＜人物"，热奈特的"外部聚焦"。叙述者了解的信息少于人物。只展示叙述者所看所听的叙事角度。

事实上，单部影片的叙事视角并不是固定不变的，如《罗生门》，通过参与者、旁观者、局外人的多重视角的呈现拼凑出完整的事件真相；《公民凯恩》也是在主观性的回忆中通过限制视角拼凑出凯恩的一生，并用全知视角揭示了"玫瑰花蕾"的所指。正是这种丰富多元的叙事表现形式，电影的独特性内涵得以显现，电影叙事视点的研究越来越成为备受关注的重点。

叙事时间。关于叙事时间，安德烈·戈德罗在《什么是电影叙事学》中提到"任何叙事都建立两种时间性：被讲述事件的时间性和讲述行为本身的时间性。"[1]正是因为这种时间的错位，电影叙事中共时发生的事件势必要在影片叙事过程中有所取舍和选择，并最终在相应影片时长中呈现。因此，叙述者的主观意图不可避免地介入叙事，然后完成一定美学的或者客观的形式表达。由于主观介入时间安排，虚构时间虚构事件的序列编排有其必须遵循的相应顺序。叙事上就出现顺叙、倒叙、插叙、预叙、闪回等具体叙事时序，通过银幕放映完成故事时间倒流和临场感体验。《广岛之恋》通过回忆和意识再现，混乱了虚拟与真实的时间性，创造出过去和现在共存的幻象世界。因此，影片的叙事时间是影片文本的重要构成，也是分析电影叙事必不可少的

---

[1] [加]安德烈·戈德罗：《什么是电影叙事学》，刘云舟译，北京：商务印书馆2005年版，第30页。

部分。

叙事空间。任何叙事都离不开空间环境这一载体，电影叙事也是如此。作为一种视听语言组成的空间艺术，电影叙事必然要依托特定的叙事空间。同叙事时间一样，因为电影叙事的历时性，不同空间发生的事情也不能同场、同时、同步讲述。作为直观的感知对象，空间在叙事中发挥着重要作用。但是关于空间的研究却逐渐被忽视，波德维尔曾试图构筑电影理论的大厦，但是最后更倾向于对时间的分析。安德烈·戈德罗将叙事空间分为两种，被表现的空间和未被表现的空间。被表现的空间是指影片呈现的空间，即摄影机取景范围；无论是《盗梦空间》中独特的城市景观构造，还是《公民凯恩》中景别镜头下的内部结构；空间都作为画面呈现的载体，成为电影叙事的重要组成。而作为未被表现的空间，是一种虚拟的空间再造，需要借助听觉符号完成空间建构。例如，影片《小城之春》通过周玉纹的画外音描述，还原了人物生存空间，这种空间借助声音和想象被创造出来达成一种在场感，即使并没有通过具象画面呈现。因其独特的画面表现力，电影叙事空间是最为直接且客观的表现方式。

叙事结构。电影叙事结构是将电影内部各种元素按照一定规则组接起来的形式。《电影叙事学理论和实例》将叙事结构分为几种：（1）因果式线性结构，就是以时间因果关联按照顺序进行叙事的，是大多数影片都采用的一种常规式叙事规则。例如，《关山飞渡》《马耳他之鹰》，是经典好莱坞时期的常用模式。（2）回环式套层结构，指多层叙事线索下回环重复式的结构，从不同层面出发对同一事件进行还原重现。例如，《低俗小说》，打破传统叙事方法，由"文森特与马沙的妻子""金表""邦尼的处境"三部分构成，最终形成环形，首尾相扣，完成叙事结构的创新，带来了视觉狂欢的同时带来一种新奇的审美体验。（3）缀合式团块结构，没有明确的叙事线索，由几个毫无因果关系的板块拼贴，或由混乱时空的事件片段组成。《小城之春》中意象与现实结合，破败的小城、城墙、断壁残垣，与人物真实的生活面貌融合，营造出一种中国式独有的诗意美。（4）交织式对比结构，将两个或多个具有相对因素的事件放在一起进行对比，从而展现戏剧张力和文本建构。《死亡诗社》通过不同叙事线索，如独立创新的英语教师，服从父权的尼尔·佩里等，他们之间形成鲜明对比，在正反冲突中推进叙事，从而凸显人物的成长与蜕变。

（5）梦幻式复调结构，在梦境和幻觉中展开叙事，并通过对话实现不同时空的转换。是一种具有实验性质的艺术表达，代表影片如《一条安德鲁狗》《八部半》；需要指出的是，叙事结构分析并不是将文本归类或者简单分割，而是分析具有相似性倾向的作品，通过叙事规律和构建规则的探讨，从而发现更有利于创作的方法论。而只有进入具体文本的理论，才能更好地帮助理解文本以及文本叙事。

关于电影叙事的研究已有一些看似成熟的理论成果，但是叙事学真正诞生不过几十年时间，作为一种理论仍然需要不断地发展。近年来，电影叙事学的研究主要围绕电影叙事的表现形式研究，或者通过借鉴语言学、结构学等理论来进行叙事学理论的建构，以热奈特等人的理论为依据展开分析研究。这种局限以及形式主义必然导致电影叙事理论的发展滞后。在为数不多的著作中，存在内容类同化、概念模糊化、分析表面化等问题，作为叙事学的重要部分，电影叙事学的建构仍十分重要。

二、电影叙事伦理

"伦理"一词在大辞典中的解释是"人们在相处过程中的各种道德标准"，"是对人与人之间关系的常理，道德现象的概括"[1]。"伦理"和"道德"不能混淆而谈，"道德多指人们之间的实际道德关系和道德行为；伦理则多指关于这种关系和这种行为的理论"[2]中国古典伦理学以儒家道家等思想为代表，无论是"三纲五常"还是"天人合一"，其核心都旨在体现一种人与人、人与社会、人与自然的关系，所以中国伦理学实际上是一种关于人的关系学。西方亚里士多德创立了"伦理学"，《尼各马可伦理学》一书中指出"亚里士多德的伦理学总体上是基于对于人的活动的特殊性质的说明的目的论伦理学"，[3]提出关于善恶、道德、德行等伦理判断。近年来，伦理学研究逐渐丰富，出现了较为复杂的理论流派，一般被分为五大类，分别是美德伦理学、一般规范伦理学、元伦理学、描述伦理学、应用伦理学。而其中的应用伦理学，又包括科技伦理学、生命伦理学、医学伦理学、艺术伦理学、文学伦理学等。

---

[1] 郝迟等：《汉语倒排词典》，哈尔滨：黑龙江人民出版社1987年版，第435页。
[2] 徐少锦等：《伦理百科辞典》，北京：中国广播电视出版社1999年版，第428页。
[3][古希腊]亚里士多德：《尼各马可伦理学》，廖申白译，北京：商务印书馆2003年版，第16页。

叙事伦理学（Narrative Ethics）是应用伦理学的一个分支。关于叙事伦理的研究自20世纪初期已经开始，20世纪末期的理论发展陷入困境，而同时因为社会发展急剧变化，关于秩序和规则讨论的"伦理"重新回到研究者视野。纽顿1997年发表的《叙事伦理》将叙事伦理分为叙述伦理、表达伦理、阐释伦理三个方面。国内关于叙事伦理的研究，以刘小枫的《沉重的肉身》为代表，他在这本书中将伦理学分成两个部分：理性伦理学和叙事伦理学。刘晓希对电影叙事伦理学做出定义：它是一门研究作为一种伦理实践的电影叙事与相对伦理之间关系的学科[1]。电影叙事伦理学作为一个全新的研究方向逐渐受到学者的关注和重视。

除了电影叙事的伦理构建，电影和伦理还存在密切相关的共生性。1959年在关于《广岛之恋》的圆桌讨论中，戈达尔说"跟拍镜头是个道德问题"，[2]已经表现出对电影和伦理关系的问题思考，又提出电影的形式和内容应该如何表现伦理，又承载着怎样的伦理要求。21世纪以来，面对消费主义盛行、大众文化趋于通俗的现实环境，电影面临着市场迎合主义、粗制滥造的电影工业以及精英文化逐渐边缘的现实。影像审美标准被颠覆，电影诗性美感和教化功能逐渐被娱乐化、大众化审美所取代。基于此，电影伦理学的提出显得十分必要。作为一种秩序和规则的伦理，与电影结合势必对其创作、传播、审美等各方面产生一定的影响和约束。

我们认为，"中国电影伦理学的元命题既包括影像、镜头、叙事等电影本体的核心概念，同时也包括是非、善恶、正邪等来自伦理学领域的主要命题。"[3]这一命题指出电影伦理的两个层面，一个是表达层面的形式研究，作为一种价值哲学，电影伦理要求对电影基本构成元素以及电影本体等相关问题重新进行伦理学视域的审视；另一个是现实审美层面，具有意识形态属性的电影，对思想以及价值观的传达有着重要影响，因此对于电影传达信息的是非善恶研究也显得十分必要。《中国电影伦理学的元命题及其理论主旨》一文提出"镜头的对错是电影伦理学的逻辑原点"[4]。关于镜头善恶的问题其实质

---

[1] 刘晓希：《论"电影叙事伦理学"建构的逻辑必然性》，《当代文坛》2016年第3期。
[2] ［英］丽莎·唐宁、莉比·萨克斯顿：《电影与伦理：被取消的冲突》，刘宇清译，重庆：重庆大学出版社2019年版，第22页。
[3][4] 贾磊磊、袁智忠：《中国电影伦理学的元命题及其理论主旨》，《当代电影》2017年第8期。

上是对于电影表现形式的讨论。镜头组接以及视点选择都体现出创作者的伦理取向。单个镜头的画面呈现是对客观存在的记录和反映，作为叙事媒介的镜头，其伦理判断必须依托影片叙事语境的具体分析。

近年来的《湄公河行动》《战狼2》《红海行动》《急先锋》《长津湖》等主旋律影片也体现出这一特点。《红海行动》中的枪击场景，就单个镜头来看无疑是血腥暴力的，是非正义的违法行为。但是结合文本的叙事语境，在两方对战中的枪击行为则被赋予了正义性，观众在观看的过程中不会被枪击镜头吓到，反而会因为行为本身的正义而获得视觉的快感。但是，这并不意味着任何暴力镜头的呈现都是正确的。具象的杀人过程或者残忍的施暴现场，即使冠以正义的名义，不仅不会带来视觉的快感，反而会引起生理的不适。尤其在没有分级制的观影环境中，青少年的心理极易受到所看影像的影响。因为电影具有引导和教化功能，残忍血腥的镜头可能成为他们学习模仿的对象，从而引发现实悲剧。尤其当下电影创作受到消费文化影响，画面呈现更倾向于暴力、色情等具有视觉冲击和感官刺激的镜头。虽然不能简单断定镜头对错，但是从伦理的角度而言，任何引起生理不适的血腥暴力镜头，即使有叙事的合理性，也是不被允许的。叙事的目的并不只有一种表达可以实现，隐喻的或是象征意味的表达更具有诗意的美感。《菊豆》中杨天青和菊豆的欢爱镜头，就单个镜头而言是正常行为。但是之前的叙事内容中对两人的身份有了介绍：杨天青是杨金山的侄子，菊豆是杨金山的老婆，所以杨天青爱慕的对象是自己的婶婶。这种颠覆传统伦理的畸形爱恋自然是不被允许的，也正因如此，在镜头内容的补充中，欢爱的镜头充满了讽刺批判意味。所以，对电影的伦理判断并不仅仅是以单个镜头为标准，或者说以镜头这一叙事媒介为标准，还需要在具体叙事情景或者镜头内容中的互文关系得出伦理判断。

另外，创作者对叙事视点的选择也体现出一定的伦理倾向。叙事视点决定了观众的审美视点，同时影响着观众的价值判断。《小偷家族》讲述的是不同人聚在一起组成一家人，并靠偷东西维生的故事。影片是以一种冷静的旁观者视角展现了一个家庭的悲欢。因为是以小偷家族成员们的视角展开叙事，所以观众看到了不同的悲剧人生：被虐待的小女孩、试图做个好父亲的柴田治、靠卖身赚取家用的亚记等，他们展现着对立复杂的身份，也在对人物命运的挖掘中引发同情。正因为这样的视点选择，观众对"小偷"产生同情的情感偏向，甚至忽略了偷盗这一行为本身是违法的。换个说法，假如一部影片是以被偷盗者的视角展开叙事的，那么对小偷的愤怒和无奈便能将观众代入并感同身受。影片《亲爱的》也利用了同样的视角，在体现人性的复杂主题上干扰了观众的价值判断。影片讲述的是丢了孩子的父母努力寻找孩子的故事。找到后发现孩子已经和人贩子李红琴有了感情，被拐的悲剧和"母子分离"的悲剧都指向了拐卖这一事件本身的违法性和罪恶性。但是因为影片以李红琴的视角展现了一出母子情深又被迫分离的亲情悲剧，李红琴收获的同情大于憎恶。因为人物身份的复杂性：普通妇女、人贩子、妈妈，这些都干扰了观众正确的伦理判断，从而表露出宽容的错误情感。而这也是电影伦理分析的困难所在，正如人性是复杂的，伦理的判断也并不是容易的，有时甚至会陷入误区。所以，在以伦理为标准对影片进行分析的过程中，并不能简单地以固有理论为依据。也正因此，电影伦理学作为一种批评方法有着很大的研究空间，也还有很长的路要走。

三、叙事伦理与伦理叙事

电影作为一门讲述故事的语言，怎样讲述故事和讲述怎样的故事，实际上构成了电影叙事的两个方面，前者侧重于叙事技巧、形式和策略的探讨，后者侧重于叙事题材、内容和主题的探讨。当叙事与伦理的概念产生碰撞和融合时，我们有必要厘清电影的"叙事伦理"（Narrative Ethics）和"伦理叙事"（Ethical Narration）的异同之处，叙事和伦理组合而成的"叙事伦理"和"伦理叙事"看似只是两个词调换了顺序，但是侧重点甚至概念却完全不同。叙事伦理和伦理叙事是两个容易混淆的概念。从叙事的概念出发，叙事伦理指的是电影在使用影像语言讲述故事时所遵循的伦理准则。伦理叙事则侧重于如何使用影像语言来讲好一个伦理故事。

从共同点来说，二者的词源是一致的，都是由"叙事"和"伦理"两个词语构成，都是探讨"叙事"和"伦理"的关系问题。但是，二者组合顺序的不同，所产生的关系有着较大的区别，主要表现在以下四个方面。

第一，学科范畴不同。叙事伦理和伦理叙事的区别首先体现为学科范畴不同。叙事伦理是属于伦理学领域的概念，属于应用伦理学的范畴，即将伦理研究应用到电影叙事上来，通过伦理准则对电影叙事加以观察和考量，其核心概念为"伦理"。"叙事伦理"不是"叙事"与"伦理"两个概念的简单叠加，也不是叙事学和伦理学两个理论体系相拼凑而衍生出来的机械术语，他是一个具有自足内涵的理论概念。[1]伦理叙事则属于叙事学理论范畴，要求从叙事学的立场出发对电影文本中涉及的伦理内容进行探讨。

叙事伦理探讨的是电影叙事与伦理准则的关系。叙事伦理的研究主要是叙事的立场选择、叙事策略等伦理取向和价值判断，叙事和伦理之间相互关联，并按照一定的规则来建构，遵循一定的伦理准则，从而完成叙事过程。从这种意义上讲，叙事伦理属于伦理学范畴，即怎样叙事才符合伦理规范，其核心概念是伦理。叙事伦理在"伦理叙事"中建构自身的同时，更应该明确创作主体在完成叙事时的伦理立场、道德标准和艺术原则。伦理代表着一种秩序的规范，那么叙事伦理就是在一定的规范中建构故事，完成主题表达。

伦理叙事强调伦理主题的凸显，旨在以一种主题分析的方式探究创作主体传达出怎样的伦理思考。"伦理叙事"强调影片通过叙事中的人与人、人与自然等之间的关系表达了怎样的伦理内涵。关于伦理叙事的理论研究不多，大多分析伦理叙事前面都会加上修饰词，如强调集体关系的家国伦理叙事、强调个人关系的个体伦理叙事，以及强调人与自然关系的生态伦理叙事等，都是通过前缀来表达一种伦理立场。正如伦理学这门学科的复杂与深奥，伦理叙事也并不能一言概之。伦理叙事包含的范畴众多，如家庭伦理、生态伦理等，其本质都在探讨人与其他事物之间的关系。所以，从这种关系的探究入手，更便于对伦理叙事的理解。

第二，内容指涉不同。如果说叙事伦理指镜头是如何讲述故事的，那么伦理叙事就是关于镜头讲述了什么故事的探讨。换言之，伦理叙事是指如何讲好一个伦理故事；叙事伦理则是指在讲故事时要注重怎样的伦理规则。

伦理叙事就是研究电影作品中的伦理表达，即电影题材、内容传达了一个怎样的伦理故事，涉及什么样的伦理关系。以儒家文化为代表的家庭观念深刻影响了传统东方文化的建构。三纲五常或者传统教义都指出家庭的组成包括：父、母、子。三者共同构成传统意义上的家庭。由此生出的家庭观念，也强调人与人或者家庭成员之间的关系，即亲人伦。如孝敬父母、重视家庭、

---

[1] 张文红：《伦理叙事与叙事伦理——90年代小说的文本实践》，北京：社会科学文献出版社2006年版，第8页。

夫妻和睦。影片多以这种家庭观念的和谐呈现团圆景象，或者在一种破碎的家庭中完成悲剧书写。以青春片为例，大多以青少年的成长为主要表现对象，并涉及对青少年成长环境和家庭的呈现。《狗十三》《过春天》《悲伤逆流成河》《少年的你》《我的姐姐》《李焕英》等，均以家庭破碎为叙事背景展现少年的成长之伤和对秩序的反抗。这种成长悲剧在后伤痕主义的社会语境下完成对家庭伦理的反思。并指出悲剧的主要原因就在于家庭观念的淡薄、传统家庭结构的破裂，只有在家庭伦理的修复或者另一种秩序——法律的强制下，才完成自我的救赎、与他人的和解以及秩序的重构。

生态伦理学（Ecological Ethics）是生态学和伦理学两个学科的融合。主要聚焦于人与自然的关系问题的思考。生态伦理学认为，世界是一个完整的有机体。要求人类把道德关怀和伦理关系延伸到对自然环境的关注中。生态伦理学强调以自然为中心而不是以人为中心。古人推崇"天人合一""道法自然"的生态观。但是现代科技的发展带来的破坏导致关于生态的思考逐渐增多。人类如何认识自然、保护自然，如何处理好人与自然的关系，如何在发展中找到一种平衡，成为生态伦理思考的主要内容，电影作为一种综合性艺术，一种具有意识形态宣传的工具，通过影像呈现和叙事完成了这种伦理的书写。《唐山大地震》《超强台风》等影片蕴含着人与自然的关系，聚焦了人类生存的现状，并通过一种生态失衡的呈现带来生态反思。在一种天灾或人祸中将"人定胜天"的传统观念打破，强调人就应该和自然和谐相处，并且树立尊重自然、爱护自然、敬畏自然的正确生态伦理观。通过生态危机书写，在潜移默化中完成生态伦理的主题表达。

家国伦理强调的是个人与国家的关系，尤其在建立命运共同体的现实语境下，个人与国家命运的探讨显得尤为重要。一批优秀的主流价值电影的出现，通过影像完成了伦理主题的传达以及思想教化。《战狼2》《红海行动》《湄公河行动》《烈火英雄》《中国机长》《守岛人》《中国医生》《革命者》《金刚川》《长津湖》等主旋律商业大片在带来刺激的观感体验的同时，也传达出明确的伦理主题：个人与国家有着密不可分的关系，并且表现了个人必须服从集体的传统伦理秩序。在个人英雄塑造的同时，传达出的是集体主义的团结共筑的国家强大，以及国家话语权和国际地位的提升。

叙事伦理主要研究电影文本的"叙事过程、叙事技巧、叙事形式如何展现伦理主题。"[1]其核心在于探究影像语言是如何叙事的,并通过怎样的形式和技巧结构文本。这种叙事规范体现为创作者的主观性介入后呈现的影像形式表达。具体表现形式包括叙事时间、叙事空间、叙事视角、人物设定、情节编排、镜头选择、景别变化、光线造型、音乐色调等。

以叙事时间为例。叙事时间的顺序编排体现着主观的伦理倾向。影片《地久天长》一开始就抛去了时间顺序的叙事,以一种非线性甚至断裂混乱的剪辑完成平凡人物不同生命遭际的书写。情景段落的剪辑甚至犹如戈达尔一般的跳切,直接干脆地转场或者在历史中任意跳跃。舍弃了传统意义的影像符码,凭借具有特色的外部环境以及人物外在对时间进行分割和辨别。这种主观的艺术处理显示出创作者对叙事伦理的遵循以及人物命运的凸显。影片开始是在水库边一群孩子嬉戏的场面,镜头转向的是毫无干系的家里一家三口温馨的吃饭场景;而下一个镜头又回到了水库,玩水的孩子已经不见,只有父母撕心裂肺地哭喊。三个镜头的剪辑组合产生出新的含义,即悲剧发生的突然性和无法预见性。死亡的恐怖正是在于随时会打破生活常规,在温馨中突然抽离。影片从开头就奠定了一种悲伤基调,以丧子为由展开叙事。

同样,叙事空间作为故事的载体,空间的选择也体现着特定的伦理意义。空间被认为是充满各种意识形态的产物。大致分为物理空间、社会空间、生存空间、文本空间和精神空间。其中,社会空间是各种社会关系表现的场所,必然涉及历史文化背景和社会风貌的呈现。《八佰》的故事背景是1837年抗战时期的一段历史。四行仓库、苏州河、租界区、石桥等空间不仅是叙事的场所呈现,一种基于真实史实的空间还原,同时是创作者表现情感的重要方式。故事主要发生的空间四行仓库和租界区被苏州河分为两部分。这种地理位置的设定就体现出创作者的情感态度:一边是正在进行残酷战争的仓库,一边是夜夜笙歌对战争充耳不闻的租界区。借由空间的对比凸显战争的残酷、战士们的伟大,从而完成一种伦理化的主观表达。而石桥作为两岸的连接,同时是各国人民与中国战士的纽带。不可视的情感和意识形态被空间符号转为外化表达,战士们通过石桥奔向租界区握住了对岸伸出的手,冲破了障碍物的限制,同时意味着反抗和团结意志的突破。这种对空间限制的突破,表

---

[1] 伍茂国:《从叙事走向伦理——叙事伦理理论与实践》,北京:新华出版社2013年版,第24页。

达出创作者歌颂中国战士伟大与崇高的伦理立场。

还有色彩造型，它既是一种叙事手段，也兼具主体表达的功能。影片的光线选择代表不同的含义和所指。正如红色代表热烈、蓝色代表忧郁，色彩的选择和使用也是主体情感倾向的体现。《花样年华》讲述的是两个被婚姻背叛的人走到一起最后又分开的一段婚外情。这种关于传统伦理的探讨借助了色彩的变化进行表达。绿色的旗袍，房间整体颜色是红色，色彩相互对比，凸显人物内心的矛盾，深化故事情节。影片以红、黄、绿三种相邻色为主色调，意在营造一种氛围的和谐。片中还出现大段的红，红色的旗袍、红色的墙、红色的床等，象征的是热烈而炙热的情感。在这种色彩造型中，观众被自然地代入两人的感情而失去道德判断。但是影片最后还是归于一种秩序的和谐以及传统伦理的回归。在周慕云准备离开香港的时候给苏丽珍打电话，错过电话的苏丽珍在红色的房间穿着绿色的旗袍，视觉上的冲击和不和谐也正验证了这段感情的错乱，以及人物心情的矛盾纠结。这种矛盾既是红与绿的反差，也是走与不走的犹豫，更深层指向的是传统伦理观念的守与破。色彩的矛盾和人物的心境都表现出传统的紊乱与维护，从而指向一种秩序的复原。

第三，伦理叙事和叙事伦理，一个是从伦理的角度来观照电影文本的题材、内容和主题思想。一个是从叙事的角度来观照叙事形式、叙事技巧和叙事策略。一般来讲，伦理叙事只针对伦理题材、内容和主题的影片，讨论电影的思想性。中国电影鼻祖郑正秋开启的社会正剧（家庭伦理剧）的范式，如《劳工之爱情》（1922）、集大成的《孤儿救祖记》（1923）、巅峰作的《姊妹花》（1934）等，家庭伦理剧的内涵与外延特征得到了淋漓尽致的表现。总的来说，"郑正秋深谙家庭是社会结构的基础，他的剧作在家庭框架中寻找故事，铺陈冲突，阐述伦理，教化观众"[1]。其核心在以父子、君臣、夫妻为旨要的传统伦理中，中国家庭的悲欢离合正是历史和当代、个人与社会、民族和国家二元关系的缩影，即家国一体的社会格局的生动刻画。概而言之，其影片通过围绕家庭关系的伦理叙事，深刻阐释了以家庭伦理、家国伦理为核心的一个个伦理故事，在影片题材、类型上为直接的伦理主题呈现，是伦理叙事的典范。

---

[1] 杨远婴：《郑正秋——社会伦理范式》，《当代电影》2004年第2期。

叙事伦理则更加关注如何调用叙事形式、叙事技巧、叙事策略来达到特定的伦理效果，其间又涉及怎样的伦理问题？叙事伦理对影像语言表达的偏重决定了人们对于伦理准则的看重。例如，《战舰波将金号》是如何表现沙皇的腐败及其对人民的残忍镇压的？爱森斯坦通过古典悲剧式的巧妙结构和重复、寓意深刻的蒙太奇式影像语言表达，在"敖德萨阶梯"一幕，短短六分钟里，导演使用一百多个镜头在杀戮的军队和手无寸铁的平民间来回切换，其间穿插大量的群众逃生镜头，尤其是母亲眼看着婴儿车滚下石阶的一幕，成为电影史上的经典镜头，镜头编排让观众记忆深刻。而石狮子沉睡、苏醒、站立的三个插入镜头，则寓意着俄国人民奋起反抗的深刻内涵，也成为蒙太奇手法的典范。通过特殊的叙事技巧，实现了革命伦理的完美诉说。

第四，几乎所有的伦理叙事的影片，都要涉及叙事伦理问题。但是，叙事伦理却未必涉及所有影片，只针对那些伦理题材、内容、主题，或对相关的表达策略涉及伦理技巧的影片。如前文提到的《扫毒》作为一部警匪动作片，是通过暴力来呈现正邪母题的类型电影。扫毒的伦理叙事主题和内容无非在于传达毒品的危害，应该坚决加以抵制的核心思想。但是，为了进一步凸显扫毒过程中的戏剧性效果，导演又使用了大量的叙事技巧来凸显人性的复杂和场面的感官刺激。于是，无可避免地产生了叙事伦理的问题，从叙事伦理层面来看，暴力影像首先俘获的是人的眼球。由此提出的问题是，这样的叙事技巧是否符合主流伦理准则？进一步讲，此类暴力影像元素的使用具有正义性，但暴力行为本身是否也会带来暴力的不当示范等伦理问题？

但是，我们不能对每一部影片、每一个镜头都加以叙事伦理道德层面的评判，如此只会陷入伦理庸俗化的境地，而是应该以叙事伦理规范为基准，探讨导演在使用叙事形式、叙事策略、叙事技巧来传达特定的叙事内容时，其叙事形式、策略、技巧是否与叙事伦理规范相吻合、相背离，重点剖析存在道德争议的叙事形式与技巧。如在性的叙述上，存在着蕴藉和裸露直观的迥然差别，不同导演在影像语言的调用与编排上截然不同，但都必须与当下的伦理规范相契合。当突破社会道德底线时，便引发道德争议，此时，提及叙事伦理就有极大的必要性。叙事伦理的最终目的就是推动电影文化朝着符合传统伦理和审美文化的方向发展。

任何影片都势必涉及对关系问题的探讨，对传统伦理的表达。因为创作者和接受者都处在传统伦理道德的秩序中，有意无意间受到伦理潜移默化的影响。电影作为一种意识形态传输的机器，对于其内容表达的伦理分析就显得十分必要。

第 2 节　电影叙事伦理的特征

电影叙事伦理是电影叙事与伦理道德结合的产物，应该说"叙事伦理不同于注重价值判断的理性伦理，它通过文学叙事来呈现生存的伦理状态，同情式地理解个体生活。叙事伦理不是故事中的伦理关系，它是叙事的结构、形式、姿态、语调以及叙事意图、叙事功能所建构的伦理空间。"[1]相对于文学叙事伦理，电影叙事伦理与其同中有异，概括来说，电影叙事伦理具有必然性、内生性、个体性和形式性四大特征。

一、必然性

电影作为一门声音与画面相结合的艺术，利用视听语言，在一定的时空中讲述故事，叙事性是其基本属性。在电影叙事中，无论是从外部还是从内部考察，都离不开伦理与道德意识的参与。

任何国家和民族在任何时期为了调节人与人、人与社会以及人与自然之间的关系，都会形成一定的伦理道德规范，伦理道德属于意识形态，任何社会和个人在伦理道德规范的作用下都会形成一定的伦理观和道德观，伦理观和道德观会影响和制约社会和个人的意识和行为。

首先，对于电影创作者来说，他们在进行电影生产时，一定会将自己的伦理观和道德观注入电影创作中去，赋予电影以伦理道德意蕴。谢晋在谈到《天云山传奇》（1980）的创作时候说："剧中没有什么政治性的口号，形象地用四个人的遭遇，二十年命运的变化，体现一种美好的情操，体现一种高尚的道德。有歌颂就会有鞭挞。这个戏鞭挞那些不学无术、自私、思想僵化、封建家长意识极浓的人，让每一个人照一下镜子，有的人从中取得力量，有

---

[1] 杨红旗：《伦理批评的一种可能性——论小说评论中的"叙事伦理"话语》，《当代文坛》2006年第5期。

的人悟到一些道理"。[1]法国著名女性导演阿涅斯·瓦尔达在谈论《一个唱,一个不唱》(1977)的创作时也说:"我一直是女权主义者,一直为了平等而斗争。我们不仅是关注生育权,还关注遭到暴力的女性,关注强奸和性骚扰。我们希望女性能够表达自我,而女性敢于争取话语权竟也成了问题。现在她们敢于集体发声。这样一来,我们发现了这些性骚扰事件的存在。这成了当下流行的话题,而在性骚扰这一话题之下掩盖着关于女性的其他问题:性教育、儿童行为、权利平等、薪资,这些都在慢慢地改变。"[2]可见,电影创作者将自己的伦理道德观融入自己的电影创作几乎是导演和主创人员的一种本能的甚至必然性的存在。

其次,作为接受者的电影观众在观看电影的时候也会调用自身所认同的伦理观和道德观来审视和判断电影的道德内容,而电影中的伦理道德观对观众的伦理道德观也会产生极大的影响。早期的中国电影批评家就认识到电影中的伦理道德观对观众的影响,周剑云、汪煦昌在昌明电影函授学校《影戏概论》讲义中就写到,电影"是引导社会向前进,予人以是非善恶之暗示的"。[3]早期中国电影观众对当时中国电影中存在的错误伦理道德倾向提出了强烈的抗议,如批评天一公司拍摄的《义妖白蛇传》(1927)时,观众义愤填膺地写道:"这《白蛇传》,除予人以卑下的娱乐外,还有什么好的影响?而摄制这种贻害人生、毫无利益的影片公司,同一个贩卖鸦片毒药的私店,有什么差别呢?"[4]

再次,处于具体时代中的国家、民族、社会和电影组织会根据一定时代的伦理道德观来促进或限制电影生产。任何国家、民族为了弘扬优良的伦理道德观,维护社会的伦理道德安全,会利用法律、政策等手段鼓励具有良好伦理道德观的电影制作,限制违反伦理道德规范的电影制作与生产;电影组织为履行社会责任,从行业、产业、企业的长远利益出发,也会十分注重电影中的良好伦理道德观的表达,这些都会影响电影叙事伦理。

早在1907年,美国芝加哥警察局就被授权预先检查电影中是否有伤风败

---

[1] 谢晋、黄蜀芹、廖瑞群:《〈天云山传奇〉导演阐述》,《电影通讯》1981年第2期。
[2] 路易·塞甘、曹轶:《幸福——阿涅斯·瓦尔达访谈》,《世界电影》2019年第3期。
[3] 罗艺军:《中国电影理论文选1920—1989》上册,北京:文化艺术出版社1992年版,第23页。
[4] 见红侠《追评〈白蛇传〉》,载《电影》杂志第4卷第6期,1927年8月10日天津出版,转引自程季华:《中国电影发展史第一卷》,北京:中国电影出版社1963年版,第87页。

俗的内容，决定其是否能够上映。1922年，美国电影界成立了"美国电影制片人和发行人"组织，聘用教会长老威尔·海斯（Will H Hays）组织制定了"电影法典"对电影中的道德问题进行审查，未通过审查者不得上映。1968年，美国又制定了电影分级制度。中国从20世纪20年代就开展电影审查工作了，通俗教育研究会、浙江省电影审查委员会等组织都注重电影中的伦理道德审查。新中国成立后，国家统一制定的电影审查制度在电影叙事伦理的调节中起到了十分关键的作用。

最后，电影中的叙述主体，也不可能脱离社会伦理道德意识，其在电影文本中的意识、选择和行为也反映了一定国家、民族和时代的伦理道德观。经典叙事学将叙述主体分为叙事者和隐藏的叙事者，电影可以采用第一人称、多视点人称、第三人称、非人称叙事等视点来叙事。叙述主体也有可能不是人，而是机器人、玩具、动物甚至植物，但是，它们都必须是具有人性的人化了的叙述主体。既然具有人性，而伦理道德又是人的本质属性，那么这些叙述主体在组织叙事以及在电影中的意识、选择和行为也必然是在一定的伦理道德观的作用之下的。

另外，需要注意的是，无论是电影制作者、观众、某一具体的国家、民族、社会，还是电影中的叙述主体，其伦理道德意识可能是错误的、扭曲的甚至是变态的，如纳粹德国时期的一些电影，一些反道德的电影及其电影中的叙述者，但是这些错误的、扭曲的伦理道德意识本身也是一种伦理道德意识。所以，电影叙事伦理在文本中是客观的、必然的存在。

二、内生性

所谓内生性是指电影叙事伦理是一种存在于电影文本内部的伦理，它来源于现实中的伦理道德，是对现实伦理道德的反映，但是绝不等同于现实伦理，人们不能完全按照现实中的伦理道德意识和伦理道德规范来判断、评价电影叙事伦理，电影叙事伦理可以探讨伦理道德的可能性。

电影叙事伦理可以与现实伦理道德意识同构。现实的伦理道德作为一种特殊的意识形态是由一定的社会经济关系决定，是以善恶为评价标准维系和调整人与人、人与社会关系的行为规范的总和。现实中的伦理道德意识和道德风尚直接影响了电影创作者的人生观、道德观，从而对电影创作产生巨大影响，而作为现实伦理道德意识反映的电影作品因其极强的情感性和传播力又反过来影响观众的道德情感和道德品质。但是，电影中所反映的生活比现实更高、更集中、更典型、更理想，所以也决定了电影叙事伦理主要是一种虚构伦理，是对伦理道德可能性的探讨。

在韩国著名导演金基德执导的电影《春夏秋冬又一春》（2003）中，故事按照春、夏、秋、冬和春五个季节分章，电影构建了一座位于深山之中、四面环水、与世隔绝的寺庙，寺里只有一老一少两位僧人，一扇没有围栏的木门连接着寺庙与尘世。电影的第一章春季讲述了小僧虐待动物，将石头绑在小蛇和小青蛙身上，夜晚老僧趁小僧睡熟之时也将一块大石头绑在其身上。电影的第二章夏季，小僧已成年，一日，一位美丽少女因病来寺庙修行，小僧禁不住诱惑与其发生性关系，并最终追随少女离开了寺庙。电影的第三章秋季，小僧因妒忌杀妻逃回寺庙，老僧令他在地上抄写佛经去其戾气，最终小僧被警察带走。电影的第四章冬季，老僧圆寂，小僧已到中年，回到寺庙重新修行，捡到一个弃婴。电影的第五章又是春季，弃婴成长为童僧，将石头塞进动物的肚子里……从《春夏秋冬又一春》的叙事结构、叙事情节以及影像中具体细节安排来看，都表达了一种人性本恶，只有远离世俗，潜心佛法，无欲无求才是人生正道的宗教伦理观，观众在观看电影后也会对现实社会生活和自身的人生观有所反思。例如，有观众观看此片后评论道："《春夏秋冬又一春》给我们的启示不仅在于其本身传达的生命轮回观，它还向我们昭示了一种伦理姿态：众生皆有佛性的平等观；为善去恶的生命伦理观；万物平等的生态伦理观，这种姿态或许正是我们这个时代所需要的。"[1]但是，《春夏秋冬又一春》的叙事伦理并不等同于现实社会中的理性伦理，诚心向佛，无欲无求不可能是人生的唯一出路，世俗社会也不可能完全是人生大敌，《春夏秋冬又一春》中的伦理道德观只能存在于电影叙事中，只是一种伦理的探讨。

随着科学技术的突飞猛进，人工智能的理论和实践已经成为热门的经济、社会和文化现象，而在科幻电影中关于人工智能故事也蔚为壮观。美国电影大师斯坦利·库布里克导演的《2001太空漫游》（1968）中，人工智能"哈尔"9000最终成为人类的敌人，该片严肃地探讨了人和工具的伦理关系；美

---

[1] 余梦阳：《禅宗道德关系论视域下的〈春夏秋冬又一春〉》，《新闻世界》2015第5期。

国电影《终结者》(1984)讲述了未来世界被机器人控制,机器人屠杀人类,人类的领袖康纳带领人们奋起反抗,机器人 T-800 乘坐时光机来到当代,其任务就是杀死康纳的母亲莎拉以阻止康纳出生。电影逐渐揭示出人类创造的人工智能"天网"如何导致核战争毁灭了人类社会的未来历史。机器人是人制造出来的工具,但是一旦人工智能拥有了自我意识,它究竟是工具还是人?工具会有善恶吗?在中国科幻电影《流浪地球》中,刘培强所在领航空间站的人工智能 MOSS 按照人类事先编制好的程序,千方百计地阻止刘培强自我牺牲拯救地球的行为,那么它到底是在服从还是违背人类的命令呢?人和人工智能的关系究竟是怎样的?还有像《剪刀手爱德华》(1990)、《机器管家》(1999)、《宝莱坞机器人之恋》(2010)、《她》(2014)等科幻电影着力于表现人和机器人(人工智能)之间的爱情。这些伦理问题也都仅仅存在于电影内部,不是用当前现实生活中的理性伦理可以判断和评价的。

三、个体性

个体性是指电影叙事伦理中的一种个体伦理,其具有当下性和情感性。

首先,所谓当下性是与伦理道德的历史性相对的,是个体在当前语境下讨论伦理道德的可能性。现实中的伦理道德是具有历史性的,在某一具体历史时期,某种伦理道德意识、某人的行为可能是符合当时的伦理道德规范的,而另一个时期可能会有另一套伦理道德规范。例如,在中国古代,忠于某一国王、皇帝、主公是极其重要的道德规范,违反这一道德规范是会受到社会舆论强烈谴责的,而自身良心也会感到极大的不安,所以即便这位国王、皇帝、主公本身是残暴的、昏庸的、堕落的,作为臣子也必须忠心不二,乃至付出生命,所以有"士为知己者死"[1]"死谏"等说法,他们的献身精神和行为是极具道德震撼力的。但是到了今天,我们会认为这种行为是"愚忠",在很多时候其结果是一种恶。理性伦理尊重这种历史性,要求不能以今天的标准来看待历史。然而,电影创作者往往会将当下的、个人经验中的伦理道德意识融入电影叙事,同时观众也会以个人当下的体验来判断电影叙事中的伦理道德意识和行为。

---

[1] 缪文远、罗永莲、缪伟译注:《战国策》,北京:中华书局 2006 年版,第 239 页。

例如，在中国古代的历史语境中，对秦始皇的总体道德评价不高，因为中国传统伦理道德有浓重的反暴力、反征服倾向，但是，在张艺谋导演的武侠电影《英雄》(2002)中，刺客无名怀揣着国仇家恨，经过艰苦的努力，付出了巨大的牺牲，终于获得了一次接近秦始皇的机会，他本来练就了一剑毙命的绝技，但是最终他却放弃了刺杀秦始皇的使命，选择了自我牺牲，他被秦始皇说服了，认识到中国的统一大业需要秦始皇。因为尽管秦始皇残暴不仁，但是国家分裂对人民的伤害更大。相对于国家分裂这一大恶，秦始皇的残暴是小恶；无名遵守对长空、残剑和飞雪的诺言是小善，而成就秦始皇征服六国、统一中国、结束战乱的事业是大善，两恶相权取其轻，两善相权取其重，所以，《英雄》中所蕴含的伦理道德观，就是电影创作者在当下个体伦理道德体验的表达。

其次，叙事伦理的个体性还表现在它是通过创作者和观众的个体情感交流而实现的。一方面，创作者不是完全理性的将其伦理道德意识融入电影作品之中的，而是带有强烈的个人道德情感；另一方面，电影作品中的叙事主体也是在个人道德情感的"指挥"下思考和行动的，叙事主体只有具备了个人道德情感才能摆脱单纯的行动而成为角色；再则，观众在观看电影时，也是带着个人道德情感来审视电影故事的。

韩国著名电影导演许秦豪的《外出》(2005)讲述了一段婚外情的故事。就现实而言，婚外情违背家庭基本道德规范，是应该被严厉谴责的行为，但是，许秦豪在讨论这部电影时却说："一个人爱上另一个人，那种感觉，总是纷乱难理。有时候，我们深爱对方，却仍难避过被背叛的一天。被爱人出卖的怨恨是怎样的？不伦之恋该被原谅吗？生气有用吗？我们又应否狠心了断这段关系？人非要到陷入同样处境的那一刻，才能明白当事人的感觉；但当我们也做错了，我们又应如何面对？这都是我想说的东西。"[1]电影讲述了舒英和仁书因为各自的另一半出车祸而来到一座小城，舒英的丈夫京浩和仁书的妻子秀真是在同一辆轿车中出车祸的，并且两人都因此变成了植物人，后来，舒英和仁书逐渐发现原来自己的另一半是一对情人。两人在悲痛郁闷中只能互相倾诉、安慰、照顾，没想到两人也逐渐产生了感情成了情人。不久秀真醒来，

---

[1] 青溪、许秦豪：《打造温暖的光影旅程》，《大众电影》2007年第22期。

京浩却去世了，仁书为了照顾瘫痪的秀真只得结束了这场不伦之恋。许秦豪用诗意化的风格来讲述这段婚外情故事，电影中的四位主要人物在两段不伦之恋中所投入的都是真情、真爱，特别是在电影结局的情感高潮处，舒英在她和仁书常去的他们所寄居的汽车旅馆对面的咖啡厅中，透过玻璃窗目送仁书离去的一场戏，导演利用视听语言手段强化渲染，孙艺珍出色的表演使电影深深地打动了观众，让观众产生了强烈的情感认同。有中国观众在豆瓣电影的影评中写道："看完韩国电影《外出》，深感作为一个人的无可奈何。""有时候看电影，我就会想，如果我身处主人公的境地，该怎么办？在这部戏里，如果我是男主人公，会怎么做？"

所以，电影中的叙事伦理并不是简单地根据善与恶的概念去呈现和展示的，而是通过个体当下的、感性的世界去发现和探索的。电影中的叙事伦理也不是通过说教的形式去表达，而是将其融入电影的细枝末节和情境中实现潜移默化的功效的。

四、形式性

电影叙事伦理必然重在电影中的伦理道德"怎么讲"的问题。"叙述是对一系列事实和事件的列举，并在他们之间建立某些联系。……因而叙述就存在两个相互重叠的方面。一是内容问题，即材料的集合与所包含联系的性质。二是修饰问题，即叙述是如何传达给读者的。"[1]电影中的伦理道德是通过各种电影叙事要素来传达和表现的，电影是通过叙事将生活中的伦理道德艺术化、戏剧化的。

电影文本产生的基础是选择与组合，其中涉及事件、情节、细节、时间、空间、叙述者、叙事结构、造型、声音和剪辑语法等的选择和组合，而伦理道德观念和意识的表达与接受往往隐藏在这些形式因素之内。例如，在"文革"这一特殊时期的电影创作中，为了在影像中确定革命与反革命的伦理关系，提出了"在所有人物中突出正面人物来；在正面人物中突出主要英雄人物来；在主要英雄人物中突出最主要的即中心人物来"的"三突出"原则；为了更进一步强化"三突出"，还在人物造型上规定了"敌暗我明，敌小我大，敌俯我仰"的拍摄方法。所谓"敌暗我明"是指在光线上，敌人（反革命）

---

[1] [英]福勒：《现代西方文学批评术语辞典》，周永明等译，成都：四川人民出版社1987年版，第304—305页。

要用昏暗的灯光，而革命英雄要用高光来表现；"敌小我大"是指在景别上敌人（反革命）用大景别拍摄，而革命英雄要用小景别拍摄；"敌俯我仰"是指在摄影角度上，敌人（反革命）用俯拍，而革命英雄要用仰拍来表现。尽管这种拍摄方法是庸俗的、僵化的，不符合艺术创作规律的，但是却表达了那个特殊的时代对电影叙事伦理形式性的要求和理解。

日本电影大师黑泽明导演的《罗生门》（1950）本来改编自日本著名小说家芥川龙之介的短篇小说《筱竹丛中》，而《罗生门》的题目名来自芥川龙之介的另一部小说。黑泽明在谈论《罗生门》的创作时说："人对于自己的事不会实话实说，谈到自己的时候不可能不加虚饰。这个剧本描写的就是不加虚饰就活不下去的人的本性，甚至可以这样说：人就算死了也不会放弃虚饰，可见人的罪孽如何之深。这是一幅描绘人与生俱来的罪孽和人难以更改的本性、展示人的利己心的奇妙画卷。"[1]电影的故事原本讲述一个武士及其妻子在森林里遇见强盗，强盗杀死武士并玷污了其妻，后来强盗落案，警署招来一干证人指证强盗的罪行。但是，创作者的伦理道德观却是通过独特的叙事视点和叙事结构来表达的。电影以强盗多襄丸、武士的妻子真砂、死去的武士的灵魂和卖柴人四个叙述者来讲述案发经过，四位案件当事人也表达各自的态度。这种多视角叙事视点，形成了《罗生门》独特的结构形式，从这种独特的结构形式中生发出黑泽明导演对人自私自利行为的道德批判。同时，黑泽明又增加了原著中没有的卖柴人这个人物作为叙事视点，探讨了人性真和善的可能性。一方面，其他视点叙事中都有背景音乐，带有强烈的主观性，而唯有卖柴人的视点叙事中是没有背景音乐的，这种声音策略表达了一种客观真实性；另一方面，电影的结尾处，卖柴人作为第一叙事视点，其收养弃婴的行为也表现了人性善的可能性。

可见，电影叙事伦理是通过叙事这一中介进行呈现和表达的，在"叙事活动中导演对影像系列的选择，其潜在的伦理'可能性'同样具有在善与恶之间实施多种选择的可能性。"[2]这也就是电影叙事伦理具有的形式性。

---

[1] 金涛：《听黑泽明谈〈罗生门〉》，《中国科学报》2013年8月23日。
[2] 曲春景：《中国电影"叙事伦理批评"的电影观及研究方法》，《同济大学学报》（社会科学版）2019年第6期。

第3节 电影叙事伦理的策略

电影叙事伦理作为通过叙事视点、叙事角度等的选择所体现出来的伦理倾向性，叙事主体在使用不同的叙事手法和策略来表达不同的叙事文本内容时，自然也会产生不同的叙事伦理效果，或指向正义，给人以伦理滋养，或教人以恶，接受道德批判，或褒贬不一，存在道德争议……既然电影的叙事伦理是"不可避免"的，那么就必须注重电影叙事伦理的方向性。即电影叙事最终该指向什么方向才是合乎伦理的？才能实现一个好的道德教化效果？电影叙事伦理急需一个行之有效的策略来指导其道路与方向。从中国电影叙事伦理的历史与现实、理论与实践出发，电影叙事伦理应该朝着民族化、审美化、个性化、时代性的方向发展。

一、民族化

电影叙事伦理应该朝着民族化的方向发展。民族化是指作家、艺术家创造性地运用和发展本民族的独特艺术思维方式、艺术形式、艺术手法来反映现实生活，表现本民族特有的思想感情，使文艺作品具有民族气派和民族风格[1]。电影叙事伦理的民族化（nation alization）指的是电影叙事应该体现本民族的伦理精神和民族品格。易言之，电影会在叙事主体、叙事形式、叙事手法、叙事内容等方面彰显民族伦理特色。不同民族所形成的民族品格自然也就映射在了电影的生成机制——电影叙事当中，进而表现为不同的民族伦理精神。

从历史维度来看，中华民族作为以伦理为本位的民族，中国文化上下五千多年不断流，我们的根就在伦理。包括"天人合一""天下为公""世界大同""仁者爱人""兼爱非攻"等优秀伦理文化思想所构建的中华传统伦理体系，一直维系着中国社会的发展。实际上伦理正是中华民族的基本品性，中华民族的伦理根基深深扎根在我国的电影叙事历史进程中。如谢晋导演的

---

[1] 夏征农：《辞海》，上海：上海辞书出版社1989年版，第4723页。

"三部曲"《天云山传奇》(1980)、《牧马人》(1982)和《芙蓉镇》(1987)就是描述"文化大革命"十年动乱的灾难与创伤。借助每部作品中女性的视点,虽历经人世间的苦难与心酸,但仍然坚持理想、正义和真理,人物被赋予了恭、宽、信、敏、慧、孝等中华美德,具备了伟大的"母性"伦理救赎功能,从而拯救男性于危难,实现道德重生。"政治—伦理情节剧"模式被誉为"谢晋模式",影响至深。通过电影叙事实现伦理教化是中国电影创作的重要品格和思维创作方式,也理应成为我国电影叙事应该坚守和继续弘扬的重要品质。

而综观世界各民族,具有不同特征和风格的不同民族在电影叙事中也倾向于使用不同的叙事方式、叙事形式、叙事手法来体现本民族的不同之处,由此也营造出了不同的民族风格和伦理气质。不同民族风格和伦理气质意味着每个民族都应该有本民族的独特标识,如美国之科幻、印度之歌舞、法国之心理……应该说,每个民族的民族风格和伦理气质应该体现在电影叙事的进程中,同时会影响电影叙事。叙事主体自觉或不自觉地将本民族的民族风格和伦理气质纳入电影叙事的范畴之内,那么所建构的叙事系统必然会彰显民族伦理,形成本民族电影的独特标识。

日本民族尚武和嗜美,其电影叙事中自然偏向武士道的伦理精神和对美的艺术追求。一位西方学者对日本民族文化进行了这样的阐释:"日本人是既生性好斗而又温和谦让;既穷兵黩武而又崇尚美感;既桀骜自大而又彬彬有礼;既顽固不化而又能伸能屈;既驯服而又不愿受人摆布;既忠贞而又心存叛逆;既勇敢而又怯懦;既保守而又敢于接受新的生活方式。《菊与刀》正好象征了这种矛盾。"[1]盛行于江户时期的武士道精神属于日本民族独一无二的特色,是日本最为典型的民族精神象征,对日本民族的艺术创作产生了极大的影响。日本著名导演黑泽明的电影就是利用"武士道"的民族文化符号,加之个性化的影像叙事,从《姿三四郎》到《罗生门》,再到《七武士》《影子骑士》《乱》等影片,通过影像生动诠释了"忠、勇、义、礼、仁"的伦理精神。通过影像叙事探讨人性是黑泽明电影的一贯手法,黑泽明也由此被誉为"黑泽天皇"。

---

[1] [美]露丝·本尼迪克特:《菊与刀》,田伟华译,北京:商务印书馆1990年版,第1页。

与之相对应的是展现女性之美的艺伎片。艺伎片是日本歌舞伎对日本民族电影产生影响的具体产物，其特殊的表现形式使艺伎片的创作成为一种"方法"。例如，"女性电影大师"沟口健二痴迷于女性题材尤其是艺伎的表现。"艺道三部曲"：《残菊物语》《浪花女》《艺道一代男》以及《西鹤一代女》等影片中，"我们能清晰地看到歌舞伎对导演技术的影响：譬如沟口的运动镜头会在达到精致构图时突然停下来，这跟歌舞伎的"定"有异曲同工之处"。[1]此外，沟口在影片中习惯性地运用移动长镜头，一般一个场景一个镜头。用充满东方意蕴的叙述方式实现了日本女性悲凉的个体伦理演绎。也就是说，《菊与刀》的民族性既影响着日本民族的电影叙事，而电影叙事又在这个过程中不断利用民族性叙事元素凸显"武与美"的伦理指向表达。"菊与刀"的民族化电影叙事也被奉为世界性"电影作者"的典范。

英国民族具有贵族化、保守、冷漠、自律、务实等特性，电影历史也在长期发展中形成了独特的民族化风格。在吸纳古典文学名著的基础上，随着工业化进程，英国民族形成了独特的社会心理、风俗规范、道德礼仪并且浸润到电影当中。能让人感觉到英国电影善于用他们特有的睿智和幽默把一件件琐事讲述得温馨感人、妙趣横生，或者把一件石破天惊的大事说得波澜不惊、弹指一挥[2]。这就是英国民族绅士、沉稳、克制甚至保守的气质体现。用精致、细腻、克制、幽默的叙事方式，来表现其贵族、中产阶级或者一般老百姓的情感与理智的冲撞和困惑，社会等级制度及其他制度对于人性的压抑与束缚，让人感到强大的人文关怀。影片《国王的演讲》通过其故事叙事模式、精致的场面调度，表现了在内心压抑和社会黑暗的双重压力下，乔治六世治疗口吃、克服心理障碍所实现的自我伦理救赎。

此外，崇尚自由、平等的美利坚民族在新好莱坞电影中打破传统电影戏剧式线性叙事模式，时空变换灵活，结构开放，社会意义与批判精神更强。例如，《邦尼和克莱德》展开的"神话与疯狂"的自由对决，看似是"警匪片"，实则体现了青年反抗社会压迫的伦理含义。现代性科幻叙事则通过科技手段让美国倡导自由平等的愿景在影像中得以实现。印度民族能歌善舞，由此诞生的歌舞电影通过大量的歌舞叙事元素的使用，女性主义和宗教伦理得

---

[1] 韩晓强：《传统、空间与变体——日本电影民族性的建构与重构》，《电影艺术》2019年第4期。
[2] 袁智忠：《外国电影史》，重庆：重庆大学出版社2012年版，第61页。

到深刻演绎。

电影叙事伦理的民族化走向实际上是打造自身民族独特性、实现具有本民族伦理价值取向效果的过程。目前，全球范围内许多民族利用自身民族特质，打造出本土化、民族化风格的电影"品牌"，也成为立足于世界电影之林的重要标识。这一切无不都在告诉我们：电影想要取得一个良好的叙事伦理效果，必须把本民族的伦理特质作为安身立命之本，即朝着民族化的方向发展。

二、审美化

电影叙事伦理的审美化走向，实际上是电影叙事过程中正向伦理与审美化的统一。换言之，就是关于电影伦理与美学的关系问题探讨，即电影叙事既符合道德层面的善，又符合审美层面的美的感官要求。我们常常谈论说善的东西不一定是美的，美的东西也不一定是善的，但反过来二者又有同时存在的可能性，即"伦理美学"（Ethical Aesthetic），体现为电影叙事伦理是可以美的。伦理美学的概念虽然值得商榷，但是其对于伦理与美学的关系阐释却足以证明二者能够实现内在的统一。关于二者的关系探讨实则早已有之。孔子不仅将善与美联系起来，甚至把二者作为同义来使用，"君子成人之美，不成人之恶"[1]，这里的美即为善（《论语·颜渊篇》）。足以证明二者关系之密切。

伦理美学的表现形式为"美的形式，善的内容"相统一。这种统一更多地指"没有内容的形式，是'空瓦罐，碎片'。如果形式引人，内容淫秽，就会像在'荒秽的草原中培养牛羊'一样，使污秽深入心灵"[2]。由此可见，这种统一能够使叙事伦理走向更高的层次。那么，在电影的叙事中，到底如何实现"美的形式，善的内容"相统一呢？孔子强调："志于道，据于德，依于仁，游于艺。"[3]（《述而》）即在艺术观赏之中，得到美的熏陶和善的感召。由此，电影叙事伦理之美理应寓教于乐、乐中有教，在诗意、含蓄的表达中使伦理深入人心，在叙事中注入东方式的传统美学表达。

在具体的叙述方式上，电影常常以一种传统的虚实相生、寓情于景、情景交融的诗意气质来呈现，沿袭了传统诗歌的抒情写意传统，实现善与美的

---

[1] 孔子：《论语》，张燕婴译注，北京：中华书局2007年版，第179页。
[2] 李翔德：《伦理美学》，《学术月刊》1981年第4期。
[3] 孔子：《论语》，张燕婴译注，北京：中华书局2007年版，第88页。

和谐统一。例如,《早春二月》通过对石拱桥、杨柳、青山、牌坊、小亭融入人物间的复杂关系的叙述,在故事发展进程中,丰富的影像语言将人物的复杂关系转化为情节冲突,犹如一首清新优美的诗歌,体现出一种含蓄、委婉而又充满诗意的中国审美情趣。《黄土地》中翠巧的父亲弯腰赶牛耕地的经典叙事造型,展现了中华民族在艰苦环境中不屈不挠的伦理精神,将诗意寓情于影像之中。《卧虎藏龙》摒弃激烈的打斗场面,采取充满诗意的打斗形式,将东方武侠引入影片叙事,充满古典文化和东方美学意蕴,东方侠义精神在影片叙事中得到深化,得到了国内外观众的广泛认可,实现了中国侠义伦理的跨文化传播效果。《偷自行车的人》中儿子亲眼看到父亲偷自行车的一幕,通过真实场景的意象描述传达给观众痛苦、无奈的审美意味,同时观众与文本的互动又促使同情、怜悯的伦理关怀的生成。在诗意的电影叙事中,传统伦理和艺术美学观念达成内在融合性和一致性。

此外,电影叙事伦理的审美化走向还常常以一种"言有尽而意无穷"的方式表现出来,在表达情感、进行交流时往往是"以礼相待",内涵表达具有委婉、隐晦的特征,含蓄的美学表达产生了特定的伦理效果。从早期《劳工之爱情》中红男绿女的掷果传情,帮助女主角赶走骚扰者阿飞,两人在含蓄的交往中互生情愫,优雅而不失韵味。《牧马人》对于爱情和故土默默坚守,旁白如诗一般将一个男子汉的细腻情感和道德坚守,如流水般潺潺道出。《红高粱》"野合"一段也是:天苍苍,野茫茫,"我奶奶"躺在一片倒下的高粱地中,"我爷爷"则是跪在地上,俯角大全景的拍摄方式,使"我奶奶""我爷爷"与环境融为一体,突出了原始生命力的伦理主题。被踩倒的高粱形成的圆形空地就像一个大祭坛一样,此时鼓声和唢呐声交叠响起,使这一"野合"行为具有仪式性的庄严和神圣感,实则是创作者对于生命的尊重和对爱情的赞颂[1]。《那人那山那狗》中父子间无言而含蓄的深情在袅袅炊烟、雾霭氤氲的远离城市浮躁、淳朴美好的世外桃源中呈现,在沉默而曲折的道路上,儿子对父亲的坚守以及父亲对自己的爱有了切身的体会,把传统伦理中的含蓄美,通过影像语言表达完美呈现了出来。

因此,电影叙事伦理应该走传统美学道路,在诗意抒情、蕴藉含蓄的美

---

[1] 孙英莉等:《影像语言》,上海:上海人民美术出版社2013年版,第28页。

学叙事表达中实现伦理的教化与道德的感召。

三、个性化

个性化，就是与一般大众化相对的概念，用以形容某件事物或者艺术品等具有独特性，具有与众不同的性质。电影叙事伦理的个性化，是指叙事主体为达到特定伦理效果，其叙事充满了个性化特征，随之诞生了不同的个性化风格。大卫·波德威尔认为风格是电影表现手段的个人化运用。而德米·雷威（Denis Levy）在他的文章中认为"风格"被当作作品的"形式"是"个人化的表现方式"。[1]个性化风格的形成与导演（即叙事主体）风格密切相关，即导演风格决定了其电影叙事的独特性表征，最终产生个性化伦理效果。也就意味着每部电影叙事伦理个性化的形成与每一个导演存在密切的关系。而电影叙事伦理要朝向个性化方向发展的原因在于每个叙事主体的个性化差异，叙事主体的伦理责任感决定了电影叙事伦理效果的好坏，造就了丰富多彩的电影市场，同时形成了丰富多彩的叙事伦理效果。

既然叙事伦理个性化风格的形成是由导演（叙事主体）的伦理风格所决定的，因此我们有必要对导演（叙事主体）伦理进行阐述。导演个性化伦理意识的形成不仅会受到政治、经济、社会、文化等时代背景的影响，同样会受到自身的民族、阶级、个人经历、知识水平、道德修养的影响，最终形成别具一格的个性化伦理特质。这种个性化伦理特质又无可避免地对电影叙事伦理产生了的影响。其影响具体表现在叙述文本伦理和叙事手法伦理的两个方面。

一是叙事主体伦理影响叙事文本（主题、内容等）伦理。叙事文本伦理指的是叙事文本的内容结构、情节设置、主题思想中所呈现的伦理意蕴。电影作为极具主观性的艺术创作活动，电影的叙事文本直接或者间接地折射了叙述主体的个性伦理精神。如郑正秋作为我国第一代导演的代表，生于乱世造就了他修身、齐家、治国、平天下的爱国情怀，秉承和坚守良心正义，一心想要通过电影救国的个体伦理品质，擅长家庭伦理说教，通过社会正剧标榜伦理价值取向。他的一系列经典作品，如前文提到的《劳工之爱情》

---

[1] 李一敏：《导演风格与电影叙事的关联性探讨》，《电影评介》2011年第8期。

（1922）、集大成的《孤儿救祖记》（1923）、巅峰之作的《姊妹花》（1934）等，其强烈的爱国主义伦理品格深深烙印在了家庭伦理剧中。

王家卫1958年出生于上海，5岁因父亲工作调动随迁香港，于是王家卫就有了精明世故的上海和中西合璧的香港的"双城记忆"。空间变换、文化差异、语言障碍让王家卫的童年深受冲击，在王家卫的心中形成了挥之不去的旧上海情节和特殊历史时期的香港所产生的漂泊和寻根心理，王家卫的童年是在经典名著的阅读和看电影中度过的，于是，形成了儒雅、传统而又孤独、压抑的伦理品格，由此也构成了王家卫创作的主要记忆来源。这一切就形成了其影片的个性化叙事伦理风格。如其压抑的伦理品质在《花样年华》的折射，压抑与反压抑成为影片主题，男女主角的爱情是传统的、欲说还休、小心翼翼的，最终理智战胜爱情，无法超脱伦理传统。

二是叙事主体伦理影响叙事手法（形式）伦理。叙事手法伦理主要是指通过特定修辞手法的使用展现作者的伦理观念，表达特定的伦理精神，通过与观众的伦理交流产生特定的伦理效果。具体而言，电影作为一种典型的视听语言形成独特的影像语言符号系统，导演通过画面和声音传达信息和意义，在这种视听结合的符号系统中，影像语言借助语法和修辞来达成自己的表情达意的目的，其中语法的功能是将事物的逻辑讲清楚、讲通顺，而修辞的作用是利用象征比喻等方式将故事讲得更具美感、思想和吸引力。影像语言的语法就是如何更好地组织影像的基本单位——镜头，将故事讲好；而影像语言的修辞则是在具体表现镜头时采用何种景别，选取什么角度，利用什么镜头运动方法，借助影像语言丰富的表现形式建构起创作者具有极强主观性的视听话语体系。

也就是说，叙事主体通过对影像语言的选择和组织，其个性化伦理意识自然体现在了这一选择过程中，其影像语言的表达必然带着自我伦理意识的烙印。"影像语言"首先应该包括视觉语言和听觉语言；其次电影中的视觉与听觉、时间与空间又是如何综合在一起的，这就构成影像中的结构语言。因此"影像语言"应该包括视觉语言、听觉语言和结构语言三个部分[1]。它的声、光、色、影等元素，加上推、拉、摇、移、跟等复杂、复合的有机运动，

---

[1] 孙英莉等：《影像语言》，上海：上海人民美术出版社2013年版，第6页。

在蒙太奇和长镜头的叙事规则和当代高科技的支持下具有了超强的叙事、修辞等表意功能。通过对视觉语言、听觉语言、结构语言的选择和调用，个性化叙事形式相应产生了个性化伦理效果。

叙事主体通过景别、角度、景深、光线、色彩等视觉语言的选择为其提供直观场面、表达特定伦理效果的可能性。以角度为例，不同的拍摄角度具有不同的表意功能和伦理效果。电影《东京物语》多次使用背面拍摄来渲染情绪、打动观众。背面的大远景镜头用来表现两位老人的孤寂感、亲情的淡漠和疏离，老人与子女间的家庭伦理关系在背影这一视觉语言的叙述中得以淋漓尽致的呈现，现代社会物质文明高度发达，但人性却逐渐远离了对原生家庭的伦理关怀。

听觉语言中的音乐、音响、人声等类别同样在伦理叙述中具有重要作用，诉诸于听觉器官的语言符号更能吸引观众的注意力。听觉语言的魅力在于，它"牵涉到的是一种感官范畴"，"能够积极地影响我们对影像的阐释"，"能导引我们对特定影像的注意力"[1]。如鲁迅同名小说改编的电影《阿Q正传》中对于阿Q内心的叙述全部以其自言自语表现出来，常遭人取笑但却通过"精神胜利法"自慰。阿Q在被赵老爷打了嘴巴后自言自语道："现在的世界太不像话，儿子打老子。"具有调侃意味的自语实则是对旧社会的封建伦理关系中地主阶级对贫苦、落后农民身体和精神进行剥削与摧残的控诉与揭示。声音符号的伦理叙述可以独成篇目，如《阳光灿烂的日子》片头的一大段第一人称旁白，向观众传递了故事发生的背景，"我的故事好像总发生在夏天，炎热的气候让人们裸露得更多，也更难以掩饰心中的欲望……"为处于青春期的马小军和米兰之间的难以启齿的、微妙的男女关系叙述作了铺垫。

但声音符号大都是与视觉符号相辅相成、相得益彰，共同完成叙事任务。也就是叙事主体通过电影结构语言（构图、场面调度、剪辑等）的有效组织，形成视听合一的"句子"进行表情达意，传达思想内涵，达到特定的伦理效果。电影《小城之春》中章志忱来到戴家为礼言看病这一幕，周玉纹面对昔日的情人内心跌宕起伏，导演使用一组第一人称旁白、内心独白的听觉语言与周玉纹的动作形态的重复、交叠：画面是玉纹走进自己的房间，坐在床

---

[1] [美]大卫·波德维尔、克里斯汀·汤普森：《电影艺术——形式与风格》，上海：世界图书出版公司2008年版，第306—308页。

上……语言则对应"我心里有点慌,我保持着镇静,我想不会是他……"。展现了周玉纹内心情感的复杂与现实人物关系的矛盾纠葛,揭示了"情与理的冲突"下"发乎情而止于礼"的伦理道德意识。这里的画面与旁白原本是相分离的状态,但创作者通过蒙太奇手法、后期剪辑将二者完美地结合了起来,完成了影像语言伦理叙事的功能,视觉语言、听觉语言、结构语言实现了和谐建构,伦理内涵得到了拓展和升华。

值得注意的是,叙事伦理个性化不是猎奇博眼球,不应该为迎合市场需求和眼球经济的需要,毫无底线地通过"三俗"叙事文本内容和大尺度、夸张的叙事手法获取经济利益。电影叙事伦理的个性化走向实际上是在不违背主流价值观的基础上,遵循艺术创作的伦理法则、彰显与众不同的个性特征,保证多层次、多样化叙事主体的个性化伦理精神得以充分表达,从而形成百花齐放,百家争鸣的电影叙事伦理局面。个性化应该是要坚守核心价值观,否则,个性化只会沦为市场的附庸,变得毫无意义。

四、时代性

伦理作为一种社会规约,必定是一定历史时期道德层面的反映。电影伦理既然是社会伦理的"一部分",一定是其所处的时代伦理的重要组成部分,任何艺术创作都无法脱离其所处的时代。电影叙事伦理也就必须朝着时代性的方向发展,只有在电影叙事中反映时代的伦理精神,把握时代脉搏,紧跟时代潮流,引发观众的道德共鸣,才不至于陷入伦理滞后性甚至庸俗化的境地,才能被广大观众所接纳和认可。

放眼全球,人类所共同面临的机遇与挑战让全世界各个国家和地区紧紧团结在一起,在此基础上我国提出的尊重世界文明多样性,构建人类命运共同体的理念,成为维护国际伦理秩序的重要纽带,成为这个时代最举世瞩目的标志。其核心旨要来源于我国传统的"天下大同""以和为贵""兼济天下""同舟共济"等伦理思想,内在地包含了普世精神的和谐伦理、具有强烈人文关怀的个体伦理等时代性伦理命题。因此,电影叙事伦理应该是以反映人类命运、彰显普世伦理精神、关注个体生存发展命运为核心的指向。目前,各国皆有通过电影叙事彰显时代伦理精神的实践经验,形成了丰富的时代性电影叙事伦理成果。

在我国，当前提倡要铸牢中华民族共同体意识、构建人类命运共同体，其核心要点在于中华民族内各民族和谐相处，中华民族与世界其他民族和谐相处，实现共同团结奋斗、繁荣发展，各民族在思想上保持高度统一，即民族团结、人类可持续发展的共同伦理指向。电影叙事作为社会伦理思想的反映，对共同体意识具有重要反作用。当前我国的电影叙事伦理表达，强调融爱国主义、注重个体伦理表达、彰显具有深刻人文关怀和普世精神等为一体的、有全人类和中国人民所共同认可的和谐伦理诉求。在"共同体意识"的引领下，电影叙事伦理融"地域性""国际性""人类性""人文性"为一体，和谐共生，人与家、家与国、民族与世界的道德伦理思想意识逐渐合流。《流浪地球》通过科幻宏大叙事讲述了2075年的太阳即将毁灭，已经不适合人类生存，面对绝境人类开启了"流浪地球"计划，试图逃离太阳系寻找新的生存家园，在途中陷入木星引力，整个地球危在旦夕，最后我国宇航员刘培强通过驾驶空间站点燃木星拯救地球于危难之中的故事。影片中全世界各族人民齐心协力，为人类生存发展抛却民族国别等界限，细腻深刻地描绘和传达了人类命运共同体的美好愿景。"《流浪地球》的意义在于第一次与世界性的科幻电影站在了同一高度和视野。"[1]实现了同舟共济的普世伦理的有效传递，以好口碑、高票房享誉海内外。

美国则在叙述人类所共同面临的危机及化解方面拥有丰富的经验。好莱坞的诸多科幻大片反映了人与自然矛盾关系的生态叙事伦理。前文提到的卡梅隆导演的作品《阿凡达》可谓显例，2154年的地球资源紧缺，人类为了解决自身能源问题将手伸至潘多拉星球，但无可避免地对潘多拉星球的生态环境产生破坏，于是其原住民和人类展开了为了生存环境和资源的斗争，最终人类败下阵来，潘多拉星球安然无恙。影片所折射的实则是由于人类过度开发地球资源，地球生态遭到破坏，人与自然间的生态伦理关系失衡。而原住民保护潘多拉星球免受危难实则是向观众传达人类应该珍惜与爱护地球资源、维护人类赖以生存的家园的生态伦理母题，在科幻电影的叙述中，这一母题得到淋漓尽致的展现。此外，包括《2012》《海洋》《海豚湾》《后天》等影片也是，都自觉或不自觉地以人类命运共同体为伦理归属和共同指向。作

---

[1] 李一鸣：《〈流浪地球〉：中国科幻大片的类型化奠基》，《电影艺术》2019年第2期。

为时代命题的人类命运共同体意识超越种族、文化、国家与意识形态的界限，为思考人类未来提供了全新的视角，为推动世界和平发展给出了一个理性可行的行动方案。

  目前，已经形成的反映时代精神的电影文本应该成为电影叙事伦理的重要参照，未来的电影叙事伦理应当是反映人的、人类命运的时代伦理精神，以一种更为开放、广博的姿态观照这个时代。

{ 第 4 章
电影传播伦理 }

第 1 节　电影传播伦理的概念及特征

电影本身作为大众传播媒介的重要载体之一，其核心目标就是为了向观众传播特定的故事内容与思想，实现其功能与价值。为了实现电影的有效传播，电影的传播主体使用了各种各样的手段加强传播效果，在这个过程中，不可避免地产生了利与义的冲突，即电影这一大众传播媒介在传播经营与责任之间的伦理矛盾。在此基础上，为了进一步规范电影传播，便有了电影传播伦理规范，以推动构建和谐的电影传播伦理秩序。

一、传播学视域下的传播伦理

20世纪加拿大著名传播学家马歇尔·麦克卢汉（Marshall McLuhan）认为，"媒介是人的延伸"[1]。文字和印刷媒介是人的眼睛的延伸，广播是人的耳朵的延伸，在电话、电视、通信卫星、互联网出现后，人的感官又一次得到了延伸。自古至今，人们赖以传播的媒介不断发展，人的感官不断得到延伸，总的来说，媒体的发展历经了以下五个阶段。

第一阶段：口语时代。口语传播促使人类摆脱"与狼共舞"的野蛮状态，

---

[1] 马歇尔·麦克卢汉：《理解媒介：论人的延伸》（增订评注本），何道宽译，南京：译林出版社2011年版，第35–36页。

逐渐以部落、社群的形式出现。在文字出现之前，口语是人类主要的交流方式，口语的出现使人与人之间的交流、人类社会的发展进化的速度加快。直至今日，口语仍然是人类社会最基本、最常用和最灵活的沟通、交流方式，但是口语传播具有无法避免的局限性。第一，口语交流依赖人类的发声器官进行发声来实现信息传递，受人体能量的限制，只能在近距离内传递、交流；第二，口语是由声音符号组成，其保真性依赖人类的记忆能力，导致其记录性较差、转瞬即逝。基于以上两点，口语传播受到极大的时空限制，在缺乏电话等机器媒介辅助的情况下，口语传播只能局限在非常小的范围空间内进行，比如部落传播、社区传播等。

第二阶段：文字时代。文字的发明标志着人类传播进入了新的历史发展阶段，人类文明实现了重大跨越。文字传播具有口语传播所不具备的优点，它能够使信息得到长时间的保存，进一步促使人类的知识、经验长久储存。此外，文字将信息进行记录，使它可以远距离传递，促使信息的传播打破时间、空间的限制，为传扬文化提供了可靠的资料和文献依据，扩展了人类的交流、社会活动的进行。文字媒介成为人类社会第一套完整的人体感官以外的符号系统，从此开启了人类利用特种体外化媒介进行传播的新的历史时期。

第三阶段：印刷时代。印刷技术的产生促使印刷业飞速发展，在15世纪末和16世纪初，整个欧洲的主要城市印刷业日渐兴旺发达。印刷品的大量传播，激发了人们的求知、探索的欲望，教育文化事业也随之不断进步和发展。人类文化知识水平的提高促使宗教、科学、哲学、文学书籍等需求量增加。印刷技术的产生促进了人类文明进步，人类也由此真正步入大众传播时代。印刷术及印刷品的出现打破了上层阶级对知识的垄断和传播特权，解决了原本以竹简、帛书等进行文化传播的阶段，由于符号复杂、媒介繁重而导致的传播困难。中国四大发明之中的造纸术、印刷术，使包括报纸在内的印刷品得到批量生产及传播，大大提高了传播的速度和效率，文字信息通过印刷品而得到广泛传播。

第四阶段：电子时代。广播、电视等电子媒介的出现，进一步突破了信息传递的时空限制，使信息传播快速迅猛，脱离印刷传播中物质（书、报纸、杂志）以及运输（通过交通工具传递书、报纸、杂志等）的束缚，为信息开辟了一条便捷、高效的传播通道。广播、电视通过卫星传播，使信息传播无处不在、无时不有，甚至进行跨国传播。电报、电话、留声机、摄影机，以及后来电影、广播、电视的相继出现进一步拓宽了信息获取的渠道，为社会的发展注入强劲动力，使信息不再以单一的文字和静态图像等形式进行传递，而是以集声音、文字、图像等于一体的内容形式作用于受众的多感官传播。

第五阶段：信息时代。互联网的出现使信息的存储、传播、获取等更加便捷，全世界的人们由于互联网而变成"地球村"。新媒体时代彻底颠覆了报纸杂志、电台、电视等权威媒体所具有的采、编、播等产业链条。传统媒体，新闻记者作为党、政府、人民的喉舌，代表党和人民发表言论，新媒体打破了传统专业机构进行信息发布的单一、单向状态，从而进入人人都可以发布信息、传播信息的全民传播的社交媒体时代。

人类处于自然环境、社会环境、符号环境的复杂状态中，在大众文化语境的笼罩下，"视觉经济"下的影像传播成为一种新的文化形态，它的传播态势逐渐迈入后影像文化传播时代，影像文化传播呈现当代性、世界性。电影作为一种独特的艺术形式，涵盖了人类文化的重要组成部分，并借助符号和媒介（银幕、视频）进行文化传播，沟通思想情感，以此激发一系列的文化活动和行为。

（一）传播

"传播"（communication）在传播学范畴内被定义为：社会信息的流动或者社会信息系统的运行。传播学的集大成者威尔伯·施拉姆的著作《传播学概论》主要就是研究"人类社交的基本过程"，强调传播是人与人、人与社会之间的信息交流[1]。古有《北史·突厥传》："宜传播天下，咸使知闻。"[2]《唐才子传·高适》："每一篇已，好事者辄为传播吟玩。"[3]《东周列国志》第四十六回："宫人颇闻其语，传播于外。商臣犹豫未信，以告于太傅潘崇。"[4]《随园诗话》卷十四："一砚一铫，主人俱绘形作册，传播艺林。"[5]等均是指消息广泛散布。

"传播"包含着"通信、通知、信息、传达、传授、传递"等含义，侧

---

[1] [美]威尔伯·施拉姆：《传播学概论》，陈亮等译，北京：新华出版社1984年版，第2页。
[2] 李延寿：《北史》（全十册），北京：中华书局1974年版，第3294页。
[3] [元]辛文房：《唐才子传》，王大安校订，哈尔滨：黑龙江人民出版社1986年版，第39页。
[4] 冯梦龙、蔡元放：《东周列国志》，北京：中华书局2009年版，第295页。
[5] 袁枚：《随园诗话》（上），顾学颉校点，北京：人民文学出版社1982年版，第468页。

重于信息的共享和流动。因此，传播是一种"动态"的活动。传播是人类根据自身交往的需要通过符号进行互动的过程，在这个过程中，信息是传播的内容，传播的目的就是把信息在不同的主体间进行传递，传播是人与人之间的关系得以成立的基础。

（二）传播学

传播学（Communication Study）诞生于20世纪30年代，是跨学科研究的产物，同时传播学与政治学、经济学、人类学、心理学等学科关系密切，属于一门交叉学科。总的来说，传播学就是研究人类传播活动及其规律的一门科学。就传播的"5W"而言，信息的产生、加工、传递、效能与反馈，是通过各种信息符号系统的组接而成，包括媒介系统、信息系统、接收系统等。

与此同时，传播学还将自然科学中的信息论、控制论、系统论三大系统借鉴过来，传播学处于多种学科的交叉边界。但传播学拥有其自身独特的理论，其研究的重点和立足点是人与人之间通过信息传播而建立的一定关系。研究范围主要包括人际传播、大众传播等。其中，大众传播主要研究人与人、人与其他团体、组织和社会之间的关系。具体指向人怎样受影响、怎样互相影响、信息的传递、关系的建立等。

（三）传播伦理

大数据是对受众信息深度的挖掘与分析，而呈现传播者与受传者通过信息交流的伦理关系，受传双方趋于平等、双向互动，社会思维由因果关系转向相关关系的思维方式。"传播"与"伦理"之间的共同特质是基于"关系"而产生的。传播伦理（Communication Ethics）是指人们在传播过程中所涉及的伦理、道德关系。传播伦理规范就是为了对传播过程中的行为进行有效约束。传播伦理学则是传播学与伦理学相结合而产生的一门交叉学科，它把传播过程中的伦理道德现象及其规律作为自己的主要研究对象。此外，传播伦理的理论基础借助于法学、社会学、政治学等相关学科领域。形成"政治传播伦理""文化传播伦理""网络传播伦理"等子一级学科。

"传播伦理"是围绕传播者、受传者、内容、媒介、社会效果、意义系统等传播要素而搭建起来的关系伦理系统，是立足于现实的伦理关系与超越现实"关系"之间的关系组合。它的本质是"传播伦理"的关系内涵，客观伦理取决于实际存在的物质实体，其受制于适时的现场感受与关系。传播伦理并不只是传播活动、传播行为中所涉及的道德关系,不只是传播的普遍伦理关系或一般伦理的规则,而是一个与现代社会进行对应的复杂综合系统。属于一个整体概念,是包括物质实体、沟通过程、生产方式、观念转变、社会规则等在内的社会系统。

(四)电影传播伦理

电影传播伦理(Ethics of Film Communication)聚焦于电影产业链下游,涵盖每个环节的伦理关系,是基于电影文本生产、制作、传播过程中所产生的人与人、人与社会之间的伦理关系,涵盖了实体、规则、关系等多个环节和价值取向。包含电影媒介经营伦理、电影媒介责任伦理两大范畴,可细分为电影生产、制作、传播等,涵盖电影创作主体的道德、电影传播媒体的道德、电影传播管理者的道德、电影传播受众的道德等多个层面。电影传播伦理主要围绕电影"生产—制作—发行"整个生产链,将电影产品的各个环节进行紧密的连接,并进一步剖析这一生产链条中各个环节的道德关系。

在大众传播范畴下,媒介从传统的报纸、杂志、广播、电视演变为 App 新闻、电子杂志、视频播放平台等形态,电影的传播由露天电影、水幕电影、影院电影扩展至网络电影,呈现更多元的电影传播形式。由互联网的潜在属性所携带的募集、号召等社会功能而呈现众筹电影、自制电影等。网络安全也真正成为电影传播过程中的显著问题,网络诈骗、信息泄露、数据造假问题等都隐藏在电影传播的链条中。

二、电影传播的道德作用与功能

(一)电影传播的道德作用

电影综合运用音乐、舞蹈、摄影等多种艺术形式,能够在不同的地点、时间适时进行放映,具有最广泛的群众基础,因此电影艺术具有超出其他艺术的巨大优势。我们可以在传播学视域下结合传播的社会实践所携带的功能,单独探讨电影传播的伦理作用,主要集中在以下几个层面。

教育作用。电影通过对相关故事情节的戏剧化演绎,以正面或反面的形式进行生活现象的评价,通过正反两面或多面的故事,达到对现行社会大众的教育,包含道德、审美、理想、行为、价值观等层面的教育和引导。电影作品的立意主要取决于导演、编剧的美学立场,表现在是否符合社会现实,是否符合人伦情怀，是否符合生活规律等。正面的电影如《美丽心灵》《心灵捕手》《喜剧之王》《阿甘正传》《周恩来》《焦裕禄》《古田军号》《我和我的祖国》《中国机长》《中国医生》《革命者》《长津湖》等通过展现个体成长的心路历程，向世人传达关于理想信念、行为品质的深刻哲理，接受来自精神层面的洗礼。正面电影往往能在鼓舞人心、教育大众方面发挥重要作用。

美国电影《一个国家的诞生》则是以美国南北战争为题材，整个电影由1200个镜头组接而成。影片在艺术和电影史上具有较多的突破。例如拍摄技巧方面，采用近景、远景、特写的无缝切换。该电影题材关乎战争，属于敏感性、写实性题材，影片引起了激烈的讨论，引起观众的自我思辨，起到一定的社会教育作用。除战争类题材电影外，近年影响很大的影片《亲爱的》《我不是药神》《中国医生》等以社会现实为依据的生活类影片，同样以视听的形式对社会大众产生再次的教育作用，让人文、情理、道德等通过视觉享受的形式进行传达，以起到规范社会行为准则的教育作用。因此，电影本身叙事内容的意义是影响观众的基础，但电影只有经过传播才能实现其教育大众、促进社会和谐的正向伦理价值。

认识作用。哲学关于认识的讨论，认为认识是人脑对外界事实的内在反映，具有直接、间接两种形式，而电影所携带的人类的认识作用主要是间接的形式[1]。电影是通过能动地反映人类生活、社会现实，达到对客观世界进行审美评价的视听艺术。电影观众通过观看电影，从电影内容中了解到丰富多彩的信息，将新的认识叠加到已有的认识中，并不断进行消化、组合、再造与完善，达到对社会客观事实的再次认识作用。影片《卡里加里博士》用独特的用光技巧，采用强烈的明暗对比、人物的夸张动作表情，赋予观众深刻的印象。影片故事扣人心弦，情节设置富于悬念，前后故事引人思索，使观众了解到在现实社会生活中接触不到的另一种生活世界，使观众在观影现场得以亲近精神异常人群。其他诸如《人与宇宙》《企鹅日记》《流浪地球》《峰爆》等，通过电影内容，使受众重新认识新事物，达到认识外界的作用。而此类电影中所呈现的人物与人物、人物与社会、人物与自然之间的关系表现出应然与释然的伦理性，电影在传播的过程中自然而然地传递了故事中的伦

---

[1] 邵海秀：《从物理学家的探究发现论创新教育》，《南京广播电视大学学报》2001年第3期。

理知识，满足了人们的认知欲望和需求。

电影传播与社会道德的关系是辩证的，它们之间相互作用、相互影响。一方面，社会道德以自己的方式干预电影作品的创作和传播；另一方面，电影传播道德作为社会道德的一部分，肩负着一定的道德使命，反作用于社会道德的建构、稳定和发展。基于电影传播的双向道德属性，电影传播同时具有道德建构功能和道德解构功能。

娱乐作用。美国著名心理学家马斯洛的需求层次理论认为，人们的物质需求得到满足时，精神需求就成为人们所追求的新目标。电影作为一种艺术产品，它同样携带了娱乐性、消遣性，如《阿凡达》采用震撼的制作技术，用 IMAX 3D 为观众带来了全新的感官体验。其超强的视觉冲击使得观众对电影主题本身的关注变少，转而更多地惊叹于电影制作的技术。《阿凡达》获得了奥斯卡最佳视觉效果、最佳摄影、最佳艺术指导三大奖项，相对其他电影来说在电影母题的表现上有些弱化，特别注重突出电影对于受众的视觉冲击，足见电影的娱乐功能多么强大。德国表现主义电影代表人物茂瑙于 1924 年拍摄的《最卑贱的人》的男主角是一个真实可爱的饭店保安，其命运十分波折。由于喝酒被辞退而郁郁寡欢，成为有钱人后到以前工作的饭店，但不忘穷苦百姓，与周围世俗形成了鲜明的对比。电影采用许多镜头组接，使故事滑稽幽默，令观众轻松愉悦。电影的艺术美、戏剧美使受众在得到美感享受的同时，得到精神上的放松，使大众可以以一个更好的状态投入新的工作、生活之中。

电影与生俱来的娱乐性使其为大众提供了一个非常好的娱乐消遣方式。包括早期的卓别林系列"默片"，以及憨豆特工系列、香港无厘头喜剧、《人在囧途》系列、开心麻花系列等大量的系列喜剧电影，或鞭笞丑恶，或歌颂美好，在轻松愉悦的环境中传递道德观念，具有一定的启示意义。但电影的作用有一定相对性，它会随着社会的发展进步而改变。受众对美的认识，对艺术的理解都是相对的、变化的，是基于在相对的时间、空间范畴内展开和拥有的，受众的兴趣、爱好、审美、价值观会随着社会的变迁和地位的改变而改变。电影艺术伴随着历史的脚步，不断地谱写着更加华美的篇章。

（二）电影传播的道德功能

电影传播的道德建构功能。电影作为反映现实生活的一面镜子，是现实生活的艺术化写照，在不同的历史时期服务于不同的社会制度，肩负着服务社会、纯化道德的重大历史使命。具体表现在以下几个方面。

第一，传播社会主流伦理道德观念。电影作为一种重要的宣传工具，常常受到政治的左右，当政者总是通过各种各样的方式来制约和束缚电影的创作和传播，电影也在极力传播符合历史真实和现实要求的伦理道德观念。在新中国成立初期，"十七年"电影就是为了服务当时的政治使命而出现的，为了展现抗战以来中国人民艰苦奋战的斗志、昂扬乐观的精神气质，出现了如《中华儿女》《白毛女》《南征北战》《青春之歌》等具有代表性的电影作品。这些电影将当时的时代精神融入革命历史题材中，反映现实生活，宣扬艰苦奋斗的核心价值观，与当时我国的发展状况相契合。如今，中国特色社会主义进入新时代，我国由站起来、富起来逐渐走向强起来的历史语境，综合国力逐渐增强。此时我国倡导人类命运共同体，力图为世界贡献更多中国智慧、中国方案、中国力量。在电影创作上，我国电影创作逐渐向社会主义核心价值观靠拢，出现了展现中国智慧、匠人精神、民族团结、社会和谐的影像作品，包括《厉害了，我的国》《港珠澳大桥》《战狼2》《流浪地球》《红海行动》《烈火英雄》《中国医生》等，这些电影作品都在向世界昭示着中国这条巨龙正逐渐苏醒，拥有极大的力量来为强起来的中华民族和世界贡献智慧。

第二，反映社会伦理道德现状和理想。电影是反映社会现实的一面镜子，这是电影学中的一个基本命题。因此，电影伦理，又何尝不是我们整个社会伦理生活的组成部分呢？[1]电影创作者受到时下主流伦理道德观念和多种伦理观念的影响，这些观念会通过电影的形式被符号化。伦理道德的符号化具体表现在电影的叙事内容中，首先，电影人物设计和人物间的关系是建构在社会伦理之上的。其次，人物角色的话语、行为都是基于或者受制于其所处的社会伦理道德观念。也就是说，电影无论从创作主体还是内容层面来说，都无法摆脱其所处时代的社会伦理道德语境和影响，并会在一定程度上反映社会伦理道德的现状。例如，电影《摔跤吧，爸爸》就是基于印度当下仍然存在的男女不平等的社会伦理现实，在印度的伦理观念中，女性就不应该抛头露面，电影对印度的伦理现状进行了深刻再现。

此外，电影还能反映社会伦理的理想，即电影希望和呼吁社会伦理是什

---

[1] 贾磊磊、袁智忠：《中国电影伦理学·2017》，重庆：西南师范大学出版社2017年版，第5页。

么样的，或者朝着什么样的方向发展。理想性是社会道德的基本属性之一，人类思维的无限性使人类有着孜孜不倦的物质追求和精神追求，在现实社会条件下，人们会通过各种各样的方式去趋近和追求理想的精神状态，电影就是其中的一种。电影《摔跤吧，爸爸》不仅是反映社会伦理现状，更是将重点放在尊重女性、提倡男女平等、推动社会变革上，事实也正是如此。

第三，建构和维护良好的社会伦理道德风尚，揭露和批判违背道德的伦理失范现象。电影从出现开始，因其影像直观等特性就天然地拥有了道德教化的功能，它通过生动形象的形式、高雅大方的艺术风格来陶冶情操、净化心灵，从而实现说服人、教育人、引导人和塑造人的道德品质的功能。例如，《阿甘正传》《三傻大闹宝莱坞》《当幸福来敲门》《心灵捕手》《离开雷锋的日子》《你好，李焕英》《守岛人》等电影通过鲜活的人物形象、戏剧化的情节设置来打动和感染观众，给人以精神上的鼓舞，从而塑造良好的社会道德风尚。同时，电影又以同样的方式揭露和批判现实生活中违背伦理道德的失范现象，如《嘉年华》《误杀》《神秘巨星》《天作谜案》《追凶者也》等电影着眼于现实社会中性、暴力犯罪、个人权利等方面的不合理之处，通过影像的方式来对其进行伦理批判。

电影传播的道德解构功能。电影传播对于社会道德来说是一把双刃剑。如前文所述，电影传播在建构社会伦理道德，同时，电影传播又在解构社会伦理道德。电影影像可以向观众传播正向、积极的伦理思想，又可以向观众传递消极、悲观、丑恶、腐朽的伦理观念。电影传播功能的性质取决于电影传播的动机和方式以及电影内容本身。在电影传播的过程中，为了吸引更多的观众，覆盖更为广泛的受众群体，电影经常通过曲折复杂的情节、惊心动魄的场景来增强电影的关注度和可看性。在警匪片、战争片、动作片等电影类型中，不可避免地会出现枪战、肢体冲突、暴力场面等，如《英雄本色》《敢死队》等电影既展现了惩罚犯罪恶行的过程，又不自觉地放大了这些社会丑恶。如果没有处理好电影艺术跟现实之间的关系，过多暴力场面的展示，势必会导致不恰当的示范效应，为不法犯罪分子提供了作案的行为和手段示范，导致社会暴力犯罪发生概率上升，社会矛盾激化，尤其对未成年人产生严重的负面影响，误导青少年的价值走向，解构社会伦理道德观念。

针对该类现象的出现，我们不得不提出疑问，大量根据现实事件改编的电影生动地再现甚至是夸张了抢劫、暴力袭击、性侵、侮辱等犯罪行为，这些展现犯罪分子极端行为的场景一度成为电影叙事内容的重头戏，更为可怕的是以正面角度来叙述这些犯罪行为，冠之以侠义、忠诚等精神，为犯罪行为披上了正义的外衣，那么这些电影所宣扬的"警示"意义该如何理解呢？或者说，它会不会引发适得其反的效果呢？更进一步说，通过大量描写、渲染和放大暴力、色情、侮辱等犯罪行为来吸引观众的注意力，从商业层面上说，眼球经济驱使下的商业利益是有了，但同时这些犯罪行为所传达的社会负面伦理观念，却也得到了理所当然的展示，这时，影像社会责任又如何体现呢？进一步说，艺术表达和社会责任以及商业利益之间的关系又该如何权衡呢？

从这里我们就可以看出电影传播对社会道德具有一定的解构作用，这种解构可能是无意的，也有可能是有意的，电影的艺术性、商业性常常使电影传播处于伦理冲突的尴尬处境。电影在处理艺术性和商业性之间的关系时有时会走向两个极端，第一个极端是追求艺术上的完美，这就有可能导致电影与市场脱节，无法实现商业上的收益。同时，追求艺术完美还会产生负面影响，如电影界所提倡的"暴力美学"，力图使暴力以美学的方式呈现诗意的画面，甚至以幻想中的镜头来表现人性的暴力面和暴力行为。在感官上，观赏者在观影现场因其惊叹于艺术化的表现形式，很多时候无法对内容产生具体的不舒适感。那么暴力真的可以是美的吗？或许它在影像的呈现上可以是美的，但是它在传播之后对观众所产生的影响又是否是美的呢？

第二个极端就是过度地追求电影的票房和商业性，利用大量的暴力画面和性画面来满足观众的感官需求，忽视了社会责任及电影可能产生的负面伦理效果，犯罪场面尤其是细节上的描写为某些犯罪分子或者有犯罪倾向的个体提供了行为示范，形成了不当的"示范效应"，造成了实际犯罪行为的发生，加剧了社会伦理道德失范。更为重要的是，对心智尚未成熟的未成年人来说，暴力等犯罪场面的过多展示会在他们心理上造成暴力、色情等不可接受的社会行为的认知。如前文所述，就暴力而言，美国国家暴力起因和防范委员会在1969年至1970年作了长达一年半之久的媒介暴力研究，结论指出，在所有的电视效果研究中，电视暴力的影响是一项非常重要的内容，尤其是对儿童的影响。影像暴力将导致未成年人容忍暴力的能力上升，其思想和行为都更倾向于暴力[1]。

在传播学中，一个思想观念经由传播到达受众，其效果经过认知、态度改变，最终对行为产生深刻影响，电影传播的道德消解功能不仅对人的道德观念产生影响，也会进一步指导和引领人的行为方式。"里根总统遇刺案"这一"惊世之举"，竟源自有精神病病史的约翰·辛克利为了引起出演《出租车司机》中12岁的雏妓（朱迪·福斯特饰）的注意而发生的，在前期进行骚扰、恐吓等手段都没有引起自己心中的"女神"的注意之后，约翰·辛克利看了15遍《出租车司机》，像剧中男主角一样将枪口对准了里根总统，导致这一惨案的发生。《出租车司机》对他的影响已经深入骨髓，这一案例也充分反映了电影所具有的道德解构功能，证明了传播伦理规范的重要性和必要性。

电影传播的道德解构功能主要包括三个方面的内容。一是对旧有的伦理道德观念和道德规范的解构，如现代语境下电影的开放性对传统伦理道德所主张的"三纲五常"、男尊女卑的伦理观进行了解构；二是对现有的伦理道德体系的解构，如当前电影对市场效益的追逐，利用大量暴力、色情等低俗趣味内容来吸引观众眼球，实则也对社会主义核心价值观产生了一定的消解作用；三是对伦理道德理想的消解作用，如科幻电影中的人机大战实则消解了人机共存的道德可能性。

总的来说，电影传播和伦理道德作为当代社会中的两种现象而存在，它们之间的关系是相互影响、相互作用的。当前，社会伦理会对电影创作、传播产生制约和影响，电影传播的内容又会反作用于社会伦理道德和观念，具有道德建构和道德解构等多重功能。

第2节 电影传播伦理的基本范畴

电影作为一种大众传播媒介，其传播伦理所涉及的两个基本面包括电影媒介经营伦理和媒介责任伦理。媒介传播伦理是指媒体、媒体工作者基于一

---

[1] 胡正荣等：《传播学总论》，北京：清华大学出版社2008年版，第10页。

定的自律需要，在长期实践下不断确立下来的相关准则及其行业基本规范。电影媒介的传播、经营都具有一定规律和规则，以促使文化与传播、文化与媒体、文化与受众之间更为健康、合理的互通机制。电影媒介经营、媒介责任对电影的传播具有重要意义，作为一种新兴的文化形态，电影媒介的经营、责任就是要组织一个适合电影文化生存、可持续发展的电影传播外部环境。

一、电影媒介经营伦理

《旧唐书·张行成传》："观古今用人，必因媒介。"[1] 媒介强调双方发生关系的人、事、物。改革开放以来，媒介的事业单位属性开始发生改变，依托于"事业单位性质，企业化管理"的形式，逐渐实行自负盈亏。对于媒介经营而言，从由政府拨款经营，演变到通过广告、售卖成为其经营的主要资金来源。强调大众媒体生存所引发的一系列经济行为，包括制作、发行等都以创造经济利益为首要的因素。媒介经营涵盖媒介经营的管理者、团队、部门等，借助报纸、杂志、互联网等传播手段及其背后所隐藏的传媒功能、价值，包含媒体在公众面前的认知度、社会影响力、社会覆盖面等层面，将媒介的传播职能与媒介的经营与管理职能有机结合，从而实现社会效应、经济效应，值得注意的是社会效应是经济效应的前提。

（一）电影媒介经营伦理失范

尼尔·波兹曼（Neil Postman）在《娱乐至死》一书中，阐释了处于一个电子技术合成的崭新世界中，趋于一个非连续性的世界，割裂了受众对于时间、空间的注意力，对大众媒介所传递的观念进行潜移默化的接受。然而媒介为了经济利益的追逐采用一系列的经营手段进行受众市场的争夺，从而导致虚假新闻、虚假广告、恶俗内容充斥等现象，破坏了传播的秩序。电影所占据的媒介经营不仅包含媒介管理者即协调、组织、领导和控制的能力，还包括媒介组织为必须达到其目标（票房）而取得和利用包含"人力资源""受众资源""信息资源""财力资源""广告资源""物质资源"等在内的相关资源。对于电影而言，其经营伦理的失范主要集中在以下几个层面。

电影创作主体的伦理道德失范。电影从业者关于电影产业的各个环节和

---

[1] 刘昫：《旧唐书》，北京：中华书局2000年版，第1826页。

各个方面,对于电影价值、利益、善恶之间的伦理表达,渗透到电影文本所涵盖的文化内容之中。中国电影市场的扩大,巨额利润的侵袭,促使电影制作方不顾文化产业的基本伦理底线,而追逐商业所携带的经济利益。单纯的经济追逐促使社会经济、文化失衡。例如,《疯狂的石头》获取成功后,刺激了电影公司对商业利益的追逐,导致电影制作整体投向中小成本,出现中国"疯狂"系列怪圈。在资本驱动下影片质量和格调低下,常以谄媚的恶搞来吸引受众观影,成为导致中小成本电影不良风气的诱因,以致呈现上映的电影缺乏想象、原创、深度,趋向统一的媚俗化、低俗化,采用相同、类似的故事情节、拍摄手法进行同质化、克隆化的电影制作。不知名的电影从业人员,在名利的欲望驱使下,在设备、经济、物质等基本条件缺乏的前提下,便匆匆地投入中小成本电影拍摄中,导致中国电影的中小成本市场平庸、混乱。此外,演员的素质、演员的容貌、形体动作、观察能力以及演员的灵活性、可塑性等因素也值得考量。例如,美国著名喜剧大师卓别林就凭借其相貌、形体动作、人物形象特点等,构造了滑稽可笑的内在和外在的元素,使他成为具有喜剧表演才华的国际巨星。

当前,中国电影中不乏有表演技术精湛、可塑性强的演员,但也存在部分演员自身素质不达标,而无法深刻演绎电影剧本中所呈现内容的情况。诸如此类,中小成本电影、众筹电影促使突然急剧增长的经济财富涌入,在没有可靠力量制约平衡的条件下,将一切文化产品、精神食粮归结为谋取利益的手段与途径,而延伸至消解电影市场准入秩序、电影相关法律法规等,进而导致整个电影生产呈现纯粹利益的追逐,使社会经济化、金钱本位化,令电影市场陷入无秩序的崩溃与混乱。

电影产品生产的伦理道德失范。在市场经济下,企业自负盈亏,电影产品生产呈现片面追求商业利益的怪象,在以票房为成败标准的民粹主义语境下,电影的主题、思想内涵、人物形象、影像语言、情节设计和艺术结构等作为电影本体存在的元素遭到伤害。在经济驱使下涌入市场的电影由于其语言风格和叙事技巧相关内容缺乏创新探索,缺少对现代的美学张力的阐释,局限于片面的商业化以及市场迎合的追求。例如,《天机·富春山居图》着力呈现正邪对抗、展示外敌入侵下的生命抗争、存在与毁灭等时代价值,但因其盲目进行时尚元素的组接,使电影情节混乱,缺乏内在逻辑,加上大量植入广告，致使电影失去原本的文化底蕴，而被打上"烂片"的名号。《三生三世十里桃花》《玛格丽特的春天》《爱情公寓》等电影产品呈现演技尴尬、台词恶俗、三观不正、道具低廉等诟病，造成国产电影以"圈钱"为宗旨的烂片流入市场。

此外，互联网众筹的出现，促使一大批怀有电影梦想的爱好者，纷纷开始走上电影制作的道路，采用众筹资金、设备、人才的形式临时组建电影制作团队，由大量非专业人才进行电影创作，而其在剧本创作、电影制作等层面缺乏系统性、规范性的训练与培养，基于众筹所携带的金融功能而促使其急迫地涌入网络电影制作的大军之中，而缺乏市场调研的电影产品在进入市场后，遭遇低点击率、低观看率和低社会评价，最终拉低了电影的整体行业水平。

电影营销手段的伦理道德失范。电影宣传目的在于扩大电影目标市场的影响力，促进电影的广泛传播，增强电影的知名度、美誉度和号召力，从而扩大电影产品销售的有效性，以便获取高额票房回报。然而，在激烈的市场竞争条件下，一些电影营销公司和从业人员急功近利、弄虚作假、不择手段，只顾眼前利益，无视电影文化产业的社会利益。经常表现为"以偏概全""吸睛式"的广告宣传，过分夸大、片面强调、刻意策划电影的优点，甚至玩文字游戏，误导消费者的购买决策。例如，将客串的知名人物捧为主演作为影片宣传的噱头，企图刺激该知名演员的粉丝，激发其购买电影票进行追星的内心欲望，以求获得高票房。甚至是将影片中某某明星的八卦、绯闻作为宣传的噱头进行"低俗营销"。形成了"有绯闻就有市场、有票房"的恶劣电影市场风气。影片《笔仙》在上映前与山寨影片《笔仙惊魂》被混淆，导致《笔仙惊魂》的极差口碑影响了院线电影《笔仙》的宣传与发行。

此外，还存在电影上映阶段雇用网络水军在网络上进行舆情引导，营造虚假的网络舆论导向的现象。除此之外，在电影上映之前以演员的私生活作为贩卖点进行炒作，破坏了产品进入市场的正常宣传、营销规则，使与文化产品无关的内容登上电影宣传，从而降低电影携带的文化产品属性，导致当前国产电影难产，具有高品质和符合伦理规范的作品长期缺失。

（二）电影经营伦理道德失范原因探析

第一，影视产业环境的巨变。电影经营伦理（Film Business Ethics）主要指电影管理者在协调、组织、领导和控制电影产业的工作活动中所产生的行为和关系准则，旨在充分利用各方力量达到对电影资源的整合利用的目标。电影行业是一个环境迅速变化的产业，新媒体的涌入和普及使用，导致媒介市场的竞争激烈。在媒介融合驱使下，电影产业各领域在技术的推动下逐步实现整合、重组、改革等策略，包括互联网、电影内容设计与电影产品运营、电影发行一体化等诸多举措。

首先，媒体之间的竞争、兼并、收购改变了传统的电视网、广播电视集团和有线电视公司运营商的组成形态。随着电影市场经济的深化改革，电影市场宽松、包容的环境使电影创作成为一个有利可图的"香饽饽"，吸引创业者和民间资本纷纷投入其中，电影行业的竞争日趋激烈。面临激烈的市场竞争，电影生产机构受利益的驱使，常常置社会责任于不顾，不择手段获取经济利益，使不良行业竞争长期存在。不良竞争指的是各个利益方利用不正当的竞争手段来吸引资本、营销宣传、获取利益，甚至是排挤、诋毁、打压对方。

其次，互联网和新媒体语境下，打破了原有电影产业的生产、制作、发行的产业链条，使受众可以从电影制作的源头接触电影，而促使电影制作方为了争取受众而丧失对电影行业道德规范的坚守，造成社会责任意识流失。众筹的出现，使电影制作门槛降低，促使大量的电影制作人涌入市场，造成电影所肩负的社会责任分散。制作方为扩展生存与发展的空间，不少影片的内容为迎合受众，自甘降低品质和准入条件。而底线思维边缘化、模糊化，又导致了低俗电影、无内涵电影得以大量产生。

第二，综合性经营管理人才的缺乏。随着社会主义市场经济深化改革的纵深推进，电影市场环境也不断开放化、多元化和自由化，电影产业打破了行业垄断的单一局面，各大投资方、企业家和影视公司纷纷投入电影市场中，逐步实现战略联盟的伙伴关系，以期在电影市场中占据相应的市场份额，乃至最终实现增强中国电影在世界电影市场中的占有率，从而改变了传统的电影制作公司或团体、单个个体之间的管理经营方式，逐渐形成联合式、横纵式经营模式。电影制作公司的经营者职权范围也逐步增大，对经营者的素质要求更高，从单一的专业化人才的需求演变为复合型、应用型的多元化人才需求。经营管理人才的培养渠道主要是高等教育和行业培训，高校专业设置基于电影学、戏剧与影视学、编导、播音主持、传播学等，对电影公司经营管理人才的培养相对匮乏，除北京电影学院等少数专业院校外，大部分高校都将电影公司经营类归结为现有专业中的某一门课程进行教学，缺乏系统性的专业化教育，特别是对专业媒介经营管理人才的培养和教育。

社会教育机构对电影公司经营管理人才的培养是趋于岗位制的培训和教学，培训时间短，仅限于对板块知识的传授。此外，电影公司相关岗位的用人标准不科学、不规范，甚至是缺乏专业的经营管理部门，呈现不稳定的状态，该岗位对从业人员的人脉、资源具有较大的依赖性，容易造成重业绩指标而忽略经营人员的道德品质和综合素质等问题。

第三，法律法规、社会监管制度和体系的不完善。目前来看，以往对于电影生产、制作、发行的相关法律法规在互联网的冲击下打破了规制的界限，针对传统电影制作、发行的一系列法律、法规无法全面地规制互联网形态下电影的生产、制作、发行。网络信息的繁杂性、多样性使信息的传播缺乏传统把关人员的筛选和处理的机制，而直接投放到市场之中，容易造成虚假信息、虚假广告等的涌入。例如，众筹电影促使电影的生产、传播的形式多样化、丰富化，但众筹作为一种筹资方式，却游走在正当经营和非法集资的边缘，其股权众筹、回报众筹两种形式缺乏相关法律条款进行界定。导致众筹方、项目方、众筹平台均面临风险和纠纷。大部分电影众筹局限于互联网平台所进行的产品众筹、公益众筹两种形式中，限制了众筹电影所带给众筹者的回报，从而也限制了电影的发展。

任何法律和法规都会有它的局限性。即使是从2017年3月1日开始施行的《中华人民共和国电影产业促进法》，也无法面面俱到，以致有一部分电影从业人员钻法律的空子，进行偷税漏税、瞒报票房、制造"阴阳合同"等违法犯罪行为。还有个别演员私欲膨胀、唯利是图，向电影公司要求天价出场费，甚至以"寻找灵感"为借口吸毒犯罪，这些状况一时间成为媒体关注的焦点。所以，关于电影从业人员、电影生产、制作、传播、发行的法律法规还有待进一步完善和加强。

此外，网络电影大部分属于自制电影，由电影制作人出资、视频播放平台出资或其他方式融资进行电影的制作，其审核方式区别于传统电影需要经过广电总局的审核，而由播放平台进行审核发布，这又导致了低俗电影、无内涵电影、吸睛电影大量涌入市场。

二、电影媒介责任伦理

"责任"（responsibility）这一概念，源于古罗马。它包含个人行为违反规则后受罚和个体对自己的行为及时约束两层含义。首先，罗马法典在其中规定了个人行为违反规则后的惩罚内容。其涵盖法律和经济以及社会等生活的多个领域。其次，对于自己的相关行为，个体也应为此履行相关的道德义务。韦伯在1919年的演讲中提出了"信念伦理"及"责任伦理"的概念，并做出了基本的界定。这种区分基于社会视野，强调了对社会内容的整体秩序建构。电影作为一种大众传播媒介，发挥着教育、认识和娱乐的作用，具备社会伦理道德建构的重要功能，肩负着建构社会主义道德体系的重要使命，这便是电影的伦理责任之所在。

（一）责任理论

20世纪20年代传播学领域的社会责任思想内容是源于1923年的《报业法规》，这是美国报业协会首次提出的纸媒责任归属问题。《新闻学原理》是报纸主编协会的主席C.约斯特在1924年提出的，他在文中指出了报业对社会的责任。C.约斯特认为，必要情况下需要用法律来限制出版。而芝加哥大学校长R.M.哈钦斯也在"二战"后发表的《一个自由而负责的新闻界》和《新闻自由：原则的纲要》等相关调查报告中，提出了"社会责任论"（Theory of Social Responsibility）的观点。并且，路易斯·霍奇斯也把"责任"归为大众媒介所要承担的，以及司法机关等其他权力机构对大众媒介"责求"的两大解释。这两种解释，前者倾向"自发履行"，后者倾向"强制执行"。责任被丹尼·埃利奥特认定为一种义务和职责，在此基础上他也提出决定媒介责任的三因素，即媒介功能、媒介服务作用及媒介价值体系等。对此，约翰·梅里尔提出传播责任理论中的政府法定责任、媒介机构标准责任和新闻从业人界定责任。

具有前瞻性、实质性的责任理论依时间划分为"追溯性责任"和"前瞻性责任"两类。前者对事件发生后的行为后果等进行处理，侧重形式；后者在事发前对后果预测，重实质性。并按照后果所担负的责任来规范行为主体的言行。媒介责任主要是针对行为风险，主张用技术手段来防范和化解，是对作为整体的媒介对国家、民族、历史、人文担负的责任。责任理论认同公众自由超越媒介自由，并坚信社会要保证个体知情权、隐私权等基本名誉权利不受损失。同时，它强调"自由主义"。在该理论看来，政府并非旁观者，理应对公众负起责任，要以权力作为最后手段进行规约。笔者认为，必须注重当前中国的媒介责任，如新闻精神论就认为科学"求实为本"、人文"正义至上"、自由"和谐为美"便是责任[1]。并且，徐宝璜在其《新闻学》中也认为，媒介作为社会公共机关，应该具有独立的精神，并从事神圣的事业[2]。2009年11月9日，中华全国新闻工作者协会修订了《中国新闻工作者职业道德准则》，号召为民服务，同时坚持正确舆论导向和信息真实性，并发扬优良作风、不断改革创新、遵纪守法，以促进新闻交流。

（二）责任伦理及责任伦理学

著名哲学家、社会学家马克斯·韦伯在20世纪初提出了"责任伦理"（Responsibility Ethics）的理论。兴起于1979年德国学者汉斯·约纳斯的《责任原理：现代技术文明伦理学的尝试》一书，主要从三个层面进行阐释：一是分析现代科学技术对人类社会的正反两方面的影响；二是认为人类应建立一种新的伦理态度面对科学技术的风险；三是提出新的伦理态度的哲学理论。1980年，贝克在《风险社会》一书中对"责任伦理学"（Ethics of Responsibility）进行了初步构想，20世纪70年代末80年代初，以尤纳斯等为代表的责任伦理学正式问世。"责任伦理学"理论被尤纳斯等人视为应对社会风险内容的唯一手段，他们强调了该理论解决新媒介风险问题的必要性。而康德在伦理学研究上，也依托责任概念，将其认定为所有道德价值产生之源，其责任伦理学的最终目的是实现人的自由。在康德时代，功利主义在规范伦理中占有主导地位，把"最大多数人的最大幸福"作为首要原则。媒介责任伦理包含媒介技术、媒介从业人员、媒介内容等多个维度。主要包含预示性的指向未来的责任伦理，责任性的媒介行为整体伦理两个层面，作为与媒介社会相对应的责任伦理，需要坚持以社会正常秩序为基本准则。责任伦理学强调行为者履行责任的行为是一个过程，因此它要求行为人在行为前，预见行为完成可能产生的一系列后果，并致力于通过责任伦理的要求在行为之前克服负面的影响。对企业而言，要求负责任企业具有"预防性的责任"或"前瞻性的责任"意识，强调事先责任的精神，以未来规划的事件为导向，在事

---

[1] 杨保军：《实现新闻职责应该坚守的新闻精神》，《国际新闻界》2007年第6期。
[2] 徐宝璜：《新闻学》，北京：中国人民大学出版社1994年版，第46页。

件执行之前确定事件行为目的、手段、结果及整个过程的无害性之后，进行盈利性的生产、经营等一系列活动。在时间层面，"责任伦理"侧重一定范围内的可预见行为内容。在空间层面，包括邻里、雇用、统治等关系。在伦理结构上，单独行为的主体也都是相关的伦理主体。并且，这些伦理主体也是与个体的行为具有相关性的。

"责任伦理"实质上也是打破"传统伦理"的内容，它也在一定程度上拓宽了伦理研究的领域。责任伦理面向未来，具有前瞻性；其预测和发现未来的主张对规范相关产出具有重要意义。亚当·斯密从强化企业责任伦理的外部机制角度，指出了市场经济下不同群体和阶层的利益打算。故而，个体的判断即使是在最为公平的场合，也常常无关后者的思考，较大程度上取决于前者的相关考虑。受到资本内容的驱使，我们也不能单纯依靠行为主体的自律、自觉，需要"看得见的手"进行引导和限制，即"正义的法律"。因此，政府必须具有"前瞻性责任意识"，设计有关市场的法律和制度。责任伦理是关注未来的伦理学，它在预测未来、构建未来伦理生态上，对其行为和后果的预测也是十分主动的。

（三）电影媒介责任伦理

基于马克思·韦伯的责任伦理的概念，电影媒介的责任伦理指的是在电影传播过程中，电影媒介必须考虑电影传播可能带来的一系列后果，同时电影传播实际产生的效果成为判断和评估电影传播的重要标准。因此，在电影传播之前，就必须考虑电影传播所产生的可能后果，这便是电影媒介的责任所在。电影媒介肩负着政治责任、道德责任、经济责任、法律责任、社会文化责任等多方面的伦理责任，必须从多方面综合考虑电影传播所产生的可能性后果。中国向来推崇责任伦理思想，范仲淹、顾炎武等历代先贤提出"先天下之忧而忧"[1]"天下兴亡，匹夫有责"[2]等著名观点，时刻提醒我们要勇于承担责任，做一个有责任心的人。电影作为一种大众媒介，鉴于其传播的广泛性和影响力，电影媒介就必须肩负起社会责任，保持清醒的态度，时刻牢记责任意识与担当的重要性和必要性。

电影媒介的政治责任伦理。电影自诞生之日起，就常常被统治者当成重

---

[1] 范仲淹：《范仲淹全集》，李勇先、王蓉贵校点，成都：四川大学出版社2006年版，第195页。
[2] 顾炎武：《日知录集释全校本》，黄汝成集释，上海：上海古籍出版社2006年版，第755页。

要的宣传工具，借以宣传统治阶级的思想观点和执政理念。电影所具备的直观性和真实性，使电影在政治宣传方面具有重要的作用。在我国，电影肩负着宣传党的方针、政策和主张、引导社会舆论、凝聚社会合力、展现国家形象等政治责任，是党和政府的重要舆论和宣传阵地，电影媒介的政治责任十分重大。

电影媒介的政治引导作用非常重大。随着世界全球化浪潮的进一步推进，西方多元思潮的融入，导致我国社会价值追求呈现多元化态势，尤其在西方资本经济和价值观的侵蚀下，近年来我国出现了片面追求经济利益、忽略精神价值的不良现象。电影媒介作为传播党和政府方针政策、引导社会舆论走向的重要手段，必须肩负起国家政治发展要求的社会责任，电影能否坚守政治立场、坚持正确导向、引导社会舆论朝着健康向上的正能量方向发展，关系到国家政治安全、社会主义事业的发展和社会和谐。电影媒介的政治责任是首要责任，电影必须懂政治、讲政治才能促进社会和谐和全面发展。多年来，在党领导的电影主管部门的努力下，涌现了诸多展现中国形象、大国气派、工匠精神的电影作品，如《战狼2》《中国蓝盔》《红海行动》《建国大业》《建党伟业》《辛亥革命》《厉害了，我的国》《港珠澳大桥》《我和我的祖国》《长津湖》等，对于引导社会舆论走向、凝聚社会合力、促进社会发展等多个方面发挥了重要作用。从这些电影中我们可以看出，电影是讲政治的，电影也必须讲政治，政治责任是第一位的伦理责任。

电影媒介的道德责任伦理。电影媒介的道德责任主要体现在两个方面：一是对电影媒介所传播的内容要进行严格把关和审查；二是电影媒介的从业者要自觉遵守职业道德要求。社会主义伦理道德观的建构不仅是靠公众的自我提升，同时需要电影等大众传播媒介对舆论进行引导和监督。这种引导和监督就是通过电影内容对观众的影响进行的，因此电影媒介必须对内容进行严格审查和把关，确保电影朝着正确的舆论方向发展，传递正确的、符合新时代要求的伦理道德观念。同时，电影媒介必须注重道德责任建设，通过电影内容来建构伦理道德规范体系，促进社会的文明和谐。

电影从业者作为电影作品的创作者、生产者，必须肩负起社会道德责任，实行道德自律，制定群体规范，从而形成对这一群体的有效约束。当前部分电影从业者在经济利益的驱使下，忽略社会道德责任，部分导演、编剧为了获得更多的票房，大力宣扬一些暴力、色情等低级趣味内容，吸引观众的注意力，产生了一定的社会负面效果。另外，部分演员在成名后狂妄自大，借名气疯狂吸金，要求高额出场费，却不注重自身专业素养和个人道德素质的提升，甚至吸毒、犯罪、乱伦，败坏社会风气，消解社会信任，一时间成为社会负面案例，受到法律的严惩。这同时警示电影从业者，必须提升自身道德修养、坚守道德底线，以身作则，树立良好的社会公共形象，弘扬社会正能量，为建设社会主义先进文化做出力所能及的贡献。同时，有一些富有家国情怀、默默付出的电影从业者，如香港演员古天乐默默做慈善捐建上百所小学，被网友亲切地称为"古校长""建校狂魔"；周润发夫妇裸捐50亿元等，对这种坚守道德底线、为社会主义建设默默付出的电影从业者要加以赞赏，并以此作为社会形成良好风气和道德行为的示范。

电影媒介的经济责任伦理。"义"在我国的伦理发展思想史上，常常作为伦理道德的代名词。在我国传统文化中，"利"主要指物质利益和获取利益的行为。"义"是指对一定社会的道德要求的履行和所能达到的道德价值及境界[1]。从这一概念出发，传统的"义"与"利"之间的关系就是现代的伦理与经济之间的斗争关系[2]。社会主义义利观在继承古代义利观的积极因素的基础上，坚持义利统一、义利并重，反对以利害义和以义害利，要求人们正确处理竞争与协作、义和利的关系。义利之辨在以盈利为目的移动短视频平台中，也表现为道德与利益、伦理与经济之间的关系。

电影产业属于第三产业，具有经济属性，是我国国民经济的重要组成部分。由于电影是面向市场、面向观众的一门艺术，加上电影创作的高成本性质，促使电影生产不得不考虑观众，不得不考虑市场因素，创造经济收益是电影在当前激烈的市场竞争中的生存基础。但就目前的电影市场来看，还大量存在着片面追求经济利益，忽略社会责任的失范现象，以低俗营销手段和低级趣味内容为噱头的电影创作和传播导致电影市场存在"高量低质"的乱象，也就是没有权衡好电影"义"和"利"之间的关系。电影媒介必须在电影的创作和传播过程中遵守市场发展的规律，肩负起经济责任，平衡好"义"和"利"关系，提高内容质量，坚持"内容为王"，这样才能肩负起电影媒介

---

[1] 倪愫襄：《伦理学导论》，武汉：武汉大学出版社2002年版，第242页。
[2] 倪愫襄：《伦理学导论》，武汉：武汉大学出版社2002年版，第241页。

的道德责任。

电影媒介的法律责任伦理。电影从业者伦理道德意识的建构和形成，除进行道德自律外，还需要法律的硬性规制，法律和道德相辅相成、互为支撑。电影作为大众媒介，也必须坚决地贯彻和执行党的基本路线、方针，坚决遵守和履行《中华人民共和国电影产业促进法》，要用正确舆论、高尚精神、优秀作品积极传播社会主义核心价值，自觉承担社会责任，为人民服务，为社会主义服务，为全党工作大局服务。

电影在创作、传播过程中实现其价值的前提在于电影媒介必须遵守法律法规，承担相应的法律责任，尤其注重电影传播必须维护国家利益和公共利益。另外，必须对违法、违规的电影媒介严加惩治，做到"违法必究"，维护法律的尊严。同时，电影媒介必须贯彻法治理念，加强对电影从业人员的法律素养教育，明确哪些是"可以为的"，哪些是"不可为的"，分清界限，坚守法律底线，为建设社会伦理道德体系增添正能量。

电影媒介的社会文化责任伦理。前文提到，电影具有认识、教育的作用，而这两种作用是通过传递社会文化实现的。因此，传播社会文化既是电影媒介的权力，也是电影媒介的义务和责任，这是电影的文化属性所决定的。电影所面向的是社会广大群众，是为了满足广大群众的精神文化需求而存在的。它能够传承中华优秀传统文化，如我国许多优秀电影都来源于传统寓言故事，如《神笔马良》《孔融让梨》《花木兰》等，其内容可以很好地传递中华民族吃苦耐劳、坚强不屈等优秀文化品质。同时，它在传递中国特色社会主义文化上肩负着重要的使命和责任，它是凝心聚力的重要力量，是综合国力的重要标志，对于培育"四有"青年和"健康"国民，促进我国文化大发展具有重要意义。

电影媒介通过影像直接作用于人的感官系统，这个强大效果足以对观众产生强烈的视觉冲击和影响，营造一个独一无二的文化世界，这种影像文化又在日常生活中潜移默化地影响着我们的思想、态度和行为，因此电影媒介又必须肩负起传播先进文化的社会责任，对社会负责，对观众负责。

总的来说，电影媒介的责任伦理建构是方方面面的，它必须肩负起在政治、道德、经济、法律、社会文化等多方面的责任，实现权利与义务、经济与责任等关系的平衡和统一，从而构建良好的电影伦理生态。

第2节　电影传播伦理的失范与反思

毋庸置疑，电影在传播过程中理应恪守伦理规范，坚守道德底线。传播者必须公平竞争、健康经营、传播文化、心系社会，遵守相关的法律法规等。但是，在电影市场庞大的利益诱惑下，电影在其传播过程中出现了诸多失范现象，如数据造假、恶意营销、娱乐至死等乱象，理应引起我们的反思。在完善相关法律法规体系，加强电影行业自律、培养责任意识的基础上推进电影的有序传播。

一、电影传播伦理应有的规范

电影传播伦理的外在规范，要求电影制作方、传播方、演员等的行为举止具有一贯性，经过时间的推移，再将外在的约束内化为信念，成为生活习惯的一个组成部分。电影传播伦理是否能够有助于电影传播活动的有效进行，取决于电影经营者自觉的伦理道德内在修养，以及是否能够自觉地遵守规则以从事电影生产、发行活动。

（一）公平竞争，健康经营

我国电影发行、放映是基于国家管理层面的管制，但随着文化体制的改革，监管力度减弱，促使大量质量欠佳的电影产品涌入市场。目前，电影放映行业已经向民营企业开放，外资企业也可以参与影院放映。2001年，《电影管理条例》第四十一条规定，国家允许企业、事业单位和其他社会组织以及个人投资建设、改造电影院。国家允许以中外合资或合作的方式建设、改造电影院[1]。在2004年，《电影企业经营资格准入暂行规定》就曾指出，鼓励境内公司、企业和其他经济组织及个人投资建设、改造电影院。支持成立或者投资已有的院线公司[2]。电影行业监管政策的放宽，以金逸股份、万达影视等

---

[1]　中华人民共和国国务院：《电影管理条例》，《人民日报》2002年1月1日。
[2]　国家广播电影电视总局、中华人民共和国商务部：《电影企业经营资格准入暂行规定》，《中华人民共和国国务院公报》2005年第20期。

为代表的民营企业逐渐发展壮大,在一定程度上改变了电影产业的竞争格局,提升了电影放映的市场化水平。

当前我国已经进入改革的深水区,社会主义市场经济改革要求进一步释放市场活力,同时更大地发挥政府的调控作用。我国的从业媒介具有"事业单位性质,企业化管理"的双重属性,既有浓厚的体制内限制,又要面对激烈的市场竞争。电影经营方容易在市场竞争下迷失电影产业原本的市场机制和准则,而追逐商业所裹挟的经济利益,破坏了健康、可持续的电影市场准则。电影除面临国内市场的竞争之外,还存在国外进口电影的冲击,在市场经济中,中国电影产业竞争力是指中国电影产业能够比其他国家的电影产业更有效地向市场提供电影产品和服务,并能通过提供产品服务获得和提升自身发展的能力和素质。电影产业的市场占有率和盈利率是评估电影产业竞争力的显著性指标。前者反映电影产业被市场所接受的程度,后者反映电影产业发展的基本条件。在来自国内、国外的双重竞争压力下,电影产业对市场的竞争应当基于相关的法律法规、行业准则之内进行,以期营造健康、公平的市场竞争环境。从源头抵制、杜绝恶性竞争、不良竞争等不利于电影产业健康发展的怪象。

(二)传承文化,心系社会

电影是世界性的影像语言和视听艺术,是将戏剧、舞蹈、音乐、文学等各种文化艺术融为一体的产物。电影产品具有民族文化传承载体的作用,可以利用电影这种综合性的艺术形式去向外界传达中国文化。电影作为文化传递的形式,对于传播者而言,有利于意识形态的输出,有利于巩固国家文化软实力,是一种潜移默化的传播形态;对于被传播者而言,是一种娱乐形态的信息接受,通过接受剧情化叙事的视觉享受了解他国的文化,从戏剧化的表达中认识、了解、认知神秘的其他国度和民族。电影制作等文化产业就是对传统文化高效传播、长期的传播途径,致力增进不同国家、地区和民族之间的交流。由于国家、地区、民族文化、民俗观念存在地域性的差异,通过文化的传播能增进彼此的了解、互信、合作、和平。

人类作为一种情感动物,其精神世界呈现不同的倾向性,一个是对家乡的眷恋,对故土文化的天生的亲近感;另一个是对异域文化的新鲜感。电影通过剧情阐释其中所反映的时代、地区、民族、民俗。越是民族的也越是世界的，具有鲜明的民族、地域文化特色的影片促使受众不断地通过影像的直观表现，来了解全世界各地各个民族不同的人文风情。例如，中国的长袍马褂、日本的和服、美国的牛仔服、欧洲的燕尾服等民族文化符号。电影所包蕴的社会学、历史学、政治学等内涵，作为一种文化形态内蕴在电影之中。比如重大历史事件、风俗习惯、民间传说等，包括《开国大典》《大决战》《重庆谈判》《鸦片战争》《茶馆》《大进军》《红河谷》等电影都是对地域历史、政治等进行的讲述。例如，《大进军——解放大西北》讲述朱德总司令、毛泽东主席向中国人民解放军发出了向全国进军的命令。毛泽东的"远距离、大规模、迂回包围"[1]的战略方针，"宜将剩勇追穷寇"[2]的大无畏气概,影片使受众对中国战争年代战士吃苦、耐劳、英勇牺牲的精神有了深入了解与深切怀念。此外，电影作品中所蕴含的生命价值是电影文化价值中较深的价值。体验生命、思索生命、张扬生命是电影艺术魅力的源泉。《黄土地》《野山》《芙蓉镇》《活着》《路边野餐》《圣山村谜局》等电影则展现了不同地域的乡村生活方式和民族风貌。

（三）遵守相关法律法规

电影产业是文化产业重要组成部分，对推动中国特色社会主义的精神文明，弘扬中华民族文化、发扬中华民族精神、推动中国国民经济发展等层面具有重要意义。近年来，随着我国电影产业的不断发展，在电影产业的认识层面逐渐深化，电影在相关政策、技术、资金、人才、设备等方面的共同促进下，基于中国电影走出去战略，将电影文本服务于基本公共文化，使我国电影产业呈现快速发展的状态，有必要基于政策层面出台一系列法律法规，以维护电影产业的健康、和谐发展，主要包括：2010年的《财政部、国家税务总局关于国家电影事业发展专项资金营业税政策问题的通知》《电影艺术档案管理规定》《国家版权局关于电影著作权集体管理使用费收取标准等的公告》《电影作品著作权集体管理使用费转付办法》《中国电影著作权协会章程》《电影作品著作权集体管理使用费收取标准》等；2011年的《广电总局办公厅关于严格控制电影、电视剧中吸烟镜头的通知》《关于"电影电子政务平台"上线运行的公告》《广电总局关于发布〈电影数字母版技术审查管理办法

---

[1] 王胜杰：《毛泽东军事思想的哲学透视》，北京：中共中央党校2015年。
[2] 毛泽东：《七律·人民解放军占领南京》，《新湘评论》2017年第15期。

（暂行）〉的通知》《广电总局电影局关于促进电影制片发行上映协调发展的指导意见》等；2012年的《国家广播电影电视总局、国家文物局关于加强对文物鉴定类广播电视节目管理的通知》《关于进一步加强网络剧、微电影等网络视听节目管理的通知》等；2013年的《国家广电总局电影管理局关于加强海峡两岸电影合作管理的现行办法》等；2014年的《国家新闻出版广电总局关于进一步完善网络剧、微电影等网络视听节目管理的补充通知》《国家新闻出版广电总局关于加强电影市场管理规范电影票务系统使用的通知》《关于支持电影发展若干经济政策的通知》等；2015年的《关于印发〈国家电影事业发展专项资金征收使用管理办法〉的通知》等；2016年的《中华人民共和国电影产业促进法》等。已有的电影法律法规对于促进电影传播规范化意义匪浅，是电影传播者在传播的过程中应当坚守的"红线"。

二、电影传播伦理的失范

（一）虚假数据——收视率、点击率、票房

全国人大代表曹可凡认为，影视数据造假如同假食品威胁人们的生命安全，假的影视作品数据污染的是人类的精神生活。虚假的票房、点击率、收视率等，使人们对影视作品的评判产生严重误差。电影票房造假指的是电影的制作方、发行方或者电影院等为了提升电影的关注度和影响力，通过篡改或者制造虚假票房数据而改变该电影营销状况的市场假象，从而吸引更多观众观看影片的行为，其幕后推手主要是资本和权力。收视率、点击率造假吸引广告商进行广告投放，以促使经营方获取更多的经济利益。2015年的《捉妖记》上映后，取得了不错的票房成绩，但随后制片方发布了"公益场票房总额4042万元"的公告，难免引起公众对于其票房造假的质疑。《捉妖记》制片方解释的"公益场"是让更多的受众能看到这部影片。可实际情况却截然相反，据央视记者的调查，某购物中心的电影院一般营业到晚上10点，但《捉妖记》"公益场"的放映时间被安排在凌晨，且场场爆满，电影上座率达到了108%。诸如此类经不起推敲的票房造假使大众对电影文化产品的热情、期待急速下降，破坏了原本电影市场竞争的基本准则。

此外，票房造假背后存在各种利益关系的牵连。例如，2015年2月23日，作为《叶问3》投资方的十方控股发布公告称，公司和《叶问3》的另一投资方上海合禾影视签订投资协议,出资 1.1 亿元收购该电影 55% 的票房收益权。次日,该电影的另外一个投资方神开股份发布公告称,将自出资金 4900 万元,认购上海规高投资管理合伙企业有限合伙人(LP)份额,目标也是《叶问 3》的票房收益。根据预算,若该电影票房超过 10 亿元,那么投资方将大获收益。通过票房造假拉升股票,在二级市场获利,以及吸引后续投资者入局,来保障资金链能够持续还本付息。数据造假会失去受众对国产片的信任,它具有相当程度的破坏力,泡沫破碎动摇的将是中国电影市场的根基。

（二）过度商业化——恶意营销

2010 年 12 月,中国影坛票房急剧增长,直奔全年票房破百亿元的趋势。以往,中国电影票房每年以 20%～35% 的速度递增,而 2010 年中国电影票房的增长率接近 50%,其增长速度为全球罕见。在商业化的驱使下,为了实现良好的宣传效应,扩大电影的传播效果,电影的宣传方、营销方通过有意图、有目的的手法编造和散布骇人听闻、吸引眼球的消息,比如明星绯闻、剧组内部争斗、拍摄事故等花边新闻。利用低俗、谄媚的营销手法以获得高票房的良好效果,刺激电影宣传营销方面快速"进步",呈现营销大于电影实质的现象。特别是贺岁片,在营销方面出现了过度宣传、过度包装的现象。例如,电影《赵氏孤儿》在上映前夕,网络上就曝出男女主角同居的绯闻,演员纷纷发声证明这个消息是网络造谣。客观上说,我们无法得知消息的真与假,但通过这样一则消息的散播,使电影本身受到关注,从侧面对电影起着宣传作用,至于消息是否是谣言,并无下文的跟踪叙述和报道,仅在电影上映之前、上映之中提升了电影的知名度。采用负面新闻、虚假新闻的形式制造话题,引发舆论,促使电影博得了大众的眼球,扩大了电影的宣传力度。此外,制作方利用网络论坛、贴吧、微博等自媒体,购买水军对电影作品进行大肆赞美,利用评论、互动引诱观众进行观看,提升电影的票房,但实际上电影的内容远低于自媒体平台对电影产品的吹捧。总之,商业化导致的电影宣传狂轰滥炸、虚有其表,抛开首映仪式、导演明星见面会、访谈会之外,它更多的是采用骇人听闻的信息进行营销、炒作的手段。

（三）文化符号缺失——娱乐至死

文化符号蕴含一个国家、民族、地域独有的人文风情、风俗习惯,再现历史的面貌,有利于传达社会群体之间的生存状态,是人类生活中反复积淀的不可替代的、独一无二的特殊符号。近年的华语电影在国内外备受关注，特别是张艺谋、冯小刚、陈凯歌等著名导演的大片，是中国对外交流、传播中国文化的重要载体，是中国电影走向世界的标志。1905年，中国第一部电影《定军山》诞生，使电影这种艺术形式在中国被大众了解、接受、喜爱，并很快代替了传统的娱乐项目，成为国人生活中必不可少的娱乐活动，到20世纪80年代，中国电影产业却出现了窘境，改革开放使中国电影受到了进口大片的冲击，国产影片在国外电影逼真的效果、影像、故事、技术的对比下，显得空洞、幼稚、无趣，导致中国电影制作者开始向西方电影产业发达的国家学习，将电影的市场放置于争取国内市场的同时，抢占海外市场。应时而生，张艺谋联合李连杰等国际明星打造的商业大片《英雄》，采用前期宣传等手段吊足观众的胃口，而著名导演、演员阵容使电影备受关注，《英雄》获得不凡的票房，影片也由此刺激了国内导演制作商业电影的热情，催生了商业电影的发展。

目前，国产片在制作的过程中，由于商业化的利益，而融入大量的国外元素，使本土的文化符号缺失，丧失了传递民族文化的基本功能。例如，2010年的贺岁档电影《让子弹飞》，受到社会褒贬不一的评价，央视主播郭志坚指责电影内容具有脏话、血腥及性暗示等，属于少儿不宜的电影。清华大学某教授认为，中国电影向来不缺少"血腥"，缺的是艺术。猛烈批判《让子弹飞》这部电影将原著小说的历史背景掏空，将悲剧改成一个匪与霸的"双雄会"，强调影片的情节荒诞，不以历史为依据，认为其践踏了原作的文化属性，基于商业利益而出现泛娱乐化，导致电影一味地满足观众的低级需求，忽略电影关于历史、文化的深刻内涵，丧失了精神陶冶和文化传递的社会功能，甚至陷入"娱乐至死"的境地。

三、电影传播伦理失范的反思与对策

（一）完善相关法律法规体系

防范电影传播伦理失范，必须完善法律法规体系。由于我国文化立法方面存在法律数量偏少、法规层级偏低、规范缺位等诸多问题，导致现存法律与文化工作的现实呈现较大差距，尚不能满足和适应文化建设的发展现实要求，与人民群众日益增长的物质和精神文化需求不相匹配。现有的文物保护

法、非物质文化遗产法、档案法等法律，主要是调整文化事业领域的法律关系，而文化产业领域的法律规范更是亟需建立和完善，以更加有利于电影文化产业的可持续性发展。自2003年12月起，我国电影行政主管部门正式启动电影产业法律相关的工作，对历年关于法律的制定进行了大量的调研、论证和起草、修改工作。

2014年10月20日，党的十八届四中全会把加强文化立法作为推进全面依法治国的一项重要任务，进而为电影产业促进法的立法工作指明了前进方向，强有力地推动了电影产业促进法的立法工作。2016年11月7日，第十二届全国人大常委会第二十四次会议通过了《中华人民共和国电影产业促进法》，自2017年3月1日起施行，这为我国电影产业的健康、有序发展提供了法律保障。虽然如此，但对于新兴的众筹电影、网络大电影等电影的文化产业形态依旧存在有待完善相关法律需求的问题。互联网所赋予的金融方式刺激了大量的业界内外人士投入电影事业的发展领域，推动大量电影进入市场。但同时呈现无秩序、无内涵、无创意的电影产业怪圈。基于此，政府有关部门值得注意以下几点。

第一，建立和完善电影产业、电影市场的相关法律法规，加强电影的生产、宣传、营销、发行、放映、传播、接收等一系列活动链的监管，对企图打擦边球或者知法犯法的违法犯罪行为严厉打击，保证在查处违法犯罪过程中有法可依，执法必严。将电影市场准入机制进行完善与贯彻推行。以实际行动贯彻落实党和政府关于加强文化立法的决策部署。强调公共文化、文化产业作为文化建设的双轮驱动以承担历史重任，依法促进电影产业在内的其他文化产业的健康发展，不断促进和丰富文化产品的多元创作生产，打造文化产业链，满足人民群众日益增长的精神文化需求，实现文化大发展大繁荣。

第二，完善新兴电影模式的相关法律法规。例如，电影"众筹"相关法律法规，《中华人民共和国证券法》第九条规定，超过200人的特定对象发行证券为公开发行。[1]但是"众筹"不得超过200人。娱乐宝和百发有戏等平台利用理财产品与电影消费大众平台的旗号来规避法律的风险。在关于"众筹"的法律上，需要有包容性和可行性的具体条款，对"众筹"的范畴进行有效

---

[1] 中华人民共和国中央人民政府：《中华人民共和国证券法》，《人民日报》2020年3月24日。

的限定，防范风险，同时能有效避免对"众筹"的发展形成阻碍。关于"众筹"法律的建立和完善，可以借鉴其他国家监管"众筹"的有效手段，结合我国具体形式，对"众筹"行为形成有效约束和保护。同时，还需要各有关部门积极配合、密切协作，不断推动、解决立法中存在的许多重点、难点问题，充分借助和发挥法律专家学者、从业人员的能动作用，鼓励社会公众的关心、支持、参与，为电影产业奠定了健康发展的产业基础。

第三，防范电影传播伦理失范，必须制定责任划分与惩治制度。随着社会的不断发展，世界各国的文化政策都趋于宽松，不少地区知识产权的保护处于缺位状态，这对创意性行业产生了非常大的冲击和危害。对于电影业来说，电影生产和制作的高投资、高成本，需要市场给予足够的时间和空间以形成规模经济来实现盈利。然而，新技术的迅猛发展在给电影带来市场契机和利润增长点的同时，带来了电影盗版和侵权的问题，对原创电影的保护造成严重影响，对于整个产业链来说，电影产业的延伸和扩张也随之受到限制。在美国，电影的市场周期约一年半及以上，在中国只能有一个月，消费者被不同渠道、形态的盗版电影进行榨取，从而导致电影利益压缩。制约了中国电影投资规模。此外，电影产业大环境的宽松，促使电影产业中出现大量的暴力、色情、不健康类型电影的增加，导致中国电影市场出现混乱、无序的怪象，限制了电影产业的长远发展。

现行市场中，需要电影产业行业内的责任划分、惩治制度的出现，通过这样的方式来保护社会不同阶层的利益。比如，世界上很多国家都制定和实行电影分级制度，对电影产业的发展形成有效保障。同时，满足特殊群体观众的需求。美国、日本等国家实行了电影分级制度，世界上许多主要的电影生产国，如美国、英国、日本、韩国等，采用电影分级制度替代电影审查制度。此外，应该考虑对电影制作方的权利与义务进行明确的规定，享受电影产业所赋予的权利，同时承担电影作为文化产业形态所应肩负的责任，加强电影制作、发行、营销等层面的规定，违反相关规定的人员将不得再次进入电影产业，包括明星、制作人、导演等在内的从业人员。例如，不利于塑造健康、积极形象的电影明星，为防止其个人行为而导致的社会负面影响，应当实施严厉的惩罚机制，以加强电影从业人员的管理。

（二）加强电影行业自律，培养责任意识

防范电影传播伦理失范，加强电影行业规则的建立。目前，中国电影的促进措施尚不健全，电影促进法的制定有待完善，在电影产业的财政、税收、补贴和基金等方面，相关促进措施也还不够完善，尤其是政府、国家、社会等对于民营电影公司、独立电影人、青年导演的扶持力度不够，导致青年编剧、导演的成长之路非常艰难，中小制作的电影受到严重阻碍，电影市场对于青年导演的中小制作电影门槛较高，电影新力量难以进入电影市场。比如，在发行权、电影频道等资源上，中影公司拥有绝对的垄断权，但其对于这些垄断资源的利用又存在不充分等问题，进而导致市场效益不高，资源浪费等现象。在培养青年导演、发展类型电影、改善电影产品结构、提升发行对制作、放映的支配作用等方面依旧存在不足，并且严重缺乏对市场的引导和对产业的推动。此外，行政部门的电影管理政策、制度保障也不够充分，导致电影产业发展无连续性、无积累性。电影审查的分级管理制度不能实现，造成现行的电影审查尺度，对青少年受众缺乏保护和提示，增加了电影产业的舆论风险。

政府的监管对电影产业属于外力的监控，一个健康行业的有效运行，在很大程度上依赖于自身的约束。新闻传媒行业早已存在记者协会、广告协会等，以便开展行业规则的建立、推行、维护。电影行业也需要大力借助电影协会的作用制定本行业的规章制度、经营准则，设立常设机构进行专门的管理与建设。协会帮助制定行业伦理准则，有利于业界人士快速形成对本行业的规范行为和意识，以协会为起点进行行业道德伦理的宣传与约束。防范电影传播伦理失范，加强专业人员的教育。电影从业人员的素养直接关系电影产业的发展，对电影专业人员的教育应加强专业素养与道德素养结合的教育模式。

首先，对于电影从业人员的道德素养，目前的中国电影市场存在个别演艺人员缺乏自律、一次又一次突破道德底线，甚至是违法犯罪等行为，某些演员为了寻求所谓的"灵感"去吸毒，还有酒驾、炫富、嫖娼、偷税漏税等各种犯法犯罪行为等，对社会造成了严重的负面影响。建议在电影法律中明确规定演艺人员要强化自身的职业素养，让演艺人员担负起文化使命、社会责任，为观众提供正能量。电影对社会的影响巨大，主要集中在影响社会人

类的价值观、人生观、世界观，进而影响其个体行为，特别是对青年一代的影响。因此，相关行业协会、部门必须肩负起社会责任，维护电影行业的整体形象，正确引导电影从业人员自律，自觉遵守法律法规和社会伦理道德规范，营造良好的从业氛围。

其次，电影从业人员专业素养的教育，强调理论、实践相结合，采用全知、全息教育方式，优化和改变电影类高校专业科系的教育教学方式，让学生对电影的各方面进行了解之后再进行职业的选择，以真正尊重学生的个性发展。对于电影专业读研究生的学生而言，应当打破"从学校到学校"的教育培养方式，扩大专业硕士招生比例，建议他们先进入行业进行锻炼，积累一定的社会经验。例如，USC（University of Southern California）、NYU（New York University）、UCLA（University of California, Los Angeles）等研究型大学，在开始阶段设立必修课，让学生自行选修其他感兴趣的课程。同时，三所学校鼓励学生参与集体创作，促使学生在实践中去了解电影产业及其他产业，达到以学生为本的要求，真正有效提升学生的专业素养。

第 5 章 电影接受伦理

电影观众作为电影产品的接受群体，他们对电影的接受是电影创作、发行和传播的终极目的。既然电影伦理涵盖了电影创作、发行、传播和接受等一系列过程，并力图对整个电影产业链中所表现的伦理关系进行剖析和解读，那么研究电影接受伦理，当然是电影伦理学的重要任务之一，它的研究目的则在于使电影接收过程指向善与美的伦理维度，契合电影接收的美学伦理原则。

艺术作品作为一种召唤性的结构，具有意义的多元性价值，这是"接受理论"美学观点的最原始依托。艺术作品最终能否沁润人心、契合受众审美期待，是与所表达的伦理价值取向密不可分的。电影艺术文本中诠释的伦理向度、道德内容、影像要素与观众的思想内容是否能够契合融通、是否能够达到共鸣，往往奠定了一部电影作为艺术作品的思想和价值基础。

当然，艺术伦理取向与受众伦理取向在不断的观点逆向对冲、长期的思维形式交互、历时性文本价值导引中，从没有否定其艺术融合、相通的态势。无论时代怎样演变、社会如何变迁，真、善、美的精神都会有基本相同的内涵。"审美接受"最终是要指向具有艺术审美的"良心"内容，是要回归欣赏和接受具有一系列高尚的伦理道德现实文本。电影伦理最终是要在艺术层面上倡导和影响受众伦理的终极回归。

电影具有多种价值，无论是社会价值还是审美价值，也无论是经济价值还是娱乐价值，它都离不开道德内容的参与。艺术家在内容创作上，采取何种艺术创设手段、回归何种艺术思考，无疑是创作成功的"源"文本依托；

而伦理的最终价值评判，受众思想向度及其走向又是评价其现实意义的重要参照。倘若服从并广泛隐蔽在审美价值背后的艺术内容没有通过伦理剥离出"真善美"的艺术"源价值"，相应的现实正向价值就有可能濒临消解或走向虚无。艺术作品如果形成了相关能够被传颂和提及的"议程"，其伦理道德的取向和价值导引一旦关乎大众传播，"审美接受"的伦理意义就会变得非常重要。毋庸置疑，一旦艺术作品在"审美接受"视域下违背了既定的伦理道德价值，缺乏伦理指导的艺术作品就会成为带有人类"原罪"的内容产出。当审美接受者不能够主动去甄别伦理道德品质下的艺术作品，不能够确保其他社会既定价值理念的皈依和实现。这种情况下的电影伦理道德价值便会脱离艺术作品轨道，审美等其他价值也无法参与艺术的正义接受。当然，"真善美"如果不能居于核心地位，艺术的正向社会性就荡然无存。

第1节　美学视域下的电影接受伦理

电影接受作为电影创作的落点，表明电影的最终目的是为了让观众愉悦地接受电影所传播的价值观念。因此，电影接受活动的理想状态理应是一种审美活动，是从感官愉悦到理性升华的过程。但是，由于电影接受活动的主动性强，个体的电影期待伦理、电影理解伦理、电影好恶伦理、电影自尊伦理、电影认同伦理、电影参与伦理都会影响电影的接受活动。那么，了解不同电影接受伦理的表现形态及其表征是展开电影接受活动的重要前提。

一、电影审美接受伦理

（一）电影审美接受的三个阶段

如果按照人们认识事物的规律，电影的审美接受（aesthetic acceptance）事实上要经历一个由浅入深、由表及里、由感性到理性的过程，大致可以分为以下三个阶段。

第一，直觉感受阶段。电影观赏由初级的视听直观与心理直觉开始。直觉就是对作品的直接感知，反映的只是作品的表面现象。直觉阶段观众通过视听感官把握由影像、声音构成的艺术形象，需要逐个镜头地欣赏，注意镜头、色彩，同时要与画面相配的声音。通常，全景暗示故事的背景，中景暗示人物关系，特写指示人物性格与心理。观众明白了故事发生的背景、原因、事件，开始有了情节期待，在故事的展开过程中产生对人物的爱憎情感。直觉阶段的情感是喜悦、欣赏，感受相对肤浅，所获得的只是尚不完整的直接形象，不能把握艺术的全部内容，只有通过思考才能把握艺术的间接形象和深层的思想内容。一般来说，对于一些相对哲理化处理的影片，我们第一步往往只能得出比较粗略的印象。比如，韩国导演金基德的电影《春去冬来》，我们第一印象一般只是体会到本片所表现的佛家思想，而对于影片更深的含义尚不能体会。在直觉阶段，观众处于被动状态，主体顺应着客体，按客体的引导而逐步达到对其整体的直观把握，从而感知艺术形象与思想情感。在观看《楚门的世界》过程中，观众随着楚门的成长道路而发生感受的变化。在影片一开始大多数观众会认为这是一部喜剧片，以新奇的方式和视角展示了一场与众不同的"直播秀"，但尚无法解读出影片的"人生而自由"的深刻内涵，直到观影行为的完成观众才能深化出影片的深层次含义。

第二，形象再造阶段。从符号学角度来说，电影拥有一套符码系统——图像。格式塔心理学认为，当主体观看眼前对象，并将这对象的形状加以简化时，总是将过去所感知的各种形态联系起来，眼前所看到的对象总是被记忆中储存的形象所干扰。当眼前物体的形状接近记忆中的某一形状时，视知觉就可能把眼前的对象想象成记忆中的形状，或将二者合并在一起。形象再造阶段是接受者在直觉的基础上，对"本文"意义展开的反思与确证，从而获得完整清晰的形象整体。如果没有这一阶段的把握，受众接受过程受到阻碍，感觉就像是"一头雾水"。

要使艺术形象完整起来，就必须通过接受者的再造想象。任何艺术作品都有直接形象和间接形象。间接形象是作品的"象外之象"，由作品所提供的直接形象运用想象再现出来。想象总是以欣赏者的生活经历为基础，去联想作品的艺术形象。经历不同的人，联想出来的艺术形象就各不相同。观众欣赏影像艺术的过程，也是形象再造的过程。在观赏影片时，观众也常将眼前所看作品与过去所看的同类型作品或亲身经历联系在一起，在审美上做出判断。影像艺术作品中的艺术形象是单个的镜头，既有绘画的空间感，又有时间的流程中展开的长度。

从符号学角度来说，观赏电影的过程又是受众对电影文本的读解过程。由于受众成了对电影信息的主动寻求者，在"暗夜"似的观赏环境下，受众出现了直接进入故事的幻觉，成为"本文中的一点"。由于这些幻象至少在表面上是未经加工和整理的，所以留有许多"意义空白"，受众的读解就是一个不断填补空白的过程。我们可以借用丹尼尔·达扬的"缝合理论"来进一步解释电影受众的读解。达扬所理解的一般古典电影话语是由一个主镜头和一个逆镜头组成，即镜头A和镜头B，镜头A是"不在者"强加给我们的，这个"不在者"让我们注视他所注视的东西，这是读解的第一步；当镜头B出现时，"不在者"所注视的那个领域因镜头B中的某人或某物的出现而消除，即逆镜头代替了主镜头，镜头B出现的意义是双重的，它既代表了"不在者"，又消除了"不在者"，也可以说，与镜头A对应的"不在者"是某一代码的元素，由于镜头B的出现而被吸收到信息中去了。我们可以把这种对受众想象层的"缝合"作用归结为一个镜头的意义取决于下一个镜头，没有一个镜头只靠它本身就能构成一个完整的陈述句，逆镜头的出现"缝合"了受众与本文的审美空隙。那么读解的过程是追想的，后退的，当"不在者"指向现在时，意指作用指向未来，当缝合系统实现了它时，意指作用又属于过去，受众接受了如此专制的强制性意指作用，却深信自己是完全自由的，并拥有足够的鉴别能力，缝合系统引导代码的神奇作用就在于此。我们大多数人都经常看电影，所以几乎意识不到我们在瞬间适应了一个展开的情节，我们以一种惊人的速度接受听觉和视觉刺激。我们的大脑就像一台复杂的计算机，同时以摄影的、空间的、动力的、声音的、表演的、音乐的和服装的等多种语言系统运转，在头脑中重新组合了电影文本。

第三，意义探索阶段。优秀的电影作品往往会留给受众无限的阐释空间，甚至影片中的某些意义连电影创作者自己都没有意识到，或者产生了不同的言之成理的解读，此时便进入了具备无限阐释可能的意义探索阶段。作为一种传播现象，可能面临过度阐释问题，从影像传播学的角度来看，我们却有必要承认编导人员意料之外的解读。

对电影的读解，不仅要靠视觉暂留现象的生理机制，而且要依赖于受众的想象、联想与记忆，依赖把各个画面构成动作整体的心理过程，依赖于对形象与情景的再创造。受众对电影信息的接受，是一个感知、思维、想象、情感多层次复杂构成的心理活动过程。电影创作植根于文学的土壤，以声像来讲述一个虚构的故事，通过银幕造型来刻画人物性格，展现人物关系，揭示生活底蕴和本质，传达作者的主观意识。按照格式塔心理学家阿恩海姆的理论，在艺术中，最理想的形态是那种不太逼真，但又与创作者想要表达的观念相同的意象。也就是说，电影只需再现现实生活中最主要的部分，受众在观赏中有心理活动的参与，通过想象与联想的"完形"，就可获得完美的形象。观看电影，既是感知的（观看者观看着对象）又是无意识的（观看者以幻想或想象方式参与）的过程，同时是由摄影机及其替代物放映机的目光建立起来和指引的，这一目光出自受众脑后，而正是在那里，幻象安置了全部视觉的"焦点"，从而使受众获得那种无所不在的幻觉能力。离开电影所特有的这种视觉制造能力，就不可能理解这部影片。

意义探索阶段是接受者对文本的更高的整体把握阶段，是以理解文本的意味层为特征的。对文本意味层的把握，有赖于读者对文本的审美理解能力。特征在于，读者通过声像、意象层进入文本世界，以历史的深度和广度，达到对文本的更深刻的审美理解和感悟。接受主体在感知了整个作品的艺术形象并驰骋想象力感受了作品里的情感和思想后，就要进一步去体会和理解，对各种联想、想象与理解进行过滤、筛选，保留最能显示其意蕴的意象，然后对作品所提供的意象世界加以综合，进行重新建构，体悟和思索作品的艺术意蕴。

在这一阶段，观众从作品中"走出来"，冷静旁观，深入分析作品所反映的生活本质。积淀在主体大脑里的丰富意识积极活动起来，感性认识与理性认识相互渗透，情感与思想交替作用。观众充分调动其审美先在结构，运用理性思维，规范感知、想象、联想，达到对作品深刻、全面、本质的把握，获得银幕之外的对社会、人生和历史的深刻理解、体会和沉思，最终把握住作品的意蕴。比如，在韩国导演金基德的电影《春去冬来》的欣赏中，我们需要进一步思考的问题有：从景别来看，本片全景相对较多，正如叙事学上的"全知叙事"，正体现了影片中"佛的世界"关照一切。从摄影艺术来看，影片始终照顾观众的内心体验。摄影机既是电影的眼睛，也是观众的眼睛——为了体现佛教世界的静观，电影画面多处于静止状态。尽管没有摄影机的快速运动，但是影片不停地变换拍摄机位，不同的拍摄方位，以及远景、中景、近景、特写各种镜头的灵活运用，充分照顾到固定在座位上的观众的"窥视需求"。影片的剪辑风格自然流畅，简洁含蓄，寓舒缓于澄静、赋奥义于机趣（如竹箩遮雨、猫尾书经等情节，以及佛教、武术等人文景观与野渡无人舟自横的自然生趣的完美展示），我们只有反复体味，方能理解导演将抚慰心灵的静地和灵魂的皈依之所有机融合呈现的艺术用心。

但是，并不是所有的电影作品都有深邃的艺术意蕴，也并非所有电影观众都能达到体悟艺术意蕴的境界。电影艺术意蕴体悟是观众在观赏过程中获得的最高审美体验。电影艺术意蕴是作品呈现的一种形而上的美感，或为哲理性思考，或为展现艺术意境，或为创造独特形象。事实上，对于某些浅白直露的影像作品，做太多意蕴的深入挖掘既无收获的可能，也无此必要。

（二）美学视域下的电影接受伦理

19世纪后期，受思想启蒙以及政治运动的影响，民众被强制置身于文化思想压制的现实状态下，以至于在某些时期，部分学者对艺术进行了错误的预估，对伦理道德问题有了过于自信的判断。然而，事实却是伦理学乘着社会变革的车轮每时每刻都在不断地发展和演变；基于人类始终以社会的形态生存、发展，绵延子孙为目标，因此总会被相对应的伦理和道德制约，然而，伦理道德也在美学意义上存在发展空间。部分学者片面地阐发对伦理道德限制艺术和美的恐惧言论，甚至排斥和厌恶这种社会既定产物，很大程度上于他们忽略了伦理道德存在的历史性，混淆了伦理道德的基本范畴，把伦理道德等同于约束美的无关内容。伦理学和美学同属于探讨人类终极意义的思想产物和智慧结晶，它们各有侧重又相互依托。伦理学涉及道德原则、参与道德评价、指引道德行为，是关乎人类善恶以及社会义务的科学。美学是直击人类心灵、引升思想价值、回归审美感受产出的感性学科体系。道德在社会伦理范畴内是理性内容，美学参与是必然要指向诗性正义的。

电影接受不仅需要伦理判断，也要集合美学范式建立合乎艺术发展规范的相关内容。伦理不仅要调整民众生活样态，规范人与人之间的关系，还要结合审美要求，规范艺术产出、干预不良思想输出。道德基于责任和义务、关照社会存在、强调整体利益，其普遍样态、强制特性、自律内容都是其价值的体现。伦理道德在电影艺术价值上有两个基本指涉以及思想维度，即所谓高贵和卑微的相对而立。伦理道德作为长期存在的具有社会性和历史性的基本范畴，其所涉及的原则总是能够与某个特殊的时期、群体心理、社会进程等内容产生相对紧密的关联[1]。伦理道德广泛依托时代、国家、民族甚至个体，存在于人类生活的方方面面。

伦理道德在中国社会中有着十分厚重的根基。孔子认为"中庸之为德"[2]，《中庸》强调"知者过之，愚者不及"[3]。孟子也有"圣人有忧之，使契为司徒，教以人伦：父子有亲，君臣有义，夫妇有别，长幼有序，朋友有信"[4]的论述。不仅如此，西方文化对于伦理的强调在古希腊时期就颇具渊源。一向强调要重视文学和艺术的基本伦理维度。柏拉图则充分地肯定人的理性力量，他觉得向善是当人受到理性的控制时的行为，而人一旦被欲望控制则是一个人作恶的原因。同时，康德在《逻辑学》中对道德的自我约束有所论述，自由因服从道德的律令而存在，而道德则是作为人本性的自我立法。当人遵循先天理性的道德准则，而非被欲望、外界、爱好所控制，便具备了"道德性"。

道德存在的意义在于为人类寻求价值肯定，服从于自身理性指令后的艺术产出是关照现实的至善之美。电影艺术能够典型和集中地通过艺术手段反映人类社会存在，各种道德现象都将作为一种人类精神存在被搬上银幕。暴露于人类社会中的道德矛盾和生存悖论都将广泛存在其中。电影艺术是"梦""窗户""镜子"，其关乎人心、人性、人情，是人类重要的精神和文化活动的集中展示，是反映人类社会文明进程的重要内容。人类有着精神的空间，电影艺术沉蕴于美学的空间，彼此交织在人伦的区域，审美关注道德的尺度、关照艺术的内容，更来源于受众的伦理接受程度。因此，电影艺术的美学价值是不可能在伦理道德的缺失下独立确证的。在艺术的创造和受众接受上，具有广泛持久的生命质素，也与伦理道德相互依存。

审美接受会在艺术作品广泛产出的基础上参与社会传播，并在传播中融入社会内容。由于电影艺术的影响力巨大深远，决定了它所具有的、严肃的社会道德使命。影片产出经由观众欣赏和阅读，就必然具有相应的社会性。

---

[1] 傅洁琳：《接受美学的伦理向度》，《西北师大学报（社会科学版）》2007年第3期。
[2] 孔子：《论语》，张燕婴译注，北京：中华书局2007年版，第83页。
[3] 孔子：《大学·中庸》，王国轩译注，北京：中华书局2006年版，第53页。
[4] 王治国：《孟子译评》，北京：北京师范大学出版社2013年版，第85页。

在欣赏中，艺术欣赏者接受艺术创作者的哲思，继而也能在个体认知空间内同伟大的艺术家进行交流和共鸣。即便艺术与伦理在某种程度上具有紧密的关联，也并不意味着艺术需要始终关联道德上的说教与政治内容上的代言和发声。艺术家不是道德家，喋喋不休的说教是没有美感产出的。但艺术家又是有道德价值取向的人，跌宕起伏的情节和视听画面自然也会渗透艺术家的道德价值观念。

在审美表达和接受程度上，早期的中国电影就已经显露出相应的本土性倾向。例如，《一江春水向东流》讲述处于动乱背景的悲欢离合，揭示民族危难的同时强烈表达了国人的家仇国恨、命运倏变和不屈抗争的精神。在美学的表达上，该片融合古典小说、诗歌、戏曲、绘画等多种艺术技巧、艺术形式，别具一格的中式艺术风格无疑是获得了完满的呈现。同时期的作品还有《孤儿救祖记》《渔光曲》《神女》《马路天使》《小城之春》等，也都是基于当时的历史文化现实创设了许多"中国式"的美学表达范式，在当时也获得了较好的反响。当然，这也并不意味着所有作品的美学意义接受都是符合预期的。

电影《一个和八个》在上映时，其相关内容的表现一度面临争议。无独有偶，田壮壮导演的《蓝风筝》获得了第六届东京国际电影节大奖，却因多种因素的影响无法在国内上映，甚至导演本人也因此片被禁拍十年。同样，影片《狗十三》也是被雪藏多年的作品。许多作品如《看上去很美》《你好，之华》《红高粱》《大红灯笼高高挂》等都曾面临"叫好不叫座"的窘境。艺术关于审美接受的过程无疑是复杂且丰富的，某种程度上，其作为一种理想的人类精神活动孕育个人想象、疏解孤独心灵、释放自由思想，甚至担负着重振人类精神的使命。审美的接受过程有时候相比审美的创造活动是更为主观宏阔的内容，它不是人类生存的现实形式，却作为虚拟开放的空间，以艺术的形式和艺术的语言外化传达新的读解与审美创造。

与此同时，国外的一些经典影片如《杀死一只知更鸟》《巴顿将军》《公民凯恩》《美国往事》《教父》《这里的黎明静悄悄》等作品在国内也产生了较为良好的反响。《杀死一只知更鸟》在某种程度上具有诗化的美学隐喻，其与本土的相关艺术主张也达到了某种契合。《巴顿将军》的相关艺术表达甚至在国内的特战影片《战狼2》中也有着同样的诸如国旗呈现的相似镜头。《公民凯恩》《美国往事》《教父》等这些作为电影史上的史诗级作品，经历过历史的沉淀和美学意义上的反复强化与解读，也导致其更贴近观众，最终成为世界性的作品。各国的艺术是相互连通和互相借鉴的，昆汀·塔伦蒂诺的《低俗小说》《被解救的姜戈》《无耻混蛋》等电影中的诸多情节内容和人物形象（如白眉道人等）是取材于中国武侠电影，而其电影中的暴力美学元素也深受国内导演吴宇森所指导的《英雄本色》《喋血双雄》等影片的影响。不同的是，韩国的《马粥街残酷史》《新世界》等影片中却逐一注入了暴力的元素，甚至去刻意强化相关血腥情节。受主流文化意识影响，对于暴力内容的"曲折式"呈现在国内是十分受用的，而在欧美、日韩等国家，却极有可能不被观众所喜爱。

二、美学视域下电影接受伦理的基本形态

在互联网和新的媒介环境下，我国各种媒体趋向于不断融合，加快各级融媒体中心建设成为当前的重要课题。随着媒介环境的改变，电影观众的电影审美接受形态也随之不断变化、拓展。随着媒介技术的进步，网络和手机以及人工智能等新的媒介工具日益进入电影的传播系统中，电影作品的接受形式也因此显得更加多样化，界限的模糊化，观众的电影接受伦理也变得复杂多样。但大致说来，目前主要包括电影院、电视、手机、网络影院、移动影院等，并出现不断整合的趋势。

电影接受伦理（Film acceptance ethics）就是指观众在不同场景、形式的电影审美接受过程中所呈现的心理状态，由此产生与电影密切相关的伦理关系，包括电影期待伦理、电影理解伦理、电影好恶伦理、电影自尊伦理、电影认同伦理、电影参与伦理。

电影期待伦理（Ethics of Film Expectation）。"电影期待"包括观众心理深层愿望导致的对不知其名、不知内容、不知类型的影片的总体盼望，还包括对各种类型影片的定向期待。电影期待的问题直接关涉受众是否产生接受行为。电影期待伦理则表现为电影审美接受主体的此种期待中的伦理取向，是否属于正当期待，是否符合电影审美要求。我们不是否定观众的合理期待，而是尽量去规避观众不符合伦理的观影诉求。例如，像《杀手比姆博的攻击》这样低级趣味的影片就不大可能在有声望的纽约电影节上放映，而《温德米尔夫人的扇子》当然也不会在露天剧场上放映，因为它的片名有点没落贵族的味道。这对于影片本身来说，观众的期待是符合电影的预期的，这也正是影片想要达到的目的。再如，大多数西部片的故事发生在19世纪晚期的美国西部边远地区。通过书本、电视和其他西部片，我们已经大致了解边区人民的衣着和举止。当叙述就像在梅尔·布鲁克斯的《闪耀的马鞍》中那样不再按照传统、程式或我们的历史观念进行时，我们就不得不重新确定我们的认知方法和我们对这种叙述的态度。我们或者去适应作者的表述，或者把这种令人生气的花样翻新当作不适当的、赤裸裸的自我放纵加以拒绝，这也无可厚非。我们不能说观众的期待没有得到满足就违背了电影接受的审美需求。但是，如果一个观众期待在电影院观看违禁片（过于暴力、色情等的影片，超出国家允许公开放映的范围），这绝对是与电影期待伦理背道而驰的。我国虽然未对电影进行分级，但也明确了电影的可播出尺度与范围。由此可见，电影接受伦理的作用就在于更好地规范观众的观影诉求，符合美的形式和善的伦理要求。

电影理解伦理（Ethics of Film Under standing）。"电影理解"指不同观众由于先在结构不同，对影像叙事存在不同的理解，观众是如何根据自己已有的经验和已知信息理解作品的，论证理解对于作品的重要性（理解怎样成为作品的组成部分，作品是观众与编导共同创作的产物）。在此基础上，电影理解伦理指的是观众以何种立场、态度对电影加以解读，这种解读是否在电影解读伦理许可的范围之内？有人也许会质疑怎么理解电影是个人自由，与伦理相去甚远。电影伦理学的观点是，纵使"一千个读者有一千个哈姆雷特"，但无论是大众解读还是学术解读，如果缺乏一个解读的标准——最起码的道德准则，那么各种曲意解读就是不科学的，也是不被接受和容许的。

英国文化理论家斯图亚特·霍尔（Stuart Hall）曾经提出了三种受众解读立场，即"霍尔模式"[1]，有助于我们理解受众解读文本的多样性。第一种解读立场是主导——霸权的地位（Dominant-hegemonic Position）。比如，电视观众直接从电视新闻广播或者时事节目中获取内涵的意义，并根据用以将信息编码的参照符码把信息解码时，我们可以说电视观众是在主导符码范围内进行操作。第二种解读立场是协调的符码（coordinated code）或者地位。大多

---

[1] 董璐：《传播学核心理论与概念》，北京：北京大学出版社2016年版，第414-415页。

数观众也许能够充分理解什么已被界定为主导的、什么已被指涉为职业的。在协调的看法内，解码包含相容因素与对抗因素的混合：它认可旨在形成宏大意义（抽象的）的霸权性界定的合法性，然而，在一个更有限的、情境的（定位的）层次上，它制定自己的基本规则——依据背离规则的例外运作。

第三种解读立场是对抗代码（oppositional code）。电视观众有可能完全理解话语赋予的字面和内涵意义的屈折变化，但以一种全然相反的方式去解码信息。比如，观众收看限制工资有无必要的电视辩论，每次都将"国家利益"解读成"阶级利益"。观众通过三种解读立场对电影文本进行解读本无伦理上的偏颇，但往往会有别有用心的"水军"脱离实际地一味好评或者差评，如前文提到的对《逐梦演艺圈》呈现的一边倒的赞扬，实际上大众对该电影的解读却与此相反，如此的解读无非是为了使电影获取更高的票房而进行的"过度化解读"。且不说电影文本本身，此种语言表述显然已经僭越了电影理解伦理的合理范围，与电影本身的出发点呈现"对立"的姿态。

电影好恶伦理（Film Ethics of like sanddis likes）是指观众由于个性特点所导致的对某一影片或某类影片的特殊爱好或特有厌恶，不同观众群对不同影片的喜欢和冷淡，这种好恶具有极强的个性伦理特征。电影自尊伦理则指观众在什么情况下觉得电影作者通过电影作品小瞧了自己或侮辱了自己，面对什么影像内容，他们感觉到影片尊重自己、信任自己，以及影片是否应该尊重观众，怎样才能尊重观众。观众企图从电影内容的伦理特征中寻求自尊。电影认同伦理是指观众在潜意识中倾向于银幕主人公的行为模式、价值观念，站在主人公的立场上考虑问题，与主人公同呼吸、共命运。除电影深层心理涉及的认同问题外，电影认同部分还涉及由于文化原因向银幕认同、由于真实原因向银幕认同、由于审美风格向银幕认同等方面，即可保证自我伦理价值与电影伦理内涵的一致性。电影参与伦理是指观众认同主人公后，在潜意识中与主人公合而为一，参与故事主人公的一切行动；或者说，把主人公的一切行动看作自己的行动。这一论题描述观众的生存愿望和复仇本能是怎样在观赏影片情节发展的过程中得到虚幻满足的。通过这种参与，观众的认知、态度、行为等会受到至深影响。假如观众没有认识到主人公行为的伦理性质，那么，很多时候电影为观众提供了"完美"的犯罪脚本，甚至参与社会犯罪。

总而言之，观众的审美接受行为具有丰富的伦理内涵，如果在电影接受的过程中忽略电影本身应有的伦理指向，那么电影接受终将与电影"审美的历程"渐行渐远。此外，我们还可以看出，观众的电影接受伦理具有极强的个性特征，每个个体都会呈现独一无二的电影接受效果，这种个性特征又是在社会文化环境等内外因素的共同作用下产生的，形成了电影接受伦理的多样化特征。

三、美学视域下电影接受伦理的主要特征

人类的电影接受活动是一个复杂而又微妙的过程，包含感性的欣赏和理性的思考，是一个由浅入深、由表及里的过程。对电影影像的鉴赏也是对自我伦理接受的美学认知，不同的个体呈现不同的特征，而这种个性特征是在社会文化因素、个体心理因素等的作用下形成的，由此也形成了电影接受伦理的社会共同性、个体差异性、伦理批评性等特征。

（一）社会共同性

电影接受伦理作为个体在电影审美接受中的基本规范及相应的道德原则，具有社会共同性。这里的社会共同性是指在共同的地缘环境下，由于共有的社会环境、文化背景，在电影接受的许多问题上所具有的一致性看法，以大体相同的伦理观念对电影加以解读。如在我国，五千多年的中华文化发展至今天，孕育产生了中华优秀传统文化，成为"中华民族的基因"、"民族文化血脉"和"中华民族的精神命脉"[1]。个体在中华优秀传统文化的浸润下，形成了中国特有的电影接受伦理，对电影接受过程中的许多问题有着共同的理解。如国人对"矛盾和解"的电影剧情期待，就好比童话故事里永远都是"从此王子和公主幸福地生活在了一起"，友爱互助成了中国人的共有伦理认知，而和谐相处则来自我国传统的"中和"之美的境界。《礼记·中庸》有言："喜怒哀乐之未发谓之中，发而皆中节谓之和；中也者，天下之大本也，和也者，天下之达道也。致中和，天地位焉，万物育焉。"[2]志气和平，不激不厉，亦即情理统一、情感表现遵循理性规范，是中和之美的理想情境。

如喜剧《人在囧途》《泰囧》《港囧》，在第一部上映大获好评后，使观众

---

[1] 薛庆超、薛静：《习近平与中华优秀传统文化》，《行政管理改革》2017年第12期。
[2] 曾参、子思：《大学·中庸》，王国轩译注，北京：中华书局2007年版，第46页。

对第二部、第三部充满期待，最终收获高票房。其实这三部电影表现的内容本身是非常不幸的，一路上十分坎坷、艰辛，但正是途中的戏谑式的坎坷经历带给了观众欢声笑语，同时主人公们又在一次次的争吵与和解中完成了自我成长和命运共鸣，这恰恰是"中和之美"的具体体现。在现实中，我们的生活总是不够完美，有着非常多的局限性，且大部分都是无法超越的，但人又总是努力去克服这些局限性，去努力超越自我，实现自己的理想。电影中"矛盾—和解"的模式肯定了人们现实生活中"超越自我"这一信念的合理性，人们之所以喜欢"矛盾—和解"的电影桥段，正是他们渴望超越自身局限性的具体体现。对于人物之间和谐相处的电影期待与伦理诉求，正是由我国传统的"中和之美"的社会共同性所决定。

电影接受伦理的社会共同性直接决定了作为一个民族共同体的个体将如何进行电影接受行为。中华民族作为一个具有五千多年文明的大国，中华民族的文化传承，具有鲜明的民族特色，使得国民在社会伦理道德的认定和坚守上具有一致性，如"仁者爱人"[1]"己所不欲，勿施于人"[2]"天下兴亡，匹夫有责"[3]等伦理观念都有其永不褪色的时代价值，这些思想和观念，随着时代的变迁不断与时俱进，但又保持着自身的连续性和稳定性，形成了今天的社会主义核心价值观，成为人们从事社会活动的基础性伦理原则，这也是人们为什么对《战狼2》《红海行动》《流浪地球》《长津湖》等电影大加赞同的原因，电影所传达的伦理道德观念与社会主义核心价值观及与观众的电影接受伦理观念保持和谐统一的关系，其所体现的正是当下中华民族"知荣辱，共进退"的发展理念，有着丰富的传统伦理内蕴，所构建的是观众认可的"大同"世界。从这一层面来说，社会文化环境所决定的电影接受伦理具有社会共同性。

（二）个体差异性

在社会整体伦理观上，往往具有共同性。但就每个个体而言，由于每个个体的家庭环境、个性特征千差万别，加之外部环境（西方资本主义伦理观、消费主义等）的冲击，个体在伦理选择上也趋向于多元化，由此每个个体形

---

[1] 孟子：《孟子·离娄下》，万丽华等译注，北京：中华书局2007年版，第185页。
[2] 孔子：《论语》，张燕婴译注，北京：中华书局2008年版，第241页。
[3] 顾炎武：《日知录校注》，陈垣校注，合肥：安徽大学出版社2013年版，第723页。

成了独有的电影接受伦理观。在观影类型上，如很多人广泛接受各种类型的影片，但对某一类影片有着独特的喜好，由于每个人所处的文化层次和所具备的艺术素养大不相同，这就导致每个人对电影作品的接受都表现出截然不同的差异。比如，依据传统的学历经验层次来划分，我们也可以把电影的观众分为小学以下、初中、高中和大学以上等多个学历阶段。相关调查也曾经表明，小学以下文化程度的观众和大学以上文化程度的观众对电视剧的收视时间相对较少，而初中和高中文化程度的观众则比较热衷于收看电视剧。按照艺术素养分类较难，只可简单分为较高和较低。文化层次和艺术素养的差异，会导致对影像作品选择的不同。以北京为例，探索片、艺术片在大学云集的海淀区影院上座率高，而在一般市民、工人集中的朝阳区上座率较低。再如，霍建起的《那山那人那狗》和郑洞天的《刘天华》等影片，文化层次较高的知识分子喜欢看，而香港的《古惑仔》《流星花园》虽然文化层次不高，却吸引了不少包括中小学生在内的青少年的眼球。文化层次和艺术素养的差异，还会导致接受效应的不同，文化层次和艺术素养较低的观众，对作品一般只有表层的接受，而文化层次和艺术素养较高的观众，则会有不同程度的深度接受。马克思在《1844年经济学哲学手稿》中指出："如果你想得到艺术的享受，你本身就必须是一个有艺术修养的人"，"对于不辨音律的耳朵说来，最美的音乐也毫无意义。"[1]艺术素养对影像接受的影响同样如此，比如一个不懂视听语言的观众，是很难完全领会电影《城南旧事》中叠化和长镜头运用的奥妙的。

诚如有些接受者认为《色·戒》是一部艺术影片，也有人认为《色·戒》就是一部三级影片，甚至有人说《色·戒》像一部日本成人片[2]。不同的艺术素养，对影片的接受程度和理解也不尽相同。2007年11月1日，在中国大陆上映短暂几天后就被退出电影院，没有满足欣赏此片的观众有的还特地前往香港观看无剪辑版。更离奇的是，一对情侣观看《色·戒》之后模仿其中的性爱场面，竟然受了伤，还扬言要将李安告上法庭[3]。在一定意义上，每一件

---

[1] 马克思：《1844年经济学哲学手稿》，刘丕坤译，北京：人民出版社1979年版，第79页。
[2] 张卫军：《"去政治化"时代中国电影批评中的政治——对90年代以来电影批评思潮的一次考察》，上海：上海大学，2016年。
[3] 新民晚报：《绕过暗礁小心驶得万年船》，《新民晚报》2013年3月6日。

艺术化的作品都是有着其特定情感外化形式的内容，并且几乎囊括所有艺术符号的内容都蕴含着相对丰富的情感。电影的剧情一方面凝结着导演、编剧的情感，另一方面也饱含着演员自身的演绎和道德内容。电影艺术作品是情感的宣泄、是艺术的升华，也是主体的思维表达和自我呈现，更是作为观众的接受主体最终获得宣泄与抽象升华的情感刺激产物。故而我们对于艺术作品的相关接受从深层来看就是一种特殊的被辅以艺术化的社会体验性活动。而对于这种内容的体验，往往又多半是以其情感的变化作为最终的核心。接受主体在对影像的艺术接受上也普遍关注着情感体验的历程，这种体验不同于我们在普遍意义上的日常的情感体验，而是仅仅作为一种自然流露的审美感知，作为一种内化的道德伦理的情感净化。

个体的电影接受行为都是由个体的选择性心理决定的，即个体总是会选择符合自己伦理观念的电影加以接受，回避与自身伦理观念不一致的电影。因为个体接受电影是由认知到态度，最后到行为的过程，如果个体在选择性接触过程中觉得该电影所传递的伦理观与自己的电影接受伦理相冲突，则选择回避。这便是个体个性化电影接受伦理观在具体的观影行为中的直接体现。

当下不可回避的一个现实是，在《美国队长》《钢铁侠》等影片陪伴下成长起来的个体，只接受美国大片，对国产电影嗤之以鼻，甚至觉得在电影院看国产电影是一种"浪费"。由此形成的电影接受伦理呈现"美国化"特征，在美国电影所宣扬的个人英雄主义等伦理价值观长期的灌输下，个体认同美国文化、伦理，却忽视甚至厌恶我国伦理道德观。我们不是反对个体接受别国电影、别国伦理道德价值观，而是认为电影作为一种传递文化、传承伦理道德价值的载体，本国的作品和道德伦理更应该受到重视。个体可以接受美国电影，而且是应该接受美国电影，但作为一名中国人，应该是站在中国的伦理道德观去审视别国的电影，必须有自己的立场和态度，否则将会沦为别国伦理精神的附庸。

个体的差异性所讲求的是"和而不同"，即在中华民族社会伦理观下的个体伦理观。个性是大同下的个性，个体的电影接受伦理与社会伦理具有内在的一致性。

（三）电影接受伦理的批评性

批评伦理（Critical Ethics）在电影艺术批评上的实质指的是电影批评家作

为电影艺术的批评主体与电影作品这一批评对象之间构成的基本的艺术产出关系。电影批评家以及广大批评刊物和大众媒体构成了评判电影作品优劣的主导价值和载体，同时，不同批评家之间所处门派不同、思想依托多样等一系列的复杂关系也共同构成了具有历史性特点的批评制度。

纵观时下批评现状，国内批评伦理队伍已经扩大到包含文艺评论家、大众媒介以及广大民众的复杂化、综合化群体。他们的文化层次参差不齐、艺术修养深浅不一、人生际遇各有不同，因此对于作品的评论也就会得出具有差异化的认知。甚至在当今的商业时代，电影的制片公司与相关的出版机构也都已经成了电影的批评主流。然而，这些内容也不会在文中出现，却藏于作品本身的文艺思考之后。并且，操控着批评内容、批评方向等一系列的支配力量也与伦理产生了关联。近年来"爆炒电影"的运作模式也已是时下普遍的文化娱乐现象，影视公司作为"操控性力量"实质已经上升为社会议程。电影制作方豢养的电影批评人，已经是在商业和现行历史条件下相似于民国早期，在政治影响下文学领域中"文妓"产出的"御用批评模本"。一些出版者推出"重要产品"，为进一步发行产生社会影响，也会组织所谓的"文化人"对相关"产品"加以有色的"批评"。良莠不齐的研讨活动、参差多样的"文妓"表达、屡见不鲜的拾人牙慧、精心炮制的时代吹捧伴随着各类无用的产出在各类纸媒、官媒、自媒频频粉墨登场，所谓的"红包影评家"无不热衷此道。"红包影评人"服从商业主导部门的意愿、得到所属利益机关的授意，将一般的甚至有违道德伦理的作品夸大地称赞为石破天惊的产出。同时，这些所谓的优秀产出又被大批无知的乌合之众戏剧性地描摹和传播，最终媚俗地奉为"里程碑"、"佳作"、"史诗"以及"前无古人后无来者"的"天成之作"。大量的电影批评和理论都没能够放眼于历史的长河，把握历史唯物主义的精髓，而是简单地、直接地、不假思索地将其武断地认定为应有的"开端"和必须的"终结"，不负责任地断言历史的意义。这些所谓的"批评伦理"仅仅是"山野交易"，践踏学术底线，缺乏纯正的、严肃的伦理标准。

无独有偶，批评家或由于友情评价，或处于利益交换，也会基于别样的文本撰写别样的论证。更为严重的是，部分缺乏良知的"文化人"具备经济实力、掌握话语权、占据融通文化资源的平台，却以此作为交易，打乱了良性文化空间、将文艺道德伦理内容抛诸脑后。甚至在有些时候，影片生产者为了谋求"利润",也会邀集批评家、文化名人、记者与其他相关人员,不遗余力地组织颇具规模的推广会、研讨会等,也会以相关特殊方式购买和变相购买相应的纸媒专栏和记录版面。配以媒体的广泛宣传,似乎积极的、重大的"艺术影响"也就宣告形成。商业操纵的批评,使影评人已经成了创作人的附庸,在这种情况下,批评伦理无疑遭到了严重的扭曲,导致了整体的道德滑坡。2017年9月电影《纯洁心灵:逐梦演艺圈》刚上映,电影评论家们就众口一词,给予了出奇高度的评价。甚至中国电影家协会党组副书记也对该电影做出了如出一辙的解答。然而,豆瓣电影评分对该影片做出的只有2分的评价。这其中必然包含着批评家和作家、出版、传媒之间复杂的伦理问题。

　　伦理批评危机不但存在于电影批评家和电影的批评对象,而且广泛地存在于文艺的批评内部"圈子"。这种"圈子"具备特殊的必然性、具有相当重要的社会意义。甚至在一定意义上,批评的"圈"也可以被视为一种批评学派的成熟前的雏形。值得注意的是,在"圈子"的内部或多或少地存在许多纷繁复杂的伦理问题。固守圈子中的人长期"结成神圣"的伙伴,长期"抱团结伙",长期树立起牢固的"精神同盟",这导致批评人本身不再是具有独立人格的学者,而是成了在党同伐异中只讲义气、不论是非的普通民众。策略批评导致伦理危机、导致批评病相,因为批评的"策略化",便导致其基本标准已经不再是艺术实践评价,而是名和利的原始欲求。所谓的营造真知和论断善恶,无非就是功利批评家在追名逐利的路上使用的老套面具而已。

　　故步自封的、缺乏真诚的、曲解理性的、假借平等的、没有建设性意义的电影批评伦理并不是学界所真正需要的。一个具有文艺知性的电影评论者应具有明确的当代意识观念、正确的历史意识观念、宏观的发展意识观念。以中国电影而论,如今我们已经经历了全面的产业化的改革,当下也应当是初步地形成具有本土特色的基本内容。如此,我们要进一步观察国内电影、着力分析其当前的产业维度,关注它的产业特点,塑造它的产业意识。电影艺术的伦理化批评,要秉承社会人文关怀和商业产业关怀并重的双重理念。

第 2 节　美学视域下的电影接受伦理状态

审视艺术美学的伦理接受向度，一直被视为深嵌于接受环节内部最为深层和潜在的部分。概言之，针对所处不同历史范畴，对同部艺术佳作而产生审美的心灵接受，定然存在着不同的伦理视角和特殊的道德向度，而且它所能够获得呈现的美学意义接受状态也大致存在交锋（encounter）、融合（merge）、拓展（expand）[1]三种状态。

一、交锋

审美接受伦理（Ethics of Aesthetic Acceptance）所诉求的内容在实质上是同其所处的审美判断之间共同构成"视域的交锋"。只要我们的受众和艺术学所定义的"审美接受者"是社会意义上的精神和心理正常，并且思想也相对丰富的人，这种交锋就必然会存在。并且，这也是姚斯所论"理想之受众"观点的突出代表。诚然，美学下的接受观念也正是常常架构在以上的观点之中。当具有普遍性的、意义化的物质形成了一种多元化的、体系化的、具有一定召唤性的结构，那么一旦新型的艺术品面世，伦理就成为新的价值诉求。相关的作品是否能够符合公众的审美期待、是否能够召唤道德内在需求、是否能够回归艺术的"真善美"，这必然是电影伦理需要探寻的关键内容。艺术的生产者在作品中反映和体现出的现实伦理向度能否与接受者所处的审美期待的向度达成一致、产生一定的融合往往决定着艺术所处的品性。艺术在伦理学领域发挥社会性功能，实际上也是在根据接受美学的观点进行社会的质疑、参与人类意义的回答。无论是问题还是解决办法，我们所能够采取的方式都是依托伦理进行的思考。基于伦理视域，艺术作品必须要进入历史影响的视野，影响对于新审美、新形式的道德界定，同时要兼顾和考虑艺术审美形式对道德问题的冲击。

---

[1]　傅洁琳：《接受美学的伦理向度》，《西北师大学报（社会科学版）》2007 年第 3 期。

例如,《我不是潘金莲》叙述了一个中国化的"包法利夫人"形象,主人公"非个人"的迷狂呈现在中国观众面前时,也得到了同样的展示效果。伦理学向度无非是在不断地吸收其主要的、要害的历史因素。艺术作品最终所反映出来的、能够与作者有关的相关伦理性道德原则,也是同美学接受与道德判断方向相一致的产出。这些产出的积累最终构成了美学伦理的接受,其所处的向度也走向了多元,并趋于复杂化。《霸王别姬》上映后广受非议,这从电影伦理学视角来看足以说明作品在秉持其社会化伦理向度时,也常常会与当前受众所能够接受和适应的道德伦理向度息息相关。无论是冲突呈现抑或是逆向表达,基于此内容最终也会导致新型的、审美化的经验性格产生。审美的接受向度必然与其文本内容之间所处的冲突相互依托,它是暂时的,也当然是长期的保有自身价值。《霸王别姬》包含相对丰富的美学意蕴,具有深层的戏剧魅力,所以它能够逐渐地被大众进一步理解并不断地接受,最终升华成为一部经典的不朽之作。因而我们可以认为,艺术的审美接受在有些时候,甚至可以是具有一定阶段性、历史性的内容,它自然也是需要一步步在漫长历史的岁月洗礼中不断被检验,最终获得大众认同。与此同时,这也并非所有的艺术作品必须遵循和保证的历史伦理向度的内容。并不是所有的与大众的审美接受向度发生背驰的历史作品都会在后期的解读中被一步步经典化,这个过程首先是要保证作品本身的意义性。艺术作品是具有观众期待的,允许和保证由推测观众继续对相关的作品进行读解,这种程度也决定了它所谓的艺术性格。假如观众对所期待的作品与不断出现的新作品之间实际存在不一致的部分,那么观众在观看过程中也必定会打破已有的经验与认知,最终导致受众的认知水平不断改变和提升。这种观看过程中视野的不断交锋,致使审美视野也不断发生改变,最终可能会为广大观众提供一种可供关于电影作品伦理道德的参考和指向。

二、融合

民众对于伦理的价值取向所处的审美视域很大程度上是知之甚少的,融合的现实与所处的机遇一般而言是编织了道德伦理价值取向的社会大网。观者在具体观影过程中,自身的审美能力与道德的个体认知几乎是同时进行、广泛发生的。电影作品反映的思想内容、道德指向、政治倾向等一系列因素都会蕴含在这些审美的意境中。没有游离意象外的产出，这是因为审美的意象从来都不是一个纯粹化的艺术形式，而是有思想、有道德的意蕴形式。观众在观影过程中，审美形式、思想道德、情感意蕴都同时处在认知领域上，并没有主次、先后之分，它们是同时进出于受众的视界。

电影的伦理价值取向时常与观众的价值取向发生逆向交锋与冲突。观众会高度重视电影的创作者和接受者之间的关系，同时从历史的维度看，在伦理道德规定的范围内，二者又会出现融合与相通。优秀的电影作品必定是充盈着社会核心道德价值观念，包括"真""善""美""和谐"等。无论时代如何变迁，其核心价值仍然包含这些观念，成为流芳百世的经典。伦理道德的优良品性是决定时代的内容，不同地区和不同认知水平的观众在审美接受向度上，必然具有差异与本质的一致性。作品《泰坦尼克号》曾经历了二十余载汰洗，在时代的大浪淘沙中也仍旧蕴含着隽永的思想和光辉。然而人类总是会因为国别的不同或历史的不同而难以抵挡对审丑的抗拒，这也可以说是对"接受美学"富有挑战性的诘问。伦理价值与审美价值的融合应当是电影艺术作品能够富具生命力的重点，也正因如此，艺术才富有审美教育的现实功能。创作和欣赏主体的双向伦理其实是一种实质上的意义性融通。接受者和被审视对象的双重关系在伦理学评判上居于哪种程度上的融合，也都是需要斟酌的内容。

三、拓展

艺术的创作和实践之间的关系在一定程度上构成了审美的接受和欣赏，并且也主要体现和呈现于艺术的创作主体以及审美的接受主体之间的密切联系上。与此同时，审美的接受者在道德伦理的价值取向上也不断充斥着个体的审美视域内容。依托于艺术的完满形象，艺术作品才能够去表现"真""善""美"，继而去鞭挞"假""恶""丑"。每个艺术家都是在用那些不同于一般的、审美化的特殊方式传达给艺术受众新的理解，这也导致了创作的主体在与欣赏的主体产生联络时，能够最大限度地带来情感的契合与思想的共鸣。在人类历史上，熟知的生活化实践内容不光维护着现存的真实体验内容，同时要不断地推演非真实的可行内容。如果说要做到不断丰富新的目的、需求和理想，其实社会的行为空间自然是有限的。想要搭建通向未来的经验之路，我们或许终将要回归姚斯所说的"新的要求、愿望以及最终的目标"。这种审美接受视域下的创新化期待不断内置在审美接受群体的心灵深处，而他们的现存状态也正被当前的琐碎事宜、道德内容以及压抑的社会制度所包拢。这类私人化的、自由化的审美接受作为一种深刻的思维活动，它是要将受到长期压抑的人类欲求、现实理想除开，然后逐渐拓展不同的审美空间。于是，审美的接受便在这种引导受众伦理价值取向中进一步发展。

电影《鬼子来了》符合导演姜文一贯热衷的用荒谬来颠覆虚假的路子，在看似幽默和美好的表象背后揭示出来的就是那冷酷的真实。该片最大的荒谬莫过于马大三救了日军俘虏花屋小三郎，最后却被花屋小三郎亲手砍死。而片尾马大三被砍头的一场戏被姜文"荒谬的真实"演绎到了极致。其中的三个小细节把荒诞推到巅峰：（1）花屋小三郎已经高高扬起军刀，发现马大三脖子上爬出一只蚂蚁，于是用手弹掉。（2）在刀挥下来前马大三抬头扭脸瞪大了眼睛仇视着花屋小三郎。（3）马大三的头在地上笑了。简单地说，作为一部影片如果只是为了讲故事，那么最后马大三被一刀砍死不过是几秒钟的画面，点到为止就已经完成讲故事的任务了，但是导演没有停留在单纯地讲述一个故事的层面上，他想表现得更多。三个看似荒诞的小细节，把砍头这个再简单不过的细节做得"一波三折"。第一个细节是蚂蚁的出现。蚂蚁的出现把观众面对即将看到的死刑前的紧张情绪作了一个缓和，对行刑这一段落起到了一个调节节奏的作用；同时，蚂蚁的出现逼近了杀戮的血腥气息；还有，蚂蚁这个细节暗示出中国人的性命在日本人眼里不过是一只蝼蚁。这个细节的设置显然不是真实行刑的再现，而是用这种荒谬的方式来展示悲剧式的真实。第二个细节是马大三的抬头扭脸仇视花屋小三郎，圆睁着一只眼与落下的军刀对峙。这个细节并非仅仅表现马大三的英勇，更多的是与其他电影中那些被日本人残害的无辜百姓在临死前的混沌麻木和茫然形成对比，同时借马大三的视角让观众真切地看到了花屋小三郎在落下屠刀的那一刻丑陋的嘴脸。第三个细节是马大三人头落地的一笑。马大三的头颅在地上滚动，看到了一个滚动的世界，随后通过他的视角观众看到，花屋小三郎把军刀还给酒冢，酒冢又把刀还给了国军，国军执刀返回。滚动的天地象征的就是这个善恶颠倒的世界，善良的中国人把日本人当人看，而日本人却根本没有把中国人当人看。屠刀的传递把最终的凶手——日本帝国主义彰显得明明白白，凶手不是花屋小三郎一个人，是整个惨无人道的日本帝国主义。这就是事情的真相，这就是荒谬的真实。创作者对上述最后砍头段落的设计，既是对整部影片的一个升华，也是对接受者期待视野的一种提升。创作者设计的这三个荒谬的细节，不仅使观众对日本侵略者的仇恨得到了聚集和迸发，还引发了观众对那个黑白颠倒的世界人性的深刻反思。

审美的接受行为无论是视界的交锋还是融合、拓展，这所有的三个不同的层面都是在不断交错地出现。也正因如此，美学家朱立元才会认为处于实际阅读状态下的我们，会让审美、道德的视界发生几乎是同时的改变。艺术内容在思想道德和政治倾向等元素上都是要蕴含在审美的意象和意境之内。游离于其意象之外的内容绝对不会是相对的纯粹形式。故而，我们在观看影片时的审美形式和伦理道德意蕴当然也就并没有先和后的分别，而是一并进入我们头脑中的产物。此外，受众心理接受机制也应当具有其整体性，它是文化的心灵结构迎合艺术审美想象的期待性视界。除却审美，还包含有其全然化的社会经验、知识层级与道德标准。

第3节 电影接受伦理的共同性与差异性

从受众的立场出发，作为受众的电影接受主体应该以怎样的方式接受电影，是审美欣赏还是愤懑不平，受众的态度对电影本身的审美价值有着重要影响。从接受伦理的层面来看，电影接受伦理有其共同性，但个体的差异又导致电影接受伦理呈现差异性，体现出不同的接受伦理性质。

一、共同性

基于中国传统的文化视域去探讨观众的心理接受，我们不得不承认，所有的受众都将会处于传统的意义之中。此外，传统意义上的审美也会在不同的区域、不同的时期给受众留下深刻的印象。长期以来，传统审美观念以及审美接受习惯一直影响着观众对相关电影的解读和评述。曾经有位法国的服装设计大师在谈及影像作品以及审美民族趣味时，强调城市表情是服装，影像作品则是民族性情。确实如此,电影在很大程度上诠释和建构着民族性情,无论是内容还是形式,也无论是情致还是意蕴,几乎每部作品都会贯穿其中。

中国作为一个多民族的国家,具有不同的民族、不同的文化、不同的传统,在区域上自然也分有不同的审美心理指向。然而华夏民族历经沧桑、分分合合的历史在新中国成立后,也在审美心理上依托全球化语境融为了一体。华夏民族的审美心理当然不同于大量的西方国家,这种别具一格的审美特质、融合的审美心理在经过沧桑的历史演进不断发生蜕变后,在如今已然上升为当代社会的"集体无意识",不断流淌进炎黄子孙血液深处的美学价值。在如今,也深刻地影响着普罗民众的艺术接受能力。这种现象在早期中国就有突出体现:首先,中国传统审美是倡导美善和谐、回归天人合一、崇尚情理一致、保持刚柔相济、宣扬轻利重义、注重文以载道和道德教化的审美。我们的作品总是热衷于表现"大团圆"式的结局。并且,我国传统文艺的叙事原型一直以来就是在反映大量约定俗成的系列内容。比如崇明君、敬贤相,比如宣扬为民清官、歌颂侠义勇士,比如反映人伦亲情、昭示纲常伦理等。古代小农经济的家庭组织一直作为社会结构的最基本单位,家庭作为社会大组织的不同细胞,自给自足、男耕女织的"小家"又是稳定和谐的"大国"基础。家庭稳定关乎国家兴亡、关系社会安危,唯有家庭的秩序稳定,社会才能够风清气正,中国人骨子里是将"家""国"紧密相连的。从"修身"与"齐家",再到"治国""平天下",中国人的家国意识是由来已久的。无独有偶,在家国情怀中,我们也普遍强调慈悲、孝悌的伦理规范,信奉仁爱、忠信的道德内容。同时,联系家国意识的电影作品在早期的商业化时期有了大量的产出:1991年的《大决战》,1996年的《大转折》《大进军》,还有1997年的《红河谷》以及1999年的《黄河绝恋》都开始普遍关注市场。这些作品中,尤以《黄河绝恋》为甚,其在不断表现爱党爱民和爱国爱家的情怀中不断丰富情感内容,无疑是当时主旋律内容与市场结合后的最为成功案例。进入千年纪元(2000年)后,电影的商业气息也就愈加浓郁,一大批反映国家至上、民族和美的主旋律伦理电影也活跃在影像创作内容中。2009年的《建国大业》《风声》《秋喜》,以及2011年的口碑佳作《建党伟业》《听风者》,包括近年的《建军大业》《战狼》《红海行动》《我不是药神》《烈火英雄》《八佰》《中国医生》《金刚川》《长津湖》都是新时代反映家国伦理重要内容的力作。当代中国电影主旋律影片,除了家国至上、党政为民的演绎,今天的电影还存有其他值得担忧的非理性形态。紧随社会发展,国内电影受到各类内外因素的影响,其传统意义上的亲情和孝悌观念已经在历史衍变中出现了流变。曾经的亲情、友情、爱情观等内容在商业冲击下,已有些陌生和疏离,如今大众仿佛在道德的精神家园中走向了迷失。尤以当前迅猛发展、激烈竞争的当代社会为甚,人们普遍面临强大的精神压力,而表现"家文化""善文化"的伦理作品不失为一种精神良药。它能够填补人的精神空白,让其回归美好、感受温馨,给予青年梦想、中年满足、老年回味,最大限度地发挥艺术伦理的引导、补偿等功能。

二、差异性

"接受美学"的代表人物姚斯认为,无论受众品鉴何种作品,它都具备"期待视野"(Horizon of Expectation)。在姚斯看来,它是在"阅读一部作品时读者的文学阅读经验构成的思维定向或先在结构"。[1]而"期待视野"同时要受到个体文化素养、所处地位以及当前境况的影响。一个人的人生体验和生活经历以及他拥有的人物性格、个体气质与自我美学趣味都息息相关。"期待视野"在个体的表现上是千差万别的,它在人们对同部作品的理解上也会是"一千个读者就有一千个哈姆雷特"。我们在解释艺术作品时,自然也与解释一般文献内容不尽相同。艺术作品面对的往往都是主观心理内容的有效成分,并非那些客观的实际录入。因而,在艺术的诠释上,个体是具有较大的随意性和主观性的。艺术作品是主观生成但也是客观存在的,它主要具备两大特性。第一,艺术作品是作者创作存在的相关心态,是依托"有意味形式"建构而形成的庞大的"符号学系统"。第二,艺术"审美趣味"与"符号化系统"也是有前后之分的,它们在读者心灵屏幕上是能够得到显现的。

(一)时代社会心理因素

艺术作品并非只是形而上的展示其超时代的本质内容,它也可以如同美学家姚斯所说的那样,能够像乐谱般在其不断演奏中获得读者的新反响。人

---

[1] 姚斯、霍拉勃:《接受美学与接受理论》(译者前言),周宁、金元浦译,沈阳:辽宁人民出版社1987年版,第6页。

们生活并处于特定的时代以及特定的社会背景下,不同的时代和社会背景也终将会具有他们占据主导思潮和美学趣味的内容。相关时代的思潮、部分审美的趣味都会对观众产生一系列的影响,而这种审美也会影响每个个体对相关艺术作品的心灵接受、领会解读。如今,个体去接受所处时代的社会因素,也已经成了艺术欣赏者接受相关美学图式的主观性要素。我们对于电影文化的接受,包括历史时代的个体差异和群体时代的差异两大方面。我们的审美爱好会因为年龄的增长、生活阅历的加深,以及环境不同的变化而变化。在不同时期的受众也会对同一个作品有着截然不同的评判。比如,我们小时候看得有滋有味的一些老电影(《地道战》《地雷战》《闪闪的红星》等),现在重看会觉得有些简单幼稚,不仅因为场景单调、镜头缺乏变化,演员的表演也过分舞台化和刻板化。或者,过去我们对一部作品的接受,大多从认知和教化的角度接受其认识意义和教育意义,而今,观众则更多地从审美欣赏或娱乐的角度接受其审美价值和娱乐价值。再如,20世纪80年代,影片《少林寺》《望乡》曾引起"万人空巷",一票难求,有的地方甚至在露天观影场所出现观众被踩踏致死的情况,今天的年轻观众对此却很漠然。因为时代不同了,社会不同了,观众审美心理不同了。从时代来看,今天,信息多元化的审美格局为观众提供了太多的异彩纷呈的精神家园,一部影视作品让万人空巷的时代已一去不复返了。而从观众个体的历史差异来讲,当年被《少林寺》的精彩打斗和男女爱情吸引和感动的观众,而今却难以激动起来,因为经过十几年的沧桑变化,他们的许多思想观念和价值取向都发生了巨大的变化,有的甚至发生了彻底的颠覆。

(二)民族文化心理因素

所谓"民族文化"(national culture)是指一定的民族化生产和生活方式在适应社会及其意识形态时所形成的组织形式及其相关制度等内容。毫无疑问,任何民族都具有其典型的、富含意义的文化性象征。这正如"长城"是中国力量的呈现,"自由女神像"是美国文化的象征。以此为证,我们不难发现:中国文化讲究"天人合一",源于"道法自然",秉承"仁爱理念",五千多年渊源的古老文明富含东方诗意的哲学理念和美学思想。而美国文化中,则是富含幽默、保持风趣,其民众大多乐于追求感官刺激、爱好逻辑内容、偏爱造型动作等。并且,欧洲文化也在很大程度上不同于北美,其饱含着对历史的理性探索以及对人文精神的执着与关怀，往往更善于直接营造情调、制造氛围，有别于东方式的"内敛"。日本与中国同属于世界东方，日本文化在历史上深受唐朝影响，其文化中的"菊花""剑""刀"在历史发展中成为一种民族符号，并象征着"阴柔"与"刚烈"的美学意义，表达着"幽玄"与"武道"共在的集团精神与大和本性。不同的区域、不同的历史、不同的传统造就了不同的民族、不同的信仰以及不同的思维方式。并且，不同民族的观众因为其所处的政治、经济、文化传统和风俗人情的不同，在电影作品接受上也会呈现不一样的艺术倾向、不相同的审美趣味，得出不一致的伦理价值观念。心理学认为，每个人都浸润于社会特定的文化圈层，倘若其外在内容不断受到熏陶与个体约束，就一定会内化出尼采美学意义上的"自我"和"超我"内容。例如，中国传统戏曲《窦娥冤》《赵氏孤儿》《西厢记》等创造的大团圆结局，影响到中国的大多数电影观众更喜欢大团圆结局的作品，而事实上中国许多的电影也都是大团圆的结局。比如，电影《刮痧》，尽管拍了两种版本的结局——悲剧和大团圆，但到最后，还是选择了大团圆。而西方一些民族更欣赏像古希腊悲剧《俄狄浦斯王》等那样表现人与命运抗争的矛盾冲突紧张激烈、主人公最终以死亡告终的悲剧性作品，因此很少有大团圆结局的作品。

（三）潜意识因素

人类是具有本能需要的社会化群体，人类的欲望需要也必然要受到现实客观条件的约束。处于文明社会，各种各样的条规和秩序在一定意义上限制着个体的自我满足和无限释放。而电影艺术却能够在现实社会通过银幕虚拟镜像的内容使人类普遍存在的多种欲望获得艺术上的替代性满足和相对合理的宣泄。观众欣赏电影艺术作品的动力源就广泛存在于自我意义上的无意识领域。曾有观点认为，《卧虎藏龙》中周润发和章子怡在竹梢上追逐的戏，很微妙地处理了诱惑与欲望的内容。在作品中的章子怡面颊拂过迷茫，其期待的带有诱惑的表情甚至是带有几分"性感"的意味。这种表情与经常在电视广告、宣传海报和流行刊物的精美封面中出现的美女图极为相似，是当下消费社会经久不衰的最时髦、最经典的表情。这或许正是章子怡东方女性的惊艳之美能够在瞬间既征服东方观众，也征服西方影迷的重要原因。

关于"性"，国内外都基于不同视角，指出过人类普遍存在的原始本能欲求。人总是有对美好事物的向往和欲望；苏洵说过，好色和作乱乃人之本性。在西方，马斯洛从人本主义心理角度阐述了"需要层次理论"（Maslow's Needs Level Theory），弗洛伊德从精神的分析角度提出了潜意识（Subconscious）的理论。人欲多重，或以正当的渠道满足，或被压抑在自我潜意识之中。如若潜在欲求长期得不到满足，就会在压抑后爆发从而危及现实社会的安定。电影作为艺术甚至和宗教一样具有救赎功能，它可使相关潜在的欲望在不危害个体、不波及社会情况下，帮助发泄等功能，回归人本身的自我满足。冯小刚正是深谙此道，所以他拍的电影才在中国成为票房旗舰。因为他创作的目的就是要寻找观众欲望，满足观众欲望，使观众的欲望在走出电影院时得到释放，获得身心的愉悦。造梦工厂好莱坞的各种类型电影，从某种意义上看，完全是为了满足电影观众各种欲求来设计和拍摄的。

对审美的"接受伦理向度"的重视，实质上也是在强调着艺术家身上背负的重要社会责任以及相关历史性使命。处于当代的现实社会，商品经济大潮席卷人类的生活，各种思想和文化领域都在不断走向"角落化""边缘化"，而电影的叙事也面临重大改变。"片面化表述""形式化读写"等欲望叙事已经是甚嚣尘上。盲目迎合大众的艺术赚取经济利益，把受众当成了思想和欲望的垃圾消费群体。这种状态下的审美接受，已经成了大众消费以及资本运营的犯罪同谋。我们不能盲目地否定大众文化，也不能盲目地去批判消费的趣味，社会主义先进文化需要多元化，但不能低趣味、泛娱乐化。当前的电影生产现状缺乏伦理依托，我们应当深刻意识到分析审美接受伦理向度的重要性。学界也需要进一步重视和引导审美接受者的伦理向度、重塑道德反思体系，不断丰富、发展和提升电影的伦理解读文本，营造具有"真""善""美"的艺术伦理空间。

第 6 章
电影批评伦理

电影艺术批评（Art Criticism of Film）是在当前所有艺术批评中十分重要的、具有代表性的内容和活动。在鉴读艺术作品的基础上，每个批评主体往往会运用相关的理论方法，秉承科学性、客观性，进行有效的比较、全面的分析、整体的研究，从而得出与作品呈现内容相关的价值评价。电影批评一方面能够引导受众更好地品味电影艺术作品，另一方面能推动电影创作。与此同时，电影批评的实践还可以推进电影理论和电影美学的不断发展。

将"电影批评伦理"（Ethics of Film Criticism）作为一个范畴引入批评的行为活动和艺术反馈体系之中，一方面要针对和厘清发展中的电影批评的现阶段样态；另一方面要用电影艺术批评的重要理论来指导艺术实践。德国哲学家黑格尔在《美学》一书中就有批评现实存在相关对策的关系命题，他从研究理论的范式上建设性地指出了相关问题。一是"对象"是否存在；二是对象研究所研为何。所以用批评伦理来判断研究对象的合理性，目的在于加强研究的现实性。"对象"现存与否、状貌怎样则必然是电影批评伦理需要探究的重点。仅就词的字面意义而论，批评伦理仅指人与批评所设关系、相关伦理及其现象伦理的相关问题。可以称为"社会活动"方式批评，包含思想的内容、观念的立场、价值的需要、理想的精神及道德的态度和相关的行为模式与作风的习性等因素。与之密切相关的伦理价值和突出的道德价值取向，也要求进一步呈现人的实践活动伦理的内容。电影批评是社会意义上的实践性内容，表现了与其相关的对象及主客之间的关系。电影批评的关系构造，无疑也会纳入道德态度，昭示伦理向度。我们所架构的电影伦理批评旨在约束不同外在指向、创设统一话语体系。艺术也只有在遵循历史规律和社会伦理后，相关主体的合目的性才能够与其客体之间的合规律性产生统一。

第1节　电影批评的主体伦理

在电影批评活动中，批评主体的主观意识形态对电影批评活动产生直接的影响，决定着批评活动的价值观取向，其批评效应涉及电影批评主体伦理的范畴。因此电影批评主体的价值观、个体人格尤为重要，其对构建电影批评的学术伦理、职业伦理起着决定性作用。

一、主体伦理的界定

"实际上，伦理也是'关系之理'，是人在长期的社会实践交往活动中形成的一种利益关系。"[1]伦理关系是在一系列的关系化进程中，涉及利益的相关各方达成的价值共识，由此产生并逐步确立、纳入相关的个体规范，并不断地约束利益主体，形成自身行为模式和特色。电影批评的主体一旦进行文本解读与批评写作便会深受主体价值观的影响，这种影响是自内而外的显在性的，是有迹可循的伦理观外化。所以，伦理会对电影批评的价值倾向有所影响，这也是主体的伦理观再现，即主体伦理（subjective ethics）。

从广义上讲，电影批评的主体不仅包括电影批评文本的写作者，还包括与电影批评文本产生实质性互动的电影批评活动的参与者。这些参与者的身份可能与电影创造主体的身份有所重合，所以我们在这里主要探讨的是狭义层面上的电影批评主体——电影批评文本的创作者。电影批评和其他艺术批评一样是互动的过程，在这一过程中主体和客体分别从对方那里汲取了有利于自身发展的元素和养分，并且都为这一互动过程能够持续扩大提供了有效的艺术保证。就电影批评本身而言，作为主体的影评家们往往具有主导性，这种主导性很明显地体现在电影批评主体对电影文本或者说是电影现象具有话语阐释、意境再造的能力。所以我们将那些作为批评的内容拿来讨论，也

---

[1]　罗志敏：《"学术伦理"诠释》，《现代大学教育》2012年第2期。

就是要最大限度地对电影内容的批评本身进行操作分析和学理化探究。另外，也要对电影艺术批评主体的批评素养进行细致的探讨。与前面我们已经讨论过的电影批评的特性和功能不同的是，对电影批评主体的研究舍弃了对批评本身的价值属性的判定，而只是限定于电影批评文本写作者的具体阐释。这一点与20世纪中期以来的全球格局下的文学批评和电影批评理论的"作者论"趋势是相互照应的。

在电影批评的操作实践过程中，电影批评主体应对已经存在或者即将出现的各种电影文化现象做出独特的审美判断，同时表明自己的电影批评观念，以便给予电影文化的发展路径以积极良性的价值引导。通过对电影文化现象和产业动态的分析，帮助电影创造主体总结经验教训，引导观众观影消费，推进电影业界规则的合理运行，并积极推动电影理论体系的生成和发展。电影批评主体如需使用上述艺术手段在电影批评过程中发挥自己的作用，就必须具备一定的批评素养，夏衍先生在与"软性电影"思潮论辩时就明确地指明了这一点。"电影批评对于观众而言应当为解剖者、警告者、注释家和启蒙人，这种姿态能够帮助电影作家创造性地理解艺术[1]。以进步世界观参与艺术理解姿态，以艺术向导回归自然内容，这也是最后要完成并且需要保证的社会最初机能。基于此，我们也认为作为批评家和评论家的个体，要对相关的艺术抱有基本的负责态度，批评内容理应要被加以严肃讨论。

（一）电影批评主体伦理的立场选择

电影批评是一门独特的艺术科学。其所以独特，首先，在于电影本身就是一门综合性的艺术，它与科技的发展紧密相关，又天然地与商业经济有不可分割的密切联系。它的艺术信息、接受方式、审美效应是此前的任何一门艺术都无法比拟的。其次，由于电影艺术的上述特性，随之带来了电影鉴赏的复杂性、多变性、主观性，这就给电影批评提供了更加困难的任务。要求批评主体以丰富的学理知识和专业知识，面对独特的电影现象、电影作品，在影片鉴赏的基础上，以十分科学、审慎的态度去做出评判。也正是由于电影批评的多元化导致了批评文本内容多样化的不同因素。而且，电影批评的主体也在广泛进行着电影的批评行为。无论持有何种立场最终都会在电影批

---

[1] 夏衍：《电影批评的机能、影评与剧评》，杭州：浙江大学出版社2009年版，第7页。

评的伦理中显露出主体个人的伦理倾向。因此，电影批评主体的伦理立场便成了电影批评伦理的重要组成部分。因为我们无法消除也不能消除电影批评的差异性，也不能要求电影批评主体采取统一的批评方法和批评观念，所以，电影批评的伦理构建更多的要与电影批评主体伦理进行统一的考量。也就是说，电影批评主体的伦理倾向是会对电影批评伦理有直接影响的。在此语境下，电影批评主体伦理的立场选择便成了电影批评伦理的首要因素。

客观立场。电影批评主体伦理的客观立场，首先，要求批评主体不能用党派的、政治的、阶级的观点代替艺术标准去品评一部作品。但在"文革"时期，由于受到政治因素的影响，当时大多数的电影创作和电影批评都受到了政治话语的左右，没有能够客观地从电影本身进行批评。其次，不能不顾作品实际，对一些粗制滥造的作品予以廉价吹捧，这种违心的赞歌，既是对艺术的不负责任，又误导了观众，还损毁了批评家自己的声誉。例如，前文提到的在2017年上映的《纯洁心灵·逐梦演艺圈》在国内引起了巨大的争议，影片上映后，观众的口碑呈现一边倒的差评，但是依然有诸多的专家学者为影片的营销站台，不顾影片的实际艺术水准而大唱赞歌。最后，要防范批评的主体受到潜意识和固有印象的影响，对批评的对象给予了偏离内容的非客观评价。这种情况往往是表现为对名人的作品一律说好，不敢客观地指出其缺点。例如，姜文的影片《太阳照常升起》和《一步之遥》，张艺谋导演的《红高粱》《大红灯笼高高挂》，四部影片在叙事上都采取了极具个人风格化的抽象处理，大部分观众在当时都觉得影片晦涩难懂，偏离了常规的观影体验，但许多批评者仍一味说好，不能够科学、客观、准确地指出影片的不足。

价值观立场。充分选取其自我价值立场、并要在确证其世界观基础上回归价值本位，选取人类的正价值文明精神，并在规范体系内参与作品自我批评和社会批评，它同时是我们的电影批评需要兼顾的内容。我们期待电影批评的公正、崇敬清醒的立场、坚定的艺术批评操守，要有能够尽力脱离政治性权力和资本利益的干预的态度和气质。电影批评家的文艺知性离不开对电影艺术批评的干扰。我们要依托社会参与下的自我认知，艺术批评家的价值立场选择是需要回归社会健康发展的内容和向度的。而要做具有独立之精神，自由之意志的批评家，就应当去填补他的个人言说空间。影评家的价值、评论的立场都是要取决于其独立性的自我观念和价值表达。

电影批评家选择什么样的价值观,以及他们的价值观是否清晰和坚定,与电影批评家的知识水平、人格信仰、生活体验等密切关联。与此同时,批评者价值的定位与选择,还将反映在批评者对未来思潮和历史走向的把控和预测上。在纷繁多样的现实社会中,保持"风骨"实属不易。批评者需要回应人类的终极价值,需要保持积极的价值趋向。任何有意义的价值都是在明确的历史性判断下得出的。高尚的批评者能够在各种利益的诱惑和各种权威的胁迫下,给出不失去自己的价值地位的判断,也有人可能由于政治权威的强制,不得不放弃自己的理想,失去自己的价值立场,表达一些与个人价值判断相左的观点。美国系列影片《复仇者联盟》《美国队长》《速度与激情》,以及《巴顿将军》《现代启示录》《阿甘正传》《血战钢锯岭》等都是在极力宣扬美国英雄主义价值观;而中国的《战狼》《湄公河行动》《红海行动》《金刚川》《长津湖》等影片均在宣扬中国的主流价值观。事实上,不少影评人对中美电影的批评都没能做到客观公正,没有在历史唯物主义和辩证唯物主义的立场下展开讨论。

全面性立场。秉承辩证观和历史观,批评家的视野、态度以及评判内容都需要做到全面的整合、理性的再创作。同时,对文艺批评的对象和内容的评估同样要依托相关作品,并参考其社会背景进行判定。在某种程度上,资料收集越丰富、越详细,越有利于做出科学、客观的评判。要做到全面、辩证、历史的分析,还要着眼多样文本内容、回归综合形式评判,避免内容单一、片面性言论。另外,应注意不要仅以社会的、道德的尺度评价作品,还要结合历史的、美学的尺度观照作品,不能因作品的微瑕而否定整个作品,也不能因为作品很成功,就对其不足视而不见,避而不谈。

(二)电影批评主体伦理的人格因素

电影批评主体不仅要有正确的立场,还要有符合人类文明发展的价值观,法国哲学家狄德罗认为"真理""美德"都是艺术的好友,成为伟大艺术家和批评家的首要条件是有德行。我们应该具有深刻的情感,真理与美德让我们感动,个体人格对艺术家而言一定是重要的。经典的电影作品往往经受了"经典化"考验,这其中的创作和批评的伦理判断则是其不容忽视的因素。比如,通过《阿甘正传》我们可以收获梦想的力量,体会到人生的价值。电影作品也正是要通过其所包含的精神价值去实现人类灵魂的熏陶。电影批评主体通过对电影作品的解读和研究,最终形成电影批评文本。其批评主体的人格修养将不可避免地影响他作品中的精神成就。因此,电影创作者必须拥有高尚情操、独立个性,电影批评家必须要有社会美德、参与意识和自我超越的态度。因为电影作品的精神价值是由创作人员和批评家共同创作的,特别是通过电影批评家的阐释才能更好地展示电影作品的精神价值。从这个角度来看,电影批评家只有与电影创作者一起,才能共同完成电影作品的"经典化"。

二、学术伦理

学术伦理(Academic Ethics)"包括学术道德在内的一切学术规范的逻辑起点和基本原则,也决定着学术人的学术良心、道德理想及行为"[1]。其作为伦理体系的一个重要内容,也是所有的相关利益参与方必须长期操作、不断执行的关联内容。电影作为反映现实社会的实践行为内容,同样需要在逻辑起点上秉承对应的文化原则。在学术活动中,身为影评人必然要以自身"德行"为基石,遵从社会伦理关系。学术伦理对于电影批评而言是一种道德标准和本质属性。在某种意义上,批评伦理的呈现也是批评主体利益关系处理应循之"理"。作为理性应然,它也需要体现普遍客观的内容,需要不违背其原始"底线"。就目前的情况来看,电影批评的学术阵地主要集中在高校、科研机构以及主流媒体等层面。与网络批评和自媒体批评不同,学术阵地的电影批评一般都带有严肃的学术性质和严谨的学术写作规范,批评主体不追求个人情绪发泄和随感式碎片化的写作,更多的要从学术高度对文本进行深度的阐释,遵循一定的艺术规律和电影艺术标准。因此,带有学术性质的电影批评更加地突出条理,更具理性层次,更具抽象概括性。与此同时,学术伦理也就理所应当地成为电影批评主体的约束条件。如果说学术道德是实践活动应当遵循的规范,那么学术伦理则是文化价值的内涵与逻辑原点。但随着网络媒体的兴起,越来越多的人能够自由地进入电影批评这一领域,并且随着后现代主义文化的影响,学术批评的严肃性正在被逐渐消解。网络上充斥着大量带有谩骂、攻击、低俗的电影批评,这些声音的出现既没有承担起解读影片的功能,也缺少了文章阅读的美学价值。这说明,批评的主体伦理如果无

---

[1] 罗志敏:《大学学术伦理规制:内涵、特征及实施框架》,《清华大学教育研究》2010年第6期。

法独立出来，在一般的、普遍的学术体系下，我们必须尊重相关的道德产出。

电影艺术批评，要对其主体伦理进行研究，这既是前提标准也是历史根据。在目前这种多元文化和价值并存的电影市场环境里，有必要追求电影批评最基本的道德义务。美国电影《录取通知》探讨教育的分层现象，甚至是戏谑地指出了教育阶层分化的突出问题；国内影片《烛光里的微笑》《老师好》真实地刻画了国内八九十年代的教育现状，讴歌了教师的职业神圣性。泰国的《天才枪手》，印度的《三傻大闹宝莱坞》等突出反映了教育诚信问题，美国的《教授》《万物理论》《心灵捕手》《美丽心灵》《十月的天空》《死亡诗社》《风雨哈佛路》《模仿游戏》等影片更是在剧情和相关内容上融入了学术的思考。对于这些反映教育界和学术界故事的影片，我们也必须依托现实学术伦理展开相关内容的解读。正如前文所说，电影批评是全面客观地解读和分析影片文本，对文本进行有意义的阐释，营造更加健康有序的电影市场秩序，这也可以说是电影批评遵循社会伦理的基准线。然而商业社会、经济"全球化"导致过量爆炸信息源产出，浮躁和功利也导致了大量学术不端的现象发生。例如，学术主体抄袭他人成果，抢先翻译外文成果，凭空捏造实验数据等情况屡见不鲜。在电影批评领域，学术不端的现象时有发生，最为常见的便是学术抄袭。例如，近年来就有多起新闻报道涉及国内的学者或者高校学生抄袭他人的研究成果，有些几乎是全文转摘。这种行为是完全不可接受的，完全违背了科学研究的原创精神，也是对学术伦理的践踏。所以，电影批评主体要遵循学术伦理的要求，要自觉地用学术道德来约束自己的学术研究行为，树立起学术研究的规范意识，在进入电影批评之初就一直遵守学术规范的要求。

三、职业伦理

职业道德（Professional Ethics）是指"从事一定职业的人们，在职业生活中所应遵循的具有自身职业特征的特殊道德规范，以及与之相适应的道德观念、情操和道德品质的总和，是社会占主导地位的道德或阶级道德在职业生活中的具体体现"[1]。正确认识职业道德，是职业伦理理论建设的基点。马克思

---

[1] 吴敏英：《伦理学教程》，成都：四川大学出版社2002年版，第117-118页。

主义伦理学认为，作为道德范畴的"善""恶""良心""公正"等，不是从人的自然本性中引申出来的，更不是"绝对精神"的产物或上帝的启示，而是在人们的社会生活中形成的，是个人与社会之间复杂的道德关系的反映。不同的阶层和阶级、不同的历史时期，人们对道德范畴的理解和赋予它的实际内容都是不同的。职业伦理（Professional Ethics）体现了社会经济关系中业已形成的职业道德的普遍要求，是职业道德原则和规范所包含的全部内容的概括和总结。

印度电影《嗝嗝老师》反映的是教师的职业道德，韩国电影《检察官外传》讲述的是检察官的个人救赎，中国电影《嘉年华》则折射出小人物的职业伦理缺失。中国电影《中国医生》讲述的是在突发的疫情灾难面前，广大医务人员的职业道德操守及奉献和牺牲精神。大多数人总是要从事一定的职业，在职业岗位上承担社会所要求的责任。从事一定的职业不但需要特定的知识和技能，还需要具备相应的职业道德。职业道德既包括与主体相关的外在职业行为，也包括其职业内容所需要的活动。这种行为和活动的生成，有着其内在相关性基础。与主体职业的道德内容相互关联，从业者会在工作中主动遵循，也会依靠相关舆论和部分习惯内容来维系行业的规范、践行所应必备的品德。伴随现代职业发展，职业道德也在不断生产和接续演变。

职业电影批评者的产生和发展，是由电影艺术和电影产业的发展决定的。职业的电影批评者的职业伦理自然也和社会其他职业群体一样，都需要遵循相应的道德规范。电影批评者的职业伦理有其特殊性，即精神空间的道德自律与职业规范的有机结合。电影批评者所从事的工作是纯粹的精神活动，需要与国家民族的主流文化、社会公序良俗、职业法规保持一致。只有这样的电影批评者才能拥有正确的职业伦理。在主导文化与商业文化不断交融的今天，电影批评者的职业伦理就显得更加重要。

美国第一个凭借艺术评论获得普利策奖的影评人——罗杰·伊伯特，为《芝加哥太阳报》写作多年，他的许多影评段落成为DVD封面的推荐词，而他成为电影评价的标志性人物。他在文章中写道："如果以第三人称写影评，就好像它是一种客观事实一样，这怎么行呢？如果影评不是主观的，那么就有点骗人的意思了。"[1]"中国最近的许多电影都强调它的异国风情,或其近代历史上悬而未决的事件。"[2] 以及"天主教让我成了一个人文主义者,早在知道这个词之前我就是这样的人了。"[3]"大多数人过着普通的生活,他们的梦想和恐惧与我们相似。"[4] 从以上的概括中可以看到罗杰·伊伯特电影批评的核心关键词:创新、思想性、人性、批评、文化价值。这些当然是伊伯特长期坚持的东西。比如,他关于《星球大战前传3:西斯的复仇》的评价中谈到在《星球大战前传2:克隆人的进攻》中,描述过量政治性阴谋;在《星球大战前传3:西斯的复仇》中,则是回归于这一系列的电影中的经典"太空歌剧式"开篇艺术风格。在其演员演绎、语言对白等相关内容上,作品中有和之前相同乃至直接借调过来的言语腔调。并且在《星球大战前传3:西斯的复仇》的情节中,相关的打斗内容场面也有着要比其前面的作品更丰满的内容。只是依托大量的壮观场面脱离精良的特技和艺术表演,但在表达上不一定会带给人以深刻的电影艺术印象。只有站在权威的位置,才会以这样的自信进行断言式的批评。伊伯特的影评在商业时代闪烁着理性光芒。一部获得伊伯特赞赏的影片,往往会成为各大电影节关注和追逐的大热门。反之,一部被他无情地抨击过的影片,将很快迎来商业上的惨败。当然,他的独具慧眼,也使一些小成本艺术电影,大放异彩,避免了被永久湮没、遗忘的命运。贯穿在罗杰·伊伯特批评文章中的创新性、思想性、人性、批评态度、文化价值等元素,尤其是他对于这些价值元素和职业信仰的坚守,正是每位职业电影批评家应该学习和遵守的可贵品质。

第2节 电影伦理批评的范式

电影伦理批评的范式(The Paradigm of Film Ethical Criticism),是指批评主体站在伦理的立场之上从不同维度对电影展开批评,在批评过程中又必须

---

[1] [美]罗杰·伊伯特:《生活本身》,北京:世界图书出版公司北京公司2015年版,第8页。
[2] 原文参见2000年7月28日《芝加哥太阳报》。
[3] [美]罗杰·伊伯特:《生活本身》,北京:世界图书出版公司北京公司2015年版,第424页。
[4] 原文参见《芝加哥太阳报》2000年7月28日。

遵循相应的批评伦理，于是便形成了特定的批评思路与方法。如批评的目的是什么？批评所遵循的标准又是什么？因此，电影伦理批评的范式不仅是维度上的区分，而且是在历史发展进程中形成的相对固定的、公认的理论体系和方法。在电影伦理批评的具体实践活动中，形成了道德伦理批评、生态伦理批评、产业伦理批评三大主要批评范式，形成了相对固定的、体系化的批评传统。

一、传统道德伦理批评

前文中，我们对伦理与道德的概念与关系进行了阐释与辨析。从伦理与道德的概念出发，电影的批评主体对电影的伦理思想、道德性质发起了批判，形成道德批评和伦理批评的批评传统。作为上位概念和下位概念，道德批评是涵盖在伦理批评之中的，是伦理批评中更多涉及人性道德的批评范畴。传统的道德伦理批评（Ethical Criticism of Social Morality），是电影批评者以电影文本为对象、以当时的道德观念为标准，对电影中的道德现象进行价值判断，即一部影片所具有的善或恶的性质成为评价电影好与坏的直接标准。易言之，电影道德批评侧重于对电影文本进行善或恶的评判，强调影片的现实道德价值。电影中的人性道德呈现与现实生活中的人性道德是何种关系？传统的道德伦理批评倾向于对电影表现人性发起道德拷问。

西方也好，中国也罢，道德伦理批评都源远流长、影响极深。之所以会有特定的、合乎情理的道德意识而产生、发展和体系化的道德伦理批评内容，则是由于这些道德伦理内容之间构成的道德关系，反过来又要参与艺术评价，成为评价的重要标准。比如善与恶的基本范畴界定，则是取决于它对相关对象采取何种取舍和态度的内容认知。道德伦理批评看重的是人的道德意识与伦理教化。在古代社会，等级化的社会关系及其所衍生的治理制度催生了历史上不同的伦理取向。在古希腊时期，就有所谓的美和善的"同体"学说。中国在先秦时期有了美与善之"相乐"的美学观念。快乐之物因美故而有善。伦理从亚里士多德后就被定义成对人类之善。电影伦理不仅包括电影创作者的相关职业道德内容，也包括电影行业呈现的价值取向。电影伦理涉及多个方面，它包含电影相关行业、大众媒介及电影从业者。这些个人和机构在电影的创作与传播过程中，表现出的价值取向及道德选择都是作为德行社会人们日常的基本内容。"在影视创作和传播活动中,伦理的尺度从来都是定义行业和职业规范的核心内容。"[1]电影在伦理学上的坚持及抛弃,不光与所处的行业有关,也和受众的审美趣味、个体价值取向及大众评判标准息息相关。创作者和欣赏者共同努力才能建立优秀的电影人文品性,回归合理的伦理样态。电影的诞生与发展,总是带有生活的烙印。电影从最初的技艺逐渐发展成为一门艺术,到如今,已经在很大程度上起到了古代神话、传说、小说、民间故事和戏剧的作用,将经济、政治、文化、社会、自然等现象和问题从单一的口头、文字、形体的形式桎梏中解脱出来,并在融合多种形式的载体——屏幕上进行更为直观和精彩的展现。不得不承认,作为一种成熟的、独立的文化体系,电影已经为世人所接受。

道德伦理批评是中国电影批评的重要组成部分。从总体上看,将电影中表现伦理价值的内容置放于艺术层面评判,也是电影介入社会伦理评价、把控社会道德规范的重要方式。在我国早期的伦理批评中,大都以儒家文化作为电影伦理道德批评的基准。具体来说,传统的伦理和早期着眼于道德的电影批评又可分为专注道德伦理内容的伦理批评模式和专注电影技术或艺术技巧的技巧批评模式。当然,在某些具体的批评文本中,这两种批评模式又是结合在一起的,进而伦理批评模式往往既是技巧批评模式的基本前提,又是其最终目的。为了方便表述,我们将这两种模式并列起来,同时归于总的道德伦理批评模式之中,最终将其落脚于关乎人性善恶的道德批评上。

(一)批评目的:评判影片的道德伦理内容

评判影片的人性善恶与道德伦理内容,是传统道德伦理批评的主要目的。除传统民族文化心理对中国电影批评的深刻影响外,中国电影在生产和传播过程中的社会效应,则主要依托于国内电影批评界所做出的选择性评判的道德伦理相关方面。

例如,2014年上映的一部"打拐题材"的电影作品《亲爱的》,该影片讲述了主人公田文军等父母失去孩子和寻找孩子,以及农村妇女李红琴抚养被拐孩子并与孩子亲生父母争夺孩子的故事。这部影片以家庭伦理出发,情节叙事表现了伦理矛盾和伦理冲突,并且整部影片的叙事动力也来自伦理本身。

---

[1] 袁智忠:《影视文化纲要》,重庆:西南师范大学出版社2017年版,第262页。

在影片中，田文军从一开始就陷入了重重的伦理危机之中，首先是与妻子离婚独自生活，紧接着他的孩子被人贩子拐走了。故事的开端便将主人公放置在了伦理危机的旋涡之中，后续的情节都围绕着找孩子进行。在此值得注意的是，影片为剧中的主人公设置了多重的伦理问题与危机，随着旧危机的解除，新的危机又开始涌现，在反复延宕中推进故事前进。例如，田文军与前妻的伦理危机主要是离婚和寻人，但在寻找孩子的过程中二人不断地弥合情感的鸿沟，解决了第一个伦理问题，并在影片的中间部分二人找到了丢失的孩子，看似田文军的双重伦理危机都得以消除，但他又面临着新的问题，一个比孩子丢失更加严重的问题。因为时间跨度大，孩子被拐卖后已经忘掉了曾经的生活，如今被解救回来后反而无法建立父子亲情。这是田文军陷入的新的伦理危机——父亲身份的丢失。最终，影片采取了较为圆满的结局来处理田文军家庭的伦理危机，前妻放弃了组建新家庭的可能，选择回到田文军和孩子的生活中，用合家团圆的方式给观众留下美好的想象空间。

（二）批评标准：传统儒家文化的伦理道德观

孔子在《论语·为政》中评《诗经》说[1]"无邪"就是不邪恶而合乎善的标准，就是有道德价值。因而，在孔子看来，"郑声淫"，就必须"逐郑声"。基于此，我们也认为伦理的、道德的批评，其价值和尺度也必然是基于相关道德准则的。我们在去实现那些作品的修德化过程中，不自觉参与教化内容，正如《毛诗序》所说，诗应用来"经夫妇，成孝敬，厚人伦，美教化，移风俗"[2]。道德作为历史性范畴，作为一种伦理的关系和一种历史性的因素，其在不同的时期、不同的社会发展阶段以及民族的区域，在相关的不同阶层中，其道德的意识和伦理之间的关系以及善恶的标准也都会有着不同的甚至相互的对立的因素，而中国伦理道德观就是以传统儒家文化为基础的。

如果说，评判影片的道德伦理内容，是传统伦理道德电影批评的主要目的，是在批评界对中国电影民族形象的塑造、对中国电影社会地位的提高以及对中国电影市场的争夺过程中得以体现的话，那么将传统儒家文化的伦理道德观作为电影批评的主要标准，则是电影批评者们在对电影与社会人性道德、电影与娱乐以及电影与教育等关系的讨论过程中，有意或无意贯彻的。

---

［1］孔子：《论语》，张燕婴译注，北京：中华书局2007年版，第12页。
［2］郭绍虞：《中国历代文论选》（一卷本），上海：上海古籍出版社1979年版，第30页。

电影的人性道德呈现与社会道德的关系,是传统道德伦理批评最为关注的话题。因此,作为传统的儒家文化,相关的伦理与道德的观念就是这些类型化电影的主要批评准则。

基于现实的能动作用,电影及其对人的影响力便成为电影批评首要关注的层面,而在这一点上,社会道德问题首当其冲。当然,对社会道德问题的强烈兴趣,也取决于电影批评主体的内在素质。不仅如此,在电影的批评与选择上,社会道德伦理的传统标准也极容易成为被不断忽略的重要内容。主流的意识形态会在一定程度上深刻地制约电影批评的发展。面对大量普遍的受众,电影终究还是逃避不了愉悦人心、怡养耳目、调息生活的基本特性。我们在不断地强调道德、阐述标准时,也不能否定其相关娱乐的特性。电影批评作为一类社会性标准,娱乐也是应当放在独特位置上的内容。即是说,作为道德标准的补充,娱乐标准是不可或缺的。

二、生态伦理批评

生态伦理批评源自生态伦理的概念,所谓生态批评(Ecological Criticism),美国生态批评的主要倡导者和发起人彻丽尔·格罗特费尔蒂认为:"生态批评是探讨文学与自然环境之关系的批评。"[1]其研究的文本最早是脱胎于美国西部文学以及自然文学的研究,大量内容直接源于"自然文学"。往后其所指涉的领域从文学逐渐拓展到电影及其他文艺形式,既然生态批评是探讨某一文艺形式与自然环境生态间的关系,那么实际上我们所讲的生态批评就是生态伦理批评(Ethical Criticism of Ecology)。比如,电影的生态伦理批评是通过探讨电影中人与生态环境的伦理关系,从而反思现实的人与生态环境的伦理关系,并教导人类应该如何更好地处理人与生态环境之间的伦理关系,这也是生态伦理批评的价值与意义所在。

在生态批评甫一兴起,就表现出两个印象清晰可见的领域。这两大领域不仅包括来自内部的批评要素构成的生态系统化伦理,也包括来自外部的批评要素构成的生态化系统伦理。仅从该系统批评的生态整体来看,它也算得上内外统一、逻辑严密。所谓的外部构成要素不光指社会时代还囊括文化与

---

[1] Cheryll Glotfelty & Harold Fromm, *The Ecocriticism Reader: Landmarksin Literary Ecology*, The University of Georgia Press, 1996, pp. XVⅲ.

其所处的环境、历史的氛围等。也正是这些重要的内容体系化后，进一步出现了批评的要素、架构并形成了批评的生态系统。并且，我们所强调的生态研究，其基础依托的学科也是"生态学"。而"生态学"则是探究生物、权衡环境及其二者之间互相作用和机制发展的自然课题。细究起来，它也应当包括地理环境、生命科学、体质人类学以及涵盖所有动植物在内的集成生物学范畴内容。故而，"生态学"也是跨学科体系的新学科，生态伦理是在新的综合学科基础上再次发展成型的内容。由于单一的追求社会的发展，单一的依托科技的高速开发，在经济的迅速发展下人类生存环境也日益面临不断恶化的新问题。也正是因为当前凸显的生态问题，学界在呼唤生态文明理念的同时，不断地将生态自然科学引入生态人文科学。如今关于人类自身、民族样态、社会现状、文化发展以及文艺走向和审美流变的生态学也都扑面而来。这些学科分支众多、综合交叉、相互联系，也已经成为本书"批评生态""批评生态学"中广泛援引和重要研究的相关组成内容。《鹈鹕的故事》讲述了一个加拿大家庭万里拯救候鸟的故事，《极盗者》虽然作为犯罪片却是对生态环境的致敬。《地心营救》以灾难片的形式向观众呈现相关内容的思考，《我们诞生在中国》以纪录片的形式诠释了生命的价值，动画片《蓝精灵》《冰川时代》等更是直接反映生态伦理的题材。还有《伴你高飞》《可可西里》《蓝色金脉》《一个看不见的世界》等也都是生态伦理批评的有效文本。

生态批评家们在进入 20 世纪 90 年代后，也开始弥补其前期所未曾涉及的相关缺陷。如今，他们已经广泛地将自然之概念延伸到了荒野。并且，大量的学者也将注意焦点不断聚焦于如今世界普遍受损的城市自然环境。甚至在处于非自然化环境的今天，生态的批评也能够进行广泛的揭示其文化赋予的价值和意义。这也正如同斯科特·斯洛维奇（ISLE 主编）所认同的那样："没有一个主导性的世界观指导生态批评实践———在生态批评学术与教学中，无单一的策略统摄一切"，"假如一个学术研究方法可用于某些类型的文学作品，那么它也可为生态批评所用。另外，没有一部完全不能从生态批评视角进行阐释的文学作品，也无作品处于绿色阅读范围之外"[1]。如今的生态批评也已经给文学研究带来了重要的影响，这种影响既包括文艺转向，也涵盖

---

[1] ScottSlovic, "Letter," PMLA, vol.114, no.5, Oct.1999, pp.1102–1103.

生态研究的中心化倾向，还包含对艺术的新观点诠释。第一，我们是将文艺研究的重点跳到了"人与自然"之间的关系上。文艺创作开始直面自然、转向自然、呼吁自然、重构自然，这在一定意义上是对传统"文艺是人文"的概念的巨大挑战。第二，我们由于开始重视了生态的文明价值，由此将长期的、被忽略的、被边缘化的文艺推向了文艺研究的中心地带。第三，生态批评不断地引发对经典作家、经典作品的重新定义，相关作品在多元文化主义、后殖民主义以及女权主义等观点上有了新的定义内容。第四，基于生态批评模式，我们丰富了文本研究、扩大了读解范围、融合了解释方法，在不断地研究生态批评的理论建构与方法研究上也是具备了新的产出。来自美国哈佛大学的劳伦斯·比尔教授认为生态批评理论的研究具有六个重要层面的内容。第一，自然科学和社会科学的学科层面结合。要考虑使用诸如自然化的生态学、进化生物学等内容和人文化的地理学、社会生态学等内容的集合，以此建构起可能的研究模型。第二，视觉化研究仅仅作为环境伦理的研究处所，只能作为批判人类发展的中心地带。我们也要在基于人类生存的状态以及所处的位置，参与历史分析的理论内容。第三，需要去重建相关的指涉论点，以此进一步去介入环境再生产内涵。第四，在涉及相关媒体以及政府机构等内容时，我们需要跨越那些相关的学科界限，也包括大量的原创研究内容。第五，在讨论生态艺术与生活实践关系上，不能彼此不分，而是要重视彼此联系和作用。对于生态的批评理论探究，显然具备显著的跨学科内容特性。第六，需要特别指出的是，如今生态批评严格上说它还是不够成熟的，迄今为止生态批评也尚未产出具有导向性的作品。

（一）批评目的：反思人类与生态环境间的伦理关系

无论未来的生态文明如何发展和演变，我们在关于那些人类活动的终极反思上，也应当做到万变离其宗。"生态学"批评一定需要去广泛地反思那些人类的文化构建内容。同时，应当去重构那些人与自然之间的协调与发展。人类社会善于利用自然文明，同时在积极的发展中，它不断地走向了自然化的工业文明时代。在环境危机突出的今天，现实已经将人类生存陷入生态危机之中。如今，生态伦理批评也需要建立在反思人类文化和重建生态文明的社会背景之下开展。并且，我们需要去避免相关的环境灾难以及构筑德行的人文诗意，这也是我们需要迫切加入的内容。

人类的后知后觉唤醒了对于地球生态保护的强烈责任，当前具有社会责任的人们普遍地具有拯救生态和救助人类命运的高度使命感。艺术领域的"绿化运动"也已经在如今这样的文化样态下普遍发展。我们基于生态视角，透视整个文艺发展样态，也需要广泛地反思和审视相关作品产出。我们在对当前人类思想文化以及社会的相关模式进行深刻的探讨后，就会广泛地理解这一系列的自然态度及其行为。也正是因为人类在后期具备了环保的意识和生态的观念，才进一步保证了当前的环境生态平衡和人类社会的协调可持续发展。拆解与颠覆当前西方传统，信奉自然和文化融合的人类中心主义是生态批评重要的课题和内容。然而，历史上的人与自然长期对立现象却是比比皆是。西方社会最早在希伯来文化影响下的基督教，其《创世纪》中就有宣扬人类战胜并控制自然的思想。这也正和古希腊罗马文化中体现的相关精神同根同源。此两种文化也都是以人为本，认同大自然的工具价值、肯定人的主体地位。作为价值裁决的人作为万物尺度，被普遍认为伦理道德关系是不存在于人与其他生物之中的。然而，此类思想也正是导致生态危机的始作俑者，这些论著广泛受到了生态批评学家的诟病。当我们系统梳理并批判这些理论时，发现这些涵盖思想文本的内容，反而成了践行生态艺术批评和构筑理性文化批判的重要出路。此外，生态伦理批评也与"女性主义""族裔研究"，甚至是"同性恋"相关命题的探讨等形式有着类似之处，它们都是作为人类文化中长期被边缘化的他者代言。上述三种批评都是关注人类社会中长期被忽视、压迫，甚至是排斥的特殊群体。而生态伦理批评所关注的却是非人类世界的自然物。并且，这种亲缘关系下的生态伦理观在与上述边缘产物结合后，也衍生出了"生态正义论""生态女性主义"以及"生态多元文化主义"等相关的批评形态。学界对生态学的伦理批评绝不能单一停留在反思个体自身文化和颠覆其生产的功能之上。我们需要先破后立、破立结合。人文科学想要拥有学科建设性，也需要在广泛继承前人的思想前提下去解决相关思想问题，建构新型的生态哲学生命系统。这个系统旨在不断确证人与自然之间的关系、不断更新人与自然之间的相关伦理法则。生态哲学生命系统的意义在于不断解决其关乎人类发展、社会进步以及生存悖论的相关问题，我们应当主动去定义那些相互依赖甚至具有多重粘连的复杂意识行动。换言之，就是要建设那些如美国俄勒冈大学教授路易斯·韦斯特林所述的强调事物关联、基于经验内容的非二元对立产物。

（二）批评标准：政治立场与伦理关怀

在克里斯托弗·希特看来，巴兹尔·威利的著作《18世纪的背景：这一时期思想中的自然观念研究》中的很大部分都是为生态伦理批评提供的"石蕊"测试。克里斯托弗·希特认为，与其将生态的批评当成具有流派意义的兴趣标签，倒不如直接回归到那些政治性的确证视角[1]。生态伦理批评一方面关乎人类的文化开发；另一方面注重社会的过度消费。此外，它也与"女性主义"、"马克思主义"以及"后殖民主义"等大量相关的批评方法密切关联。批评是要充分去承担相关伦理立场的，在一定程度上，生态伦理批评的理论依据来源于生态文学，其中需要重新而全面审视的是明确的政治立场以及关怀自然的伦理内涵。

在克里斯托弗·希特看来，研究生态伦理批评的相关学者在一定程度上会将政治伦理和作品创作相融合。但是，不排除有的人在政治伦理中进行有关领域的全面界定。毕竟当我们以政治的视角去写作批评文本时，确实需要全面地向相关棘手的问题敞开大门。基于此，从而对学术研究对象以及其与现实生活的联系进行界定。依据克里斯托弗·希特的观点，这些内容恰恰也是包括批评家在内的所有人需要加以全面考虑的前提。在批评的话语体系内讨论，无论是"客观性"还是"批评距离"，其相关理念也都是在学术研究中能够得到广泛实现的内容。单从"教学价值"来看，批评以及现实分裂模式是没有操作意义的，这是由于教育接受者，普遍需要了解让他们阅读的文学以及与他我之间息息相关的内容。倘若教育发起者要在教育场所中激发学习者兴趣，他就必定要规避如同考古寻求蛛丝马迹的状态，进而去引导他们的思路和模式。教育不仅要向接受来自主体展现出来的研究对象的自我投射，还需要全面研究有关于道德伦理规范的一些内容。这就要求我们要联系过去与现实，并把教授艺术的相关内容融入生活。如今各大高校以及教育界同人都普遍存在对于环境问题的兴趣，而生态的伦理批评也正是要向教育那样去建立与过去之间相普遍联系的方法。工业革命以来，人类在征服自然的过程中，都将生态置入了空前的危机之中，而这种危机也在根本上反映了资源的

---

[1] 杨丽娟、刘建军：《关于文学生态批评的几个重要问题》，《当代外国文学》2009年第4期。

争夺。生态问题的产生也和社会问题密不可分,人类对于自然界的统治实质上也从属并源于社会学意义上人对人的相关统治内容。正是社会学上人与人之间的关系决定了人类与自然界之间的关系,不同群体的人在矛盾状态的直接反映,其实就是关乎自然内容的资源争夺。由此看来,我们要解决关于生态危机的问题,首先要解决关于人类自身欲求的伦理问题。

(三)批评的原则:审美的自然性

生态审美从其目的而论,首要的原则即是自然性。生态审美是对自然的审美,它既不是将具体审美抽象为形而上的理性,也不是通过具体审美去对应审美情绪以及人格力量的内容。传统审美与生态审美二者相比较,它不是一定要去突出审美者,而是要集中突出自然的审美对象。审美者在普遍感知自然的主客体关系建立和与审美对象交互产生的关系上是极其感性的,而生态的审美也旨在具体感受并阐释自然本真之美。生态审美的自然性突出原则也使得自然美在美学的历史上获得了深入的探讨。遗憾的是,在早期,许多美学家普遍钟情于解读"艺术美"而非"自然美",生态内容在工业时期没有能够成为人类内在的精神表达和外化的本质力量。黑格尔认为,真正的美就是"艺术美",他曾长期坚持认为"自然美"是低层次的内容。著名的英国生态批评家贝特也指出黑格尔的论述是将艺术作品看作完全由人类创造的最为纯粹、高级的创造品。也正是"人化"的艺术将人类同动物区别开来,承载了自由、尊严等启蒙主义相关精神。亦如黑格尔在《美学》中强调的,艺术是修复自然美并对相关缺损内容所做的努力。唯美主义作家王尔德对自然满怀不屑,忽视乃至鄙视"自然美"。很长时间以来,我们的钻研艺术,缺少对自然的关注,然而艺术真正能够给我们揭示的却又是那些在自然构思之中的不足。自然因素层级被看作难以理解的"粗糙"、单调乏味的"内容"以及那些未曾精细雕琢和细心修整的状态。艺术是对我们精神的再现,是教会我们能够去安于其适当位置的慷慨馈赠。

如今,生态伦理批评已经将自然之美放置在了一个前所未有的高度,而且它的自然审美观念也截然不同于传统的审美内容。生态批评学家布伊尔认为,作家的审美感知过程,不单单是那些不变和给定后的相关模式。文学生态审美是要去表现自然本身之美,而不是去表现自然的抽象性认知和个体思想。布伊尔立足于自然审美研究视角,对很多批评家关于作品自然描写所具有的态度问题提出了质疑。布伊尔认为,大多数学者会让描写的重要性回归自然物本身。对于自然物的概念,其基本的意味或者被赋予的程度,都是没能引起足够重视的内容。相关人员也普遍只会去重视那一系列的意识形态的性质,以及与自然形式的象征。

生态审美依托自然性的原则,要求我们借助抽象性的态度和方法,用自然物化、意识化和形态化的内容去建构生态的审美。而且,我们还需要排除自然的、工具化的相关审美内容。工具化审美所涉及的是自然审美的对象,这个对象作为一种必要的途径、有利的手段、明显的符号以及其他对应产物也能够作为对应自然、抒发情感、暗示思想、表现形式、比喻内容、象征心灵世界以及作为象征人格特征工具的相关内容。当我们最终抛弃了"工具化"审美,也就是相当于在生态与非生态审美之间界定和标明了原始的边界。正如布伊尔的观点指出,我们对待自然的审美对象是绝对不能够将其功利化、工具化的。在生态的艺术空间里,"非人为制作"的自然内容也是能够建构框架,依据相关手段来全面呈现的。并且,这种自然的脱离"人化"的内容,也是要作为人类能够开始认识和显示的对象来得以进一步表现的。

三、产业伦理批评

电影的批评若要成为一种独立于其他形式的艺术形态,就需要不断地去探索相关的问题领域,对电影理论的相关资源进行专业的考察,同时需要拓宽艺术视野,明确批评的对象和目的。此外,也需要建构相关的批评方法,在遵守和尊重不同的批评准则以及批评者时,去建构、拥有和回归相关批评形态,去拥护批评的良性共同体内容。电影批评同其他的艺术批评一样,必须经过不断的实践,然后不断深入完善。"产业批评有着不同于社会学、艺术及文化批评的标准、方法和对象,有一批运用产业批评标准及方法进行批评实践的批评者,产生了一系列批评成果,因此可以被视作一种独立的批评形态。"[1] 批评的对象多种多样,电影产业的内容关注消费市场、关注票房档期,关注根据需要和上座率去调整放映时间和营销模式。此外,涉及的影迷观众与演艺明星、制片管理和经营运作等内容的商业模式以及投资、融资、院线

---

[1] 李云凤、沈鲁:《产业批评——电影批评领域的新趋势和新形态》,《湖南大众传媒职业技术学院学报》2016年第1期。

建设、政策体制等相关类型模式，也都影响深远。传统的基于社会学视野下的伦理批评是普遍地关注于电影思想隐喻、社会内涵、个体意义和教化功能的。影片声画的协调、影调的配合、光线的适用、摄录的布景以及场面的调度和结构的框架、人物性格的塑造等都是长期作为相关主要批评对象和内容的。一般来说，都是从文化批评的角度来分析艺术批评产生的社会文化语境的。因为它所表现出来的文化意义以及文化心理会与社会文化语境相互产生作用。而从社会文化心理角度分析观众观片时的心理则不难发现，许多情形也都与影片文化的寓言息息相关。产业伦理批评则和多种社会文化因素息息相关，如在意识形态上，《流浪地球》圆满诠释了中国形象。韩国电影《高跟鞋》则是后现代主义的有效实践。美国抽象主义大师汤伯利的电影《黑板》则是第三世界的寓言与荒诞，国内电影《夏日暖洋洋》则是文化研究事业的有效呈现。

无论是社会学视野还是艺术学区间，或者是文化学领域，艺术批评在其方法上也多是采用定量定性的分析法。而产业伦理批评（Ethical Criticism of Industry），就是引进定量分析的重要内容。这种方法是对市场、票房以及观众的检阅，同时体现了跨学科的趋势。文化产业的批评有着较为强烈的跨学科性，同时有别于其他的学科内容。产业批评是文化在前、商业在后的产物，它与产业经济、市场营销、文化管理等是紧密联系的。文化产业的伦理批评在一定意义上是依托文化、回归社会、诉诸哲学、兼顾政治等综合化话语体系的结合体。并且，在如今需要共同跨越、积极创设的诸如心理、文化、传播等相关学科上，文化产业的伦理批评与新型学科之间结合的角度和侧重点也是不一致的。如今的产业伦理批评，甚至已经在改换以往的社会政治和文化艺术标准，在关乎衡量和查阅电影质量的观念上，市场的盈利即"票房才是硬道理"的尺度在商业时代已经成为重要的参照内容。

（一）产业伦理批评的目的：指导电影的良性生产

批评的主体在其专业的身份产生变化后，引发了电影产业的伦理批评边界之问。因此，在社会学、艺术学以及文化学的相关范式下，卷入了大量普通的、非专业批评者。这些从事电影批评的业余爱好者，许多人具有其他的相关学科（如文学、艺术）的学科背景。这些"客串批评家"在进行电影批评时，也深刻地影响到了电影的内容产出。而基于产业的伦理批评模式，批评者群体阵容还被扩充加入了经济、管理和营销等相关人员。这些能够被称为"商业批评者"的影评人往往是把电影作为一种商业产品来对待。他们一方面有力地为电影提供了多样的特别是商业的参考；另一方面却忽视了电影的艺术性和文化性。基于此，我们不禁发问：电影学专业真正意义上的批评是否应该包含经济、管理以及营销的商业批评模式？电影的批评是否在商业化时期就需要去回归综合性，从而进一步建构跨越学科体系的批评模型？如今产业伦理批评依然面临"存在于哪里？""归类于哪里？"等相关问题。的确，电影是商业的产物，在如今的商业社会，扩充产业批评的队伍就是增强产业的批评力量，电影必然要参考商业营销等相关内容，但是需要综合判断，不能完全从属。毕竟关于电影的专业批评，是具有学科特殊性的，而非专业背景的人仅仅依托单一跨越的讲述，自然会缺乏专业的深入度。

就当前产业伦理批评现状来看，经济学、管理学、营销学等相关的商业批评模式已经和电影的专业批评模式在相互融合和借鉴中发展开来。纵观电影和艺术批评史，可以发现，在产业伦理批评方面展开的研究并不算多，其相关研究也并没有成熟理论。大量的学者也已经在今天看到了这些相关的问题。在林少雄看来，关于电影的产业研究其实是管理学和经济学的研究范畴，而不是属于电影本身。一方面，在研究电影时拓宽了电影理论的研究范畴；另一方面，在一定程度上戕害了电影本体的内容。如今学界有一种前沿观点，认为电影文创要以"创"通路，需要整合包括策划、创作、营销等在内的所有产业链环节。在打破艺术壁垒的同时分割矛盾，由此去全面地解决电影艺术研究的相关问题。但在目前看来，这一批评范式也仅仅是部分学者的假设。这种批评模式的效果仍有待于依托后期大量批评实践不断完善。值得注意的是，在产业的伦理批评边界上，我们所面临的问题是批评要秉持怎样的理念？依托怎样的立场？从属于社会科学甚至是商业内容的经济、管理、营销等学科，在批评之时去秉持价值的中立、追求研究客观等方面是需要认真权衡的。电影学、电影产业学、电影批评学作为人文学科渗透人文关怀、诠释价值理想，在保证客观性和科学性的同时，会促进人类文化繁荣、社会健全发展。

（二）产业伦理批评的标准：商业与艺术的平衡

产业伦理批评标准往往是以电影市场的盈利能力为重要的考核参照。电影市场的"盈利能力"包含了电影的票房、电影版权收入等内容，是一条关于文化产业链的内容。并且，娱乐产出以及大众文化等标准也对应于相关产业标准，在商业时代和全媒时期，电影必须具有娱乐功能和审美价值才能提高电影市场的营销能力，不同电影的批评标准是依托电影社会价值产生的，这也就影响它极有可能会在特定状态下导致批评标准的错位。有些时候可能也会出现由于相关不同标准造成的价值高低严重不均等现象，特别是对那些互相矛盾的标准尤其如此。电影的价值可能会被放大，其原因在于过度放大、过度标准化、无视标准等情况。这就导致其他的不被看到的价值被忽略或者全盘否定。电影的表现方式是多种多样的，表现着创作者不同的目的和创作意图，因此影片会呈现不同的风格。对于具有不同美学风格和艺术样式的影片，必须尊重创作规律。我们单一的利用个别价值标准去评判影片类型，并不能从一种深刻而又客观的角度揭示影片的真正价值。所以在评判批评标准时，我们需要对同一影片做不同的价值定位，这对电影批评而言，是比较重要的且需要长期关注和发展的内容。产业伦理批评的问题在于矛盾内容之间的不协调，主要体现在与社会、文化、艺术的标准上。文化想要成为产业必须具备两种标准，即文化生命张力和文化生存活力。同时兼顾观众和市场的文化，才是有生存活力和生命张力的文化。仲呈祥提出，"电影工作者不能为了区区几百亿票房放弃中国电影彰显中国精神和文化自信的神圣使命，不能放弃中国电影优秀历史传统坚守的价值观、审美观"[1]。我们是绝对不能单纯以票房去衡量电影的价值。

　　有效衡量影片的内容和价值，产业标准绝不能是唯一的，在市场能力、商业价值以及影片艺术性、审美性、文化性内容上，产业标准是无法全部涵盖的。但是，产业标准绝对不能忽略，电影如今处于产业化的文化生存境遇，产业的标准已经成了评估影片价值内容的基准。商业化时代，不考虑市场，就不能很好地发展和生存。电影拍摄的成本来源主要是商业投资，只有在市场盈利后才能够偿还成本。只有具备相关利润，才能够维持电影生产和再生产，保证电影摄制的长期投资。商业和娱乐的价值是电影批评绕不开的一大内容，对商业电影的评价应在满足艺术标准和文化标准的基础上，充分考虑电影的产业价值。国内《西游记》系列的影片曾经被多方改编，在产业模式

---

[1] 仲呈祥：《中国电影与中国精神》，《中国社会科学报》2017年3月29日。

推动下，它已经不单单是家喻户晓的文学小说，周星驰的《大话西游》有着不同的解读，动画电影《大圣归来》也具备相应的创新。即便是对于《小时代》这些针对特定亚文化人群的都市作品，以及大电影《熊出没》这些面向儿童的系列动画也都在商业运作模式上下足了功夫。对产业价值，IP的打造已经成为商业时代的新宠，在产业链建设上，既有周星驰、成龙等大批的电影创作人员，也有由动画、漫画等衍生出的梦幻世界，更可以是类似《盗墓笔记》这一类诡谲奇绝的改编电影。

当然，不同的题材是具有不同的评判标准的。主旋律电影侧重于社会的价值、艺术电影突出艺术和文化价值，但与商业电影相比，其盈利性也可能会略逊一等。所以面对不同的电影，批评也应从多重维度去考虑其优缺点，不能单方面依托产业标准作为唯一的衡量依据。任何影片都不能全面兼顾所有的内容，在评判影片价值的时候，需要采用不同的标准，并且根据批评内容划分对象。在批评影片时，我们必须多方面地协调不同的批评标准，必须恰当地评判影片的价值。批评本身也只能对相关标准的可衡量内容进行相关界定，我们不能够僭越其本身的批评内容，更不能以单方面的标准去衡定影片价值的高低。

第3节 电影批评的伦理规范

电影批评作为主观性较强的活动，必然受到个体意识形态的影响，甚至出现违反社会伦理道德的极端趋利现象，以致违背道德原则去为某些电影刷好评、刷口碑。因此，除批评主体的道德自律外，电影批评的伦理规范就是为了使批评活动更加规范化、符合社会的道德预期而被提出来的，电影批评的伦理规范包括电影批评主体规范、电影批评方法规范、电影批评的传播规范等多方面的内容，共同推动电影批评良性生态系统的构建。

一、电影批评的道德自律

（一）道德自律

道德自律（Moral self-discipline）是道德主体借助于对客观世界的认识，

借助于对现实生活条件的认识，自愿地认同社会道德规范，并结合个人的实际情况践行道德规范，从而把被动的服从变为主动的律己，把外部的道德要求变为自己内在良好的自主行动。因此，道德自律是道德主体根据现实道德约束和规范自我道德行为的自我意识。道德自律具有普遍性和特殊性。普遍性是指自人类文明诞生以来，在人类的成长过程中认识到，个体作为社会成员的一员，必须与社会道德规范保持一致，因此，经过长期的涵化效果后，社会的道德他律变成个体的道德自律，对道德规范产生认同心理并主动践行和遵守这一道德规范，而道德规范常以"人类行为应该如何之规范"存在。如人们通常认同人们应该保护环境、保护地球生态，这成为一种道德常识。那么具有道德自律意识的个体便会主动维护和践行这一规范，如个体下意识地将垃圾丢进垃圾桶，并且会制止乱扔垃圾破坏环境的个体，或者把他人扔的垃圾捡起来扔进垃圾桶里。在历史的推进过程中，这种道德自律逐渐变成全社会所认可的道德"常识"。

道德自律的特殊性是指由于不同历史时期、不同国家民族、不同地域的道德规范各不相同，因此道德自律通常是在特定时空形成的自觉意识，诸多在这一时空人们自觉遵守的道德规范却在另一时空中被颠覆。例如，"三从四德"是中国古代封建社会用于约束妇女的行为准则与道德规范，在封建社会里，妇女自觉践行"三从四德"才是"好女人"，否则就会遭致道德的谴责。但是，新中国成立以后提倡男女平等，女性地位逐渐提高，"三从四德"的道德规范逐渐被抛弃，此时再提及"三从四德"必定会遭致社会的唾弃与反对，因为它已经不适应现实文明的社会发展态势了。因此，道德自律还具有时空约束下的特殊性。

道德自律作为一种在社会道德规范的涵化效果作用下形成的自主行动，更多是一种自觉意识，是由个体自觉遵守和践行道德规范而实现的。但是道德自律在很多情况下并不具有强制性，即总有人不遵守社会的道德规范。如乱丢垃圾通常不会受到惩罚，于是社会上便有了道德失范现象的存在，当道德失范现象超过一定的程度之后，触及底线便达到违反法律的程度，便由具有强制性的法律介入其中以维持社会秩序。然而，道德自律仍然具有必要性，其价值和意义就如一个人在形成道德自律后即使独处也能通过内心的道德自律来自觉规范自己。道德自律在道德规范失效时仍然能够发挥作用，维持社会的稳定。

（二）文艺批评的道德自律

文艺批评的道德自律（Moral Self-discipline of Literary Criticism）则是指在文艺批评的范畴之内，文艺批评的主体在对以文艺作品为中心的一切文艺现象进行分析、评价的科学活动中，自觉地遵守文艺作品的创作规律和文艺批评的道德规范所形成的自我意识。文艺批评的批评对象即文学和艺术，具体而言包括小说、诗歌、戏剧、美术、影视等。文艺批评作为一种分析和评价活动，不可避免地具有主观性，提倡文艺批评的道德自律就是为了避免和防止文艺批评活动中失德问题的出现。好的文艺批评是文艺创作的一面镜子、一剂良药，是引导创作、多出精品、提升审美、引领社会风尚的重要力量。真、善、美作为文艺批评的基本标准，也就要求批评者必须传递出真、善、美的价值理念。而好的文艺批评除理论与政策指导外，更需要批评者肩负社会责任感，心存社会良知，树立起严格的道德自律，自觉尊重和维护文艺创作的基本规律和社会的道德底线。

实际上，文艺批评的道德维度是早已有之的重要传统，如古代文艺理论《文心雕龙》《毛诗序》等要求文学艺术要以情化人、以美教人，达成道德教化目的，文艺批评的目的即是传递儒家的道德规范。而经典文艺批评作品的产生离不开刘勰、郭思等文艺批评家对儒家道德规范的自觉恪守与践行，文艺批评的道德自律的自觉性是在历史的发展中形成的，对后世有着深刻的影响。新时代文艺批评的道德自律是以社会主义核心价值观为基本准则，当代大多数文艺批评家在批评活动中自觉肩负起社会责任，明辨是非善恶的鲜明立场，坚持对真、善、美的弘扬和对假、恶、丑的批判，坚持"用明德引领社会风尚"，形成了良好的社会道德风气。

但是，当前在商业利益的驱动下，许多文艺批评成为个体利益的维护者，文艺批评的艺术规律与道德原则正逐渐被商业营销和人际关系所湮没，导致指责当前的文艺批评的声音不断，"诸如批评疲软、乏力、滑坡、缺席、错位、失语、脱节、失职、捧杀与棒杀、抬轿子、戴帽子、吹号子等抱怨声更不绝于耳。"[1] 有的批评家为了批评而批评，甚至根本没有对文艺作品展开阅读，仅

---

[1] 张利群：《论文艺批评的"自律"》，《中国文艺评论》2016年第8期。

凭借多年经验便高谈阔论，甚至是故意狂轰乱炸或阿谀奉承，在相互吹捧中逐渐迷失自我，观众只能望而却步。于是，在社会责任与商业利益之间的博弈中，文艺批评者的道德自律意识便显得弥足珍贵，成为浮躁批评环境中的一股清流。

因此，文艺批评的道德自律是文艺批评者在面临众多诱惑和干扰的情况下，仍然能够自觉恪守社会的道德责任，坚持文艺的基本规律，发扬真、善、美的价值理念。习近平总书记在文艺工作座谈会上指出："文艺批评要的就是批评，不能都是表扬甚至庸俗吹捧、阿谀奉承，不能套用西方理论来剪裁中国人的审美，更不能用简单的商业标准取代艺术标准，把文艺作品完全等同于普通商品，信奉'红包厚度等于评论高度'。文艺批评褒贬甄别功能弱化，缺乏战斗力、说服力，不利于文艺健康发展。"[1]正如清华大学校长邱勇在发放录取通知书的同时赠送《老人与海》给新生，却遭致部分网友的怒批，认为这是崇洋媚外的行为。这是典型的批评错位，对于一部文艺作品的好坏和对于文艺批评者的评价标准竟然是由国别而定，便失去了批评本身的价值和意义。回到问题的源头，《老人与海》这部经典文艺作品到底值不值得推荐给国人，这首先应该取决于对该作品的正确评价。那么，《老人与海》到底是怎样的一部作品？王小波在《海明威的〈老人与海〉》一文中如是评价："《老人与海》讲了一个老渔夫的故事，但是在这个故事里却揭示了人类共同的命运。我佩服老人的勇气，佩服他不屈不挠的斗争精神。"[2]所谓"没有调查就没有发言权"，在文艺批评中绝不能打着所谓"爱国主义"的旗号没有细读作品就进行无谓的狂轰乱炸和道德谴责，如此，便是文艺批评的失德。只有心存敬畏，恪守道德底线，在理解文艺作品的内涵之后展开批评才能不断地趋向于真、善、美的艺术追求。

（三）电影批评的道德自律

电影批评作为文艺批评的范畴之一，既具有文艺批评的共性，又有其特性所在。电影批评的道德自律（Moral Self-discipline of Film Criticism）是电影批评者在分析和评价电影的过程中自觉遵守电影创作的基本规律和电影批评的道德规范所形成的自觉意识。与其他文艺形式相比，电影作为以视听语言

---

[1] 习近平：《在文艺工作座谈会上的讲话》，《人民日报》2015年10月15日。
[2] 王小波：《一只特立独行的猪》，北京：北京十月出版社2017年版，第189页。

为表达方式的艺术类型，是现代科技与艺术的综合体，具有直观化、大众化等特征，已经深入人类生活的方方面面，成为人们日常生活的重要组成部分。正如列宁所言，一切艺术中，电影是最重要的和最大众化的艺术。基于电影的巨大影响力，无论哪个时代都特别重视电影的导向作用，要求电影创作与电影批评都应该肩负起社会责任，引领社会的价值走向。电影批评通过对电影的分析和评价来引导社会导向，必须"坚持电影批评的自律性，坚持艺术批评的专业化导向，坚持电影评价的美学取向，已成为电影艺术批评应当恪守的基本职业道德。"[1]电影批评的自律性便要求电影批评者坚守道德底线，无论是学术话语批评还是商业评价都要秉承社会道德责任和学术依据，避免在商业利益的侵蚀下污染批评的文化环境。

  从历史角度来看，电影批评的道德自律滋养了严肃的学术批评传统。沿着电影艺术创作的历史脉络，电影批评从最早的报道、评论逐渐发展成为一种独特、重要的批评方法。其中，一代又一代电影批评家和理论家肩负社会责任与道德使命，开创了电影批评的优良传统。包括爱森斯坦、普多夫金、巴赞、克拉考尔通过对电影创作的艺术规律进行深入探析，正是在电影本体艺术规律和道德责任的驱动下，这些电影批评者为我们留下了宝贵的电影批评成果和思想理论财富。爱森斯坦虽然强调使用蒙太奇手法来营造和强化视觉冲击力，但他也明确指出故意使用蒙太奇技巧来操纵观众是不恰当并且不道德的，对滥用蒙太奇手法的创造者发起了严厉的批评。而这一批评实践正是以爱森斯坦为代表的电影理论家、批评家在道德责任与遵循电影本体规律的基础上进行的。于他们而言，这种道德责任感是自发形成的，无须外在强制因素的干预，在电影创作和电影批评的实践中，道德自律催生了严肃的批评传统，成为后来学者进行批评实践的基础，同时这种道德自律又反过来促进了电影创作的发展。

  反观现实，电影批评的道德自律有利于促进商业主义环境下良好批评生态的形成。在以学术批评和商业批评为主的批评话语实践中，电影批评的道德自律成为规范批评话语的重要力量。在现代科技和商业背景下，新媒体使话语权不断下放，媒介不再是少数话语精英的舞台。在此环境中，电影批评

---

[1] 贾磊磊：《媒体时代电影批评的道德失序与话语重构》，《艺术百家》2006年第2期。

呈现百花齐放的态势，既有专业学者的学术话语批评，又有大众化的商业评论。学术话语批评对于引导批评导向具有关键作用，但同时不能忽略猫眼、知乎、豆瓣、微博、微信公众号等平台的电影评介对电影本身所产生的强大影响力。在这类平台中，不乏客观、公正的专业影评人，但是网络舆论的非理性化也使大众的直观评价发挥着越来越大的作用。例如，《我的姐姐》（2021）上映之初，就出现了褒贬不一的评价，大多围绕"扶弟魔""独立、自由女性"的矛盾中产生争议。在此基础上，赞成者和反对者形成了鲜明的两大阵营。而"大众媒体为了争夺读者也在制造针锋相对的舆论擂台"[1]，使观众丧失了独立自主评价的权利，沦为大众评论的附庸，有的观众因为一条猫眼评论直接放弃观影，那么这样的评论其立场和价值有待考量。当然，这并非是反对公众言论的自由表达，而是呼吁一种更为理性的、具有社会责任感的批评言论。作为一种公开传播的话语，批评者必须肩负社会责任、严格道德自律，不能只关注批评的态度，而不关注批评的内容。譬如一个电影好，它究竟好在哪里？一个电影坏，它又究竟坏在哪里？新媒体不能成为一个阿谀奉承或穷凶极恶的批评舞台，这很有可能成为一种伤害，而发布言论者却不会受到任何惩罚。任何的批评都必须有其理由，即在新媒体赋权下，批评者虽然拥有自由表达的权利，但仍然需要遵守社会的道德准则，心怀敬畏、理性地去进行批评实践。因此，批评者的道德自律就发挥着至关重要的作用，对于促进批评生态的良性循环意义匪浅。

二、电影批评的伦理规范

美国学者皮滕杰认为，"一项伦理准则，或者说行为规范，是一套由一群人建立起来同时也规范着这一人群的准则"。[2]由此可见，伦理规范（Ethical Norm）指的就是伦理准则，是在一个社会中约定俗成的、共同认可的行为准则。伦理规范的形式包括习俗、法规、准则等，作为社会共同认可的行为准则，无论是明文规定还是约定俗成，其在人类活动中都具有规范意义，但这种规范在实施过程中更多地是具有他律意义，即属于社会于人的外在约束。道德自律则是伦理规范在社会生活中潜移默化地内化于人的自觉意识，属于

---

[1] 贾磊磊：《媒体时代电影批评的道德失序与话语重构》，《艺术百家》2006年第2期。
[2] [美]皮滕杰：《行为研究的设计与分析》，马广斌译，北京：中统计出版社2006年版，第104页。

自律的范畴。它来自伦理规范但又与伦理规范相区别开来，人们是社会实践中无须明确提醒也能按照心中的道德意识进行活动，从而成为一种自主行为，道德自律使伦理规范真正能够落地。

因此，伦理规范与道德自律实际上是自律和他律的关系，但这种自律又必须来源于自律。那么，伦理规范对于社会生活的稳定起着先决作用，它是道德自律形成的基础，也是我们开展社会活动的保障。在电影批评的实践中，形成了诸多约定俗成的伦理规范为其保驾护航，具体而言，包括电影批评主体规范、电影批评方法规范、电影批评的传播规范等多方面的内容，一方面对电影批评起到约束作用；另一方面又推动电影批评朝着规范、科学、严谨的方向发展。

（一）电影批评主体规范

身处大众传媒时代，当前我国电影批评的媒介环境呈现多样化态势，既在传统纸媒、电视和如今的新媒体环境（微信、微博、知乎、论坛等）中广泛存在，批评主体身份不断分裂与泛化，整体表现为官方批评、专业批评、娱媒批评和民间批评等多个批评主体并存的局面[1]。诚如李道新教授所言："在全球化格局、市场化诉求和互联网语境之下，中国电影批评真正进入一个思想多样、话语驳杂、隐晦难辨的新时代；尽管这种失去焦点、缺乏权威乃至游戏对象的电影批评，经常会让习惯了传统批评的电影人和批评家满怀忧虑，但在某种意义上，网络时代的电影批评打破了单一决定论和本质主义的思想文化模式，超越了不可放弃的使命感及其始终跟随的西方视野，有望真正成为一种彼此商榷的价值建构方式和平等交流的话语生成场域。"[2]我们既要肯定其中的正确内容，又要对一些偏激、错误的观点进行理性的批判，从伦理道德的层面对其加以规范，发挥电影批评伦理规范应有的作用与价值。

专业电影批评的学术伦理。专业电影批评主体主要以电影相关的专业学校、普通高校、专业研究机构相关人员为代表。就现状来看，这类批评存在着缺乏反思意识和批判精神，甚至是学术人格、学术良心、道德自律的丧失等问题。有见地的、一针见血的批评文章出产困难，反而是一些批评者出于"友情"批评，以应景之作或恭维之作面世，往往对一部电影作品大加赞赏，

---

[1] 袁智忠：《大众传媒时代电影批评的伦理化思考》，《电影艺术》2010年第3期。
[2] 李道新：《重建网络时代的电影批评》，《中国艺术报》2015年3月23日。

虚无地拔高影片的内在价值和审美趣味，营造一种完美的假象。在这种所谓善意的环境中电影批评的专业性和学术性大为丧失。部分从事专业批评的人员为了彰显自己深厚的学识，片面地搬出西方文艺批评的各种模式、方法进行"套评"，这种批评文章往往晦涩难懂，难以和我国当下的批评实际相结合，难以"落地"，有失电影批评的科学水准。比如，有些人一开始对张艺谋的电影大加赞赏、热情肯定，但"后殖民"理论流行以后又对张艺谋电影的奇观性持激烈的批判态度，对自己以前的观点"打脸"。专业批评者在追求个人发展和学术个性的道德上，还需要进一步加强电影批评的伦理道德规范，强化自身的科学精神和社会责任，提高学术道德规范和修养，回归学术理性和批判精神。

娱乐媒体电影批评的职业伦理。娱乐媒体作为新时代发展的产物，有其存在的合理性，如满足群众的休闲娱乐需要，放松心情、减缓压力等。但个别媒体人出于媒体利益和个人利益，加上自身在电影专业知识和素养的储备有限，使不少电影娱评脱离作品实际，片面追求电影批评的眼球效应和经济效益，即什么有收视率、点击量就写什么，与电影批评的基本原则相去甚远，甚至通过炒作虚假信息抓住观众娱乐痛点，如此包装之下电影批评的本质被掩盖。因此，在全媒体时代，强化媒体批评者的时代责任感和社会良知意识，提升电影专业素养和水平，走出"眼球经济"的狭隘视野，势在必行。

民间电影批评的公共伦理。自媒体的出现，宣告了"人人都有麦克风"的时代到来了。草根群众同样拥有话语权，民间电影批评得以盛行和广泛传播。网络这个舆论场让专业的、非专业的和理性的、非理性的语言都能够平等地表达。但站在学术伦理规范的立场上，这其中的非理性因素需要我们加以警惕，同样是因为电影文化素养、电影批评立场、社会认知等多种因素的影响，使这类民间批评以一种"戏谑化"的方式呈现，甚至出现语言暴力和人身攻击等怪相。例如，部分网友把《小时代》和《富春山居图》称为"烂片之王"[1]。将这两部影片批得体无完肤。这种已经突破伦理底线和学术范畴的言语，已经不是真正意义上的评价，而是言论自由时代的一种肆无忌惮的自我宣泄。以至于一些电影在尚未上映前由于民间批评的鱼龙混杂，甚至

---

[1] 凌燕：《"烂片"舆论场的背后——对于中国电影舆论现象的解读》，《电影新作》2016年第5期。

是恶意诋毁,导致电影票房惨淡。网络上如用户评价、论坛等大众批评平台的个性化评价导致如《长城》《铁道飞虎》等电影叫好不叫座。所以,以网络为平台的一批民间批评家应该具有道德观念、法律意识以及公民觉悟,严格要求自己,用一种理性思维和文明态度发声,而不是粗鄙地传递快感,张扬"个性"。

总之,所谓正统专业的电影批评也好,抑或是自发的民间的电影批评也罢,两者都必须按照一定的伦理规范,来审视和重建电影批评者的研究立场、科学态度、道德标准以及伦理底线。最终实现电影批评求"真"、求"善"的理性回归。

(二)电影批评方法规范

我们知道,在传统的电影批评中,电影批评者通常是基于电影本体的分析,即就电影影像文本的内涵进行解读与批判。诚然,电影影像是电影之根本,是面向批评者的最直接对象和最佳切入点,但我们不禁提出疑问,仅仅从电影文本的角度进行电影批评是否有失公允?是否会存在偏颇?尤其是在媒体融合发展的今天,电影从创作、拍摄、制作、宣发、营销、传播等多个层面资源整合,整个市场融入各种人力、物力,难免会导致鱼龙混杂,电影所呈现的问题也就不仅限于文本层面了。我们不是忽视电影文本的本体价值,而是从电影批评科学性、公允性等方面出发探索更多的批评路径。因此,学界有必要进一步探索那些具有新的角度的方法,才能更好地达到电影批评直面真理和本质的目的。

事实上,电影本身的发展也促进电影批评视角的不断更新,国内的许多电影批评者已经进行了许多行之有效的尝试,即不囿于传统电影影像文本批评法,而是转向更加开阔的视野,从电影本体的影像风格、主体叙事、人物情节、价值导向到电影的商业运作、市场规律、产业发展、电影受众等多元角度出发进行电影批评。比如,文艺评论家尹鸿就从价值观表达的角度对《湄公河行动》进行了批评,指出类型电影并非与主旋律电影格格不入,真正的主旋律应该与大众的价值认同息息相关,是大家能够、愿意、渴望分享、共享的价值体系和情感态度[1]。还有的学者就VR技术对电影观影的影响进行了

---

[1] 尹鸿:《打造主流的大众电影文化——评电影〈湄公河行动〉》,《中国文艺评论》2016年第11期。

分析，指出 VR 技术会重构人们的观影方式，但同时批评 VR 所造成的"画框"的消失，从技术角度开辟了电影批评的新路径。还有的学者对"互联网+"下产生的电影"内容众筹""病毒式营销"等进行了分析和批判，既指出了新的媒介环境下电影生产、观影的优势，同时对其所带来的负面影响进行了批判与解构。

在电影批评的方法、角度和切入点上，并不是说哪一种是绝对的好，也不是要囿于传统的电影文本批评方法，而是积极地探索在这个瞬息万变的时代发展潮流中，学界该如何以科学的方法去面对那些新的技术、运作方式等对电影所产生的影响，同时利用一种不断更新的电影批评方法、伦理规范去更好地实现求"真"的目的。电影批评方法伦理认为，无论哪一种电影，不管其形式如何改变，我们总是能找到最能体现电影特质的切入点和角度对其加以阐释，而不是制定一个一成不变的标准，继而告诉批评者们"你应该这样做"，"不应该那样做"，这样恰恰是与电影批评的科学性、公允性背道而驰的。学术要求的是所有的批评者们都能够理性、客观地审视电影生产、传播过程的每个环节，进而找出每个电影的与众不同之处，它还有哪些不足之处和需要改进的地方。比如，面对刷新国产动画电影纪录的动画片《哪吒之魔童降世》，批评者们既可以从电影文本本身出发，对该动画文本语言、价值观念的与时俱进鼓掌叫好，当然也可以对动画中的技术处理进行深度挖掘和阐释，还可以从导演的角度出发分析导演的经历、态度对电影的影响。总之，这部动画是客观存在的，只要是符合科学精神和社会责任的角度和方法，学界都应该予以采纳，并以此作为电影批评的切入点。

总之，电影批评方法伦理规范的目的在于拓宽电影批评现有的思路，电影批评者们需要走出固有的电影文本批评法，以更宽广的视角去面向电影新的、更广阔的天地。

（三）电影批评传播规范

如今，电影批评文本形成后，其传播的渠道既包括传统的报纸、杂志、广播、电视，如报纸《中国电影报》、杂志《电影艺术》《电影评介》《北京电影学院学报》、电视《光影星播客》《今日影评》等，电影批评文本的传播渠道还进一步拓展到互联网、新媒体平台中，如"豆瓣电影"的豆瓣评分已经成为人们评价一部电影的重要标准，同时各大电影批评新媒体如"虹膜""毒舌电影""河马电影"等不断出现,而网络的开放性使诸如微博、微信、贴吧、网站、论坛成为网民们自主、互动的重要平台,也成为人们了解电影、评判电影的重要渠道,电影批评尤其是大众批评的传播渠道为此发生了重要转向。

论及传播的转向,实际上又回到了传统媒体与新媒体之间的差别和博弈。在电影批评领域,传统媒体如《当代电影》《电影艺术》《北京电影学院学报》《电影新作》《电影评介》等是官方派和学院派电影批评的主要渠道,作为传统媒体其最大的特征就是权威、官方、严肃,具有知识分子的专业情怀。新媒体如微博、微信、贴吧、论坛等则具有"草根"的平民气质,成为普通民众的"公共领域",公众在这里尽情地发言,表达自己对电影的感受和评价。因此,在新媒体场域中,电影批评呈现平民性、草根性、主动性和互动性等特征,同时表现为碎片化、娱乐化等话语表征,是新媒体语境下网民的自我表达,网民不仅是观影者,同时是批评者,也就是大家平常所提到的以自媒体传播为主要代表的新形态。

发表在专业报纸杂志上的电影批评文章一般是由专业人士所写,由编辑多次审稿后才得以发表出来的,也就是说,其传播过程经过多次把关之后才能面向受众。而在自媒体或社交平台中,电影批评的主体泛化为各个领域的人,大多属于个人写作的一家之言,这些言论往往无须论证就能进入电影批评的话语体系中,其言语表达难免会有失偏颇,谩骂、讽刺也是经常可见的。一些自媒体影评文章为了吸引眼球,获取更高的点击量,其标题常常出现"禁忌""伦理""底线""大尺度"等字眼以吸引眼球,其内容也是大篇幅的关于性和暴力的描述,却很少论及负面影响,其目的仅在于吸引读者阅读,甚至诱使读者去观看这类电影,而这类电影一般是无法从正常渠道获取到资源的,那么读者势必会从一些不正规的渠道去获取,其最终产生的负面影响则不言而喻,与电影批评的初衷背道而驰,而这样的自媒体绝非个案。在这一点上,我们可以说电影批评传播失范是一个不容忽视的现象。

因此,无论从哪一个角度来说,都有必要建立电影批评的传播伦理规范(Communication Ethics of Film Criticism),技术赋权时代下必须对自媒体电影批评进行约束和规制。首先,要提高电影批评的准入门槛,在网络自媒体平台中施行"实名制",让失范者无处遁形,有据可依;其次,必须提升电影批评者的电影专业素养,而不是"胡言乱语",仅仅着眼于"眼球经济"。同时,官方电影批评传播渠道要进行正确的价值引领，普及电影批评的科学立场、社会责任意识、求"真"的终极价值追求。既倡导"大嘴小嘴都说话"，又追求电影批评话语回归理性，电影批评传播规范化。

三、电影批评伦理的价值和意义

电影批评与电影理论和电影史在功能上有着很大的不同。电影批评也常常会去结合其作品实际的内容加强它的针对性、实用性。很明显理论很多时候都是脱离具体作品实际的内容，它往往与具体针对性和实用性保持一定距离。当然，这方面也限制了理论对于艺术实践的直接意义。批评者比实践者更容易体会理论的指导意义。在某种意义上，批评是理论对实践进行指导的中介。所以，理论对批评的意义比对实践的意义要更直接一些。现在越来越认识到，在许多情况下，强调理论研究结合实际，往往会使理论向批评方面推进，理论本身反而可能毫无发展。在一定的意义上对于理论的研究而言，其研究的本身和批评内容都是拥有实践及认识这两个功能的。虽然两个功能最终都归于社会实际运用，然而它也依然重视功能检验。法国学者麦茨关于电影机构的观点对于我们了解电影批评在整个电影文化中的意义与作用具有很大的启发性。麦茨不仅是单一的研究电影自身，而是将整体的内容和过程研究作为电影的批评标准。麦茨把电影批评的功能，放到电影的生产、消费和再生产的整个运行机制中来加以考察。在麦茨看来，不管是电影制作、欣赏，还是关于批评以及理论的研究都离不开电影史，电影史在整个电影的运作中是不可或缺的一部分。麦茨把电影作为一种有其独特复杂性的社会经济运动现象来分析，这也涉及电影的生产和再次生产之间的流程性和它的特殊相关问题。

如此说来，一部影片被感受和理解为一部好影片，绝不是一个单纯的对作品的接受和判断的问题。事实上，它是包括电影批评工作在内的整个电影运行机制共同运作的产物。电影观众观看电影的愿望不再单纯地被理解为对电影产品的被动反应。既然电影观众并不是你生产什么我就看什么；反过来，电影创作者也不能一厢情愿地期待，我创作什么你就得看什么。在这个意义上，在整个电影机制的运转中，不仅电影观众实际上是不可缺少的环节，而且，电影批评作为一种既对电影创作者起作用又对电影观众起作用的环节，同样是不可缺少的。它在影响电影创作人创作喜闻乐见的作品和引起电影观众观看电影的强烈愿望，并且切实从中得到享受性体验的过程中，以及进一步引导整个电影文化的走向上，都起着重要的作用。

（一）电影批评伦理受众的意义

各类形式和不同内涵的电影艺术作品，在不断地发生积极反应后，能够进一步加深观众的艺术感受和审美理解；而电影批评则是对电影作品进行评价的最重要和最常规的一种形式。评奖也是一种重要的评价形式，但评奖往往会忽略那些比较一般的作品，特别是那些比较差的作品；而电影批评却对所有的作品都关注。电影批评议论艺术得失、捕捉美学意蕴、评估伦理价值，是能够去揭示其作品的艺术特点以及评定相关价值的典型形式。运用此类形式所拥有的其中最重要、最单纯的一个方面，就是对电影作品的价值评定。各种形式的电影作品的存在数量是庞大的，观众肯定要在其中进行一定的选择，电影批评的价值评定在帮助电影观众进行选择的过程中是一个重要的参考因素。

对于观众而言，无论看电影还是了解批评和评价都是重要的方面。尽管观众已经看过，批评家也有所肯定，但它对观众进一步感受作品、理解作品也是必要的环节和内容。苏联美学大师斯托洛维奇强调说，价值通过评价，必定被掌握为评价最终不创造价值。但价值之所以起作用，在社会生活中，重要的是因其能够引人定向价值[1]。当然，评价非价值"消极派"，社会历史中的发展形成，导致艺术的评价机制具有独立特征。同样，麦茨强调"本我"，即不随带"超我"自己不足以成幸福。或言之，除了个人确信幸福有权享受，否则，个体不能完全享受。享受经过一定的形式，需要去鉴别精神以及价值的肯定。就是说无价值之肯定，电影批评对作品理解性体验也是不会充分甚至是不可能的内容。

罗兰·巴特把文艺作品分成两种，即"可读的"（readable）和"可写的"（writable）。前者是按读者熟悉的"代码"写成的，读者能够读懂，后者由于作者和读者之间没有形成"默契"，读者不懂得"代码"，因而无法理解。后者却可以使阅读成为十分积极的活动，促使读者通过作品去探索和创造，把

---

[1] 斯托洛维奇：《审美价值的本质》，凌继尧译，北京：中国社会科学出版社1984年版，第141页。

"可写的"变成"可读的"。传统的文艺作品多是"可读的",当代的文艺作品多是"可写的",在当代电影作品中同样存在这个问题。也就是说,在许多情况下,观众即使是在观看完了电影作品之后,对该作品的继续体验和理解的活动仍然没有结束。而且,即使是最通俗的作品也存在被理解和被感受的充分程度的问题。所以,在对电影作品的理解和感受过程中,电影批评是不可缺少的,而电影批评者是那些具有特殊修养和特殊敏感性的观众,而且是观赏阅读十分深入和积极的人。成功的电影批评的重要作用之一,就是通过批评者具有专业性的"读"与"写"来启发和激励观众的"读"与"写"。

用心灵深切感受电影作品的观众,肯定审美、扩大价值、阐述思想,一般观众往往不知为何。他喜欢某一作品,想要赞美却不知道赞美的形式,这种模糊性的前反思也是文艺欣赏的一个特性。简言之,在观众欣赏中,一般过程中的淳朴性与盲目性是交织融会在一起的。其原因在于造成艺术欣赏的条件和因素的极端复杂性。电影批评正是通过对这些条件和因素的分析成为提高观众欣赏水平和欣赏自觉性的重要途径之一。

电影观众欣赏水平和观赏自觉性的重要表现之一,是具有较强的对作品的一定程度的接受意识和分析理解意识。对于一般的观众而言,这种接受意识和分析理解意识是非常薄弱的。作为"一次过"的视听影像艺术,电影作品的形态本身也具有排斥这种意识的功能。这就更使一般的观众很容易忘情于电影作品所设置的故事与情境之中,而失去了反思及回味的能力。从一定的意义上说,就需要一般观众在理解分析、意识接受、意识训练等方面进行适度提高。电影批评经验被证明是增强观众对电影作品的接受意识和分析理解意识的最方便、最普及和最有效的途径之一。

需要指出的是,有一些电影艺术精品,特别是那些当代的作品,其含义异常丰富,一般观众不经过阅读电影批评的途径是难以充分感受和理解的。那种认为电影作品不需要批评分析的观点不仅是错误的,而且是非常有害的。就以波兰著名导演基耶斯洛夫斯基的三色系列影片为例,最能表现批评对于一般观众欣赏所具有的不同寻常的意义。1993年,《蓝》在第50届威尼斯国际电影节中最终获得最佳影片,另获金狮奖以及最佳女演员与最佳摄影。1994年,第44届柏林国际电影节最佳导演奖、银熊奖又被《白》斩获。1995年,《红》获得第67届奥斯卡金像奖最佳导演、最佳原著编剧和最佳摄影的提名。此三部精美影片，制作很感人，含义也深刻，源于法国"蓝""白""红"三原色，又象征"自由"、阐发"平等"、回归"博爱"。但是，绝少有观众会了解到每部影片的片名和它故事之间的更深层次的内在联系。而帮助观众了解这种联系，从而深化观众对影片的感受和理解，正是批评的任务。只有通过批评，观众才能发现，这位导演的天才在多大的限度上表现在他对这三种颜色和影片故事内容的有机结合上。

（二）电影批评伦理对电影生产的意义

对电影创作而言，电影批评也是包括两大方面。首先，电影创作者像电影观众一样，需要不断地提高自己的观赏水平。电影艺术家必定是对电影作品具有很高鉴赏力的人。"眼高手低"是被用来批评创作者功力不足的一句用语。但这种批评的着眼点不应该是在"眼高"上面，而应当是在"手低"上面。因为，眼不高，也就是鉴赏力不高，是断然创作不出好作品的。鉴赏力不是天生的，鉴赏力需要培养。阅读电影批评（包括专业电影批评和群众电影批评）是创作者提高欣赏水平的最重要的途径之一。应该指出的是，到目前为止，一般的电影创作者并未养成主动阅读电影批评的良好习惯。我们知道，电影批评必定要对电影作品进行一定的分析和解释，即把作品在一定程度上进行分解，考察作品的意义究竟是如何产生的。这样一个过程，既有助于欣赏作品，又有助于提高欣赏水平。阅读批评是提高欣赏能力的一种特别有效的训练。应该指出，创作者阅读批评并不如通常所认为的那样，他在接受批评者的"教导"。当然我们也不认为，电影作品的创作者对电影作品意义的了解具有某种特别的优越性。不断地阅读和批评，实际上是在不断地了解对作品意义的各种各样的分析和解释，这也是一种欣赏的自觉。具有这种自觉意识的人是具有接受意识的人。也只有具备这种自觉意识的人，才能真正意识到，欣赏作为一种心理能力和阅读能力，绝不只是通过一部接一部地简单化地观赏电影作品或者是创作电影作品就能够得到提高的。

首先，对于从事电影创作的人来说，既不注意观赏优秀的电影作品，又不注意阅读优秀的电影批评，是很难取得成功或者成为大师级电影作者的。应该认识到，对作品产生意义的机制的广泛了解和丰富经验的积累，对于创作者们来说，应该成为最重要的一件事情。其次，电影作品的创作者在很大程度上也需要了解电影批评对自己的作品所做出的价值评定，他不仅需要通过这种方式来证实自己作品的价值，而且需要通过这种方式看到自己作品的不足，并从中寻找和了解当前电影观众期待视野的某种走向和今后创作的某种触媒。从其他评价中确立定位自我创作，确定最终发展导向。关于批评对于创作者的意义，古罗马诗人贺拉斯说得非常好："我不如起个磨刀石的作用，能使钢刀锋利，虽然它自己切不动什么。"[1]

（三）对于电影理论的意义

由于电影批评对于观赏者和创作者的这种双重作用，电影批评对于整个电影文化的发展方向便具有某种重要的导向作用。

麦茨曾经对于影评提高电影重要生产导向的例证是，法国"电影手册派"批评方面成功保证了新浪潮电影产出。当时，谴责法国"上流"社会影片活动也主要促进了电影拍摄。他认为，这种攻击并不是装腔作势，而且，在智力水平上也比单纯的意见之争大大地前进了一步，它传达出某种对被谴责的影片的真正的和根本的不相容情绪。正是这种批评活动使得这些"上流"影片成了"坏的对象"，首先是对批评者自己，其次是对那些接受了批评者观点的观众，并在随后保证了"他们的"影片的成功，使他们的影片成为一种"好的"电影。

特别应该提到的是，巴赞对于电影艺术家在电影长镜头方面的探索所给予的热情批评和充分肯定。他主张限制蒙太奇的功能，过去的影片因为过分利用蒙太奇分切、编排和镜头组接，破坏了影像的时空统一性。他提倡运用段落镜头和景深镜头，认为单镜头本身包含着丰富的意义和表现力。19世纪40年代末到50年代初，巴赞成为意大利新现实主义电影的热情鼓吹者，他所撰写的大量影评文章，全面地概括了意大利新现实主义电影的艺术特征，强调其重大的美学意义。巴赞的工作为电影理论和电影创作铺开了一个全新的视野，在电影史上产生了划时代的影响。

英国学者林格伦更为全面地看到，批评可能使人摒弃原容忍和欣赏物，却带来充实强烈的再也想不到的内容。以此来看，批评应为受众"良知"的代言。如果我们发现某一时期的电影观众的趣味普遍不高，或电影创作中的不良倾向，那么，电影批评者肯定负有不可推卸的责任。作为人文活动的电

---

[1]［古罗马］昆图斯·贺拉斯·弗拉克：《诗艺》，郝久新译，北京：九州出版社2007年版，第137页。

影批评应该守卫道德底线，要用崇高立场和艺术化理想去推进人性生活发展更为合理、健全。换言之，电影批评就是要秉承政治原则，注重娱乐性和趣味性，同时，艺术的特定感染力又不能低级化、庸俗化。在今天，就是必须遵守社会既定规范，回归伦理秩序。

第 7 章
电影教育伦理

毋庸置疑，电影具备教育功能。但是电影应该如何实施教育、电影应该实施怎样的教育内容，则涉及电影教育伦理的问题，它包括电影内容层面对社会大众的再教育、再认识、再塑造的功能，其电影文本在创作阶段的合理性、规范性、适宜性等。那么，电影教育伦理的基本内涵是什么？又包含了哪些基本范畴？具备什么样的价值和意义？这是本章要阐述的几个核心问题。

第 1 节　电影教育伦理的内涵

电影作为大众传播媒介，教育也是其主要功能之一。电影教育又可分为大众教育与专业教育。如好的电影文本本身就能够滋养人的心灵，提升人的智慧。电影教育活动作为教育主体发出的活动，不可避免地涉及教育者与被教育者的关系，即所谓电影教育伦理。教育者与被教育者应然和实然的伦理关系是电影教育伦理探讨的主要问题。为此，电影教育者在教育目的、教育手段、教育内容、教育方式、教育成果和教育过程都必须尽力与教育伦理规范保持一致。

一、电影教育与电影教育伦理

（一）电影教育

教育（education）一词源于《孟子·尽心上》："君子有三乐，而王天下不与存焉。父母俱存，兄弟无故，一乐也；仰不愧于天，俯不怍于人，二乐也；得天下英才而教育之，三乐也"[1]。《说文解字》中将教育解释为，"教，上所施，下所效也"[2]；"育，养子使作善也"[3]。19世纪末，中国现代教育奠基人何子渊、丘逢甲等有识之士排除顽固守旧势力的禁锢，创办新式学堂，并进行广泛的推广。而后清政府迫于形势压力，逐渐对教育进行了一系列改革，并于1905年年末颁布了新的学制，将原本已有的科举制废除，并开始在全国范围内提倡创办新式学堂，至1909年，西学逐渐成为教育的主要形式。这种"教育"反映了中国由"以学为本"向"以教为本"的现代化教育方式的转变。教育本意主要集中在两个层面：一是广义的教育，泛指一切有目的的影响个体身心发展、社会时间的活动；二是狭义的教育，指专门的教育部门。例如，学校、专业培训机构等，根据社会对人才的需求而进行的一系列的有组织、有计划、有规律、有目的，系统性地引导、启发受教育者获取相关专业知识、专业技能、专业素养的社会实践活动。

电影教育（Film Education）涵盖的范畴主要集中在两个层面：一是指向电影文本内容层面，强调电影文化、文本内容输出、传播之后对社会大众在行为、习惯、心理等层面产生影响的活动，主要倾向于研究电影内容对人的教化作用，强调电影内容服务社会，致力社会秩序稳定、和谐健康发展的功能；二是指向相对学科、专业而言的电影教育活动，主要指学校、专业培训机构等，其中包括全日制学校、半日制学校、业余学校、函授教育、刊授教育、广播学校、电视学校、网络学校的教育等范畴。强调机构、组织以及个人对个人之间的关于电影专业知识、专业技能、专业素养层面的教育实践活动，其通常居于固定的场所，由专业的电影高精尖人才对电影专业初学者进行的系统性、目的性、规则性的教育行为。

关于电影教育第一层含义，如果仅从电影教育而言：1895年12月28日，法国人卢米埃尔兄弟在巴黎的"大咖啡馆"放映了《火车进站》影片，标志着电影的正式诞生。早期无声电影：1896年，维太放映机促使美国电影的群众性放映的出现。1903年，埃德温·鲍特通过《一个美国消防员的生活》和《火

---

[1] 孟子：《孟子·尽心上》，万丽华等译注，北京：中华书局2007年版，第297–298页。
[2] 许慎：《说文解字》，北京：九州出版社2001年版，第183页。
[3] 许慎：《说文解字》，北京：九州出版社2001年版，第865页。

车大劫案》等影片使电影从新奇的一种产品发展为影像的一门艺术。鲍特使用了剪辑技巧制作影片，进而其成为交叉剪辑手法的第一位导演。后期无声电影：《寻子遇仙记》（1921）、《淘金记》（1925）、《马戏团》（1928）、《将军号》（1926）、《大学新生》（1925）、《铁骑》（1924）等。早期有声电影：1927年10月6日首映《爵士歌手》，该影片有歌唱、对白、音响等，是世界上第一部有声故事片。后期的有声电影：《喝彩》（1929）、《化身博士》（1932）、《西线无战事》（1930）、《头版新闻》（1931）、《爱情的检阅》（1929）、《微笑的上尉》（1931）、《哈利路亚》（1929）等。爱森斯坦的蒙太奇理论：1925年《战舰波将金号》是爱森斯坦利用蒙太奇理论拍摄的经典影片之一，充分显示了蒙太奇隐喻、对比，以及在电影动作、节奏、时空等层面的艺术功能。以及意大利新现实主义（《沉沦》《大地在波动》《罗马11时》）、法国新浪潮运动（《第二十一号节奏》《贝壳与僧侣》《对角线交响乐》）、战后苏联电影（《攻克柏林》《青年近卫军》《雁南飞》）、风格各异的当代电影（《现代启示录》《野战排》《华丽的家族》），至90年代以来的世界电影（《星球大战》《超人》《未来世界》《阿凡达》《湮灭》《失控玩家》）等。而电影在内容层面的教育主要是随着电影技术的发展和电影类型的演变进行的，无疑是符合时代、社会、阶级需要的文化文本内容，其更加倾向于服务固定时代背景的文化趋势与文化需求。

关于电影教育的第二层含义：以中国电影教育事业的发展为中心，从1922年开始，我国电影教育事业经历了开端、发展、低潮、再发展的多重阶段。我国影视教育历史大致可以划分为四个阶段：新中国成立前、新中国初期、"文革"时期以及改革开放以来的新时期。第一，新中国成立前。20世纪20年代，第一所影视学校——明星影戏学校开办，致使出现了大量的培训班性质的民办电影院校。据1927年《中华影业年鉴》统计，包括大中华影戏学校、大陆影戏学校、昌明电影函授学校、远东电影学校等18所民办电影学校。而民办电影学校的师资大部分来自电影圈，其主要用于教学的系列教材多由电影业界专家编写。第二，新中国初期。我国的影视教育沿用苏联模式并基本承继了苏式教育系统。在改革开放前，我国北京电影学院和中央戏剧学院等国内艺术高校无论是教学理念还是院系格局和课程的设置全部与莫斯科大学相同。中国的电视事业起步于1958年，中国第一家电视台——北京电视台的创立，标志着我国电视事业的正式诞生。第三，"文革"时期。以《智取威虎山》《红灯记》《红色娘子军》等为代表的"革命样板戏"作品应运而生，但当时学术界、教育界、新闻界、文化界以及其他各界坚持"以阶级斗争为纲"，政治色彩相当浓厚。与此同时，此前开办的一批中专学校相继被撤销，多数影视专业教育院校受到重创，而出现停办的阶段。比如，北京广播学院1966年停止招生、1969年停办。第四，改革开放以来的新时期。1985年，我国影视教育正式进入高等院校，20世纪末21世纪初，我国大规模地进行影视教育实验，教育部多次发布重要文件，强调将影视教育纳入高校选修课程和中小学课程的重要意义，并且国家通过制订实施"九五""十五"和"十一五"三个五年计划将影视教育持续推进。据不完全统计，在我国现有的2000多所高校中，已有超600所高校开设了影视艺术系或专业。

（二）电影教育伦理

电影教育是电影内容或电影从业人员的教育作用或者教育活动。电影伦理是基于伦理范畴之内，专指电影产业的伦理规范，其所涵盖的教育功能、作用则属于电影教育伦理的范畴。电影教育伦理（Ethics of film Education）则是基于电影教育和电影伦理而延伸出来的概念，包含电影内容层面对社会大众的再教育、再认识、再塑造的功能，其电影文本在创作阶段的合理性、规范性、适宜性等。此外，还包括电影教育事业中，教育者的言行举止、受教育者的接受意向等层面行为准则和教育方式，也是电影教育过程中所涉及的教育内容、教育者与受教育者的伦理关系，它是规范电影教育者、电影教育内容开展电影教育的伦理道德规范，即电影应该以什么样的内容呈现及方式实现其教育手段和功能，才是符合社会伦理道德标准的，电影或影视教育者应该以什么样的内容和手段来实现其教育目的，才是符合社会伦理道德标准的，这便是电影教育伦理。

从内容出发，电影作为一种大众传播内容，其天生具有教育大众的功能，即电影内容具有影响人的观念、态度和行为的力量。这种教育功能具有正面和负面的双面性质。一方面，电影内容能够促进人更好地认识自我、反思自我，规范个体行为，促进个体朝着更加积极的方向发展。例如，《美丽人生》《小鞋子》《天堂电影院》等，此类电影的内容具有极大的教育意义，被教育者总是能从这类电影中汲取营养，获取正能量。另一方面，如果电影内容充满着暴力、色情、金钱诱惑等，则会对被教育者尤其是未成年人产生极大的负面影响，从电影伦理学的学科立场出发，我们说电影是有"原罪"的，电影的原罪施加于被教育者，或者说它教坏了我们的受教育者，受教育者便成了一个"有罪"之人，所以对电影的"原罪"，就是需要通过教育展开"救赎"，而"救赎"的一个具体方式和路径便是建构电影教育伦理学，制定相应的策略。确立一个电影是否能够成为教育内容的标准、沿着什么样的方向和道德进行教育才是符合伦理道德的标准，以此来形成电影教育的具体规范。

就电影教育者而言，电影教育包括电影专业教育和电影通识教育。前者以北京电影学院、北京师范大学、中国传媒大学、北京大学、南京大学、上海大学、重庆大学、西南大学等专业高等院校或综合院校的影视学院、影视专业或者影视课程为代表，旨在通过高等院校或专业的电影（影视）艺术教育传授学生关于电影生产制作、鉴赏评论、营销推广研究调查等各方面的电影专业知识。后者则是以中小学电影艺术和高等院校一般电影选修课程为代表，具有通识教育的特征，更注重常识性或一般化的基础影视知识的普及，旨在引导大众以积极的视角赏评影视作品，树立健康的价值观念。在电影教育过程中，电影教育者发挥着至关重要的作用，电影教育者的职业道德素养会直接影响电影教育质量的好坏，但就目前的教育现状而言，教育者在一定程度上存在职业倦怠和困顿，具体表现在教师精神松懈、敬业精神不高等方面，即教育者的伦理困顿。如此一来，在电影教育中，教育者无法实现其专业教育和通识教育的目标和要求，与电影教育的道德指向相差甚远。电影教育伦理此时便是规范电影教育者的伦理道德准则，具有普遍的适应性。只有保证教育目的、教育手段、教育内容、教育方式、教育成果和教育过程中的人际关系、精神氛围达到伦理道德的要求，和谐欢快，才能使电影教育真正实现其最高价值[1]。

二、电影教育的伦理内涵

伦理是指人与人、人与社会、人与自然之间相处的各种道德标准，是一系列指导行为的观念。伦理是针对人与人、人与社会、人与自然之间的共生

---

[1] 王正平：《教育伦理学的基础理论探究与建构》，《上海师范大学学报（哲学社会科学版）》2017年第6期。

关系进行规定、限定的道德层面的行为准则，它区别于法律法规的外在强制性，具有内在约束、社会约束功能。

电影伦理是电影作为文化产品而言，在生产、传播、接受等层面所占据的行业规则、市场规则等，包括导演、演员等所占据的电影人为因素层面的伦理关系，电影剧本创作、情节构造、人物设置等前期准备阶段的伦理关系，以及电影产品输出阶段的宣传、营销层面的伦理关系，其涵盖了电影产业链条上人与人、人与社会等多方构成的生产、制作、传播、营销、接受的社会行为规范和道德准则。其指向传统电影生产及新媒体时代下衍生的粉丝电影、众筹电影、手机电影等各类型电影在整个产业链层面的应该遵守的准则。

教育伦理是研究包括学校教育、家庭教育、社会教育在内的教育教学过程中教与学之间道德关系的一门学科。旨在促进教育活动中所存在的各种人际关系的和谐、健康发展，它研究教育、研究人的存在和发展之间的合理价值与规范。教育作为一种社会实践活动，其属于促使人能够具备知识、技能、素养以进行教育行为和受教育的行为。教育伦理经历了道德教育的阶段，早期参与的国家有英国、美国、日本及苏联。此外，它也分为教师的职业性道德、教育的伦理化基础等阶段。中国的教育，在伦理上受到外来的影响颇深，而且它也明显体现在三个对应阶段。随着不断的教育改革，道德教育研究、传统教育伦理学、现代教育伦理学都发生了改变，逐步形成德育原理、教师伦理学、教育的自身伦理。这一重大转变也将对道德教育的伦理和相关学科的发展内容产生重大影响。

电影教育伦理的内涵相对于电影教育的内涵主要集中在几个层面。第一，电影文本内容层面，强调电影的文本内容具有社会教育意义，对人与社会之间的行为具有潜移默化的规范作用，采用艺术化影像的方式进行价值观、人生观等观念的输出与传递。例如，电影《亲爱的》以儿童被拐卖为电影主题，讲述了以田文军为首的一群失去孩子的父母，在寻找孩子的过程中所发生的故事，以及李红琴抢夺孩子所形成的对收养家庭、孩子等多方复杂关系。阐释了拐卖与救赎之间的社会伦理问题，将社会道德、准则等问题进行了戏剧化的处理，通过电影文本内容的形式进行输出，达到引发反思，促进社会和谐发展的目的。而《难夫难妻》《妈妈再爱我一次》《二十五个孩子一个爹》《搜索》《结婚七年》《系红裤带的女人》《青春之歌》《英雄儿女》《野火春风斗古城》《高山下的花环》《你好，李焕英》《我的姐姐》等影片的电影文化文本内容却很好地折射出不同时代家庭、社会、民族、国家等层面的伦理问题。第二，对于学科而言，电影专业人才培养层面的教育准则，指向电影教育从业者的行为规范，学科内容主要包括影视史论、视听语言、影视批评、摄影摄像、后期处理、电影美学、影视艺术鉴赏和理论等内容。该层含义强调教师的职业道德和职业准则，强调从事教学工作的脑力劳动者在教学实践中所应遵循的道德规范，是与教育活动的发展相联系，对教师的职业心理、职业理想、职业规划等有直接影响。囊括一系列诸如"爱国""爱岗""敬业""师表"等命题，强调形成教师职业赋予的道德习惯、道德传统、道德规范。

第 2 节　电影教育伦理的基本范畴

从教育伦理学的学科立场出发，电影教育伦理作为教育伦理学的重要研究方向，其基本范畴包括宏观、中观和微观三个层面[1]。

从宏观层面来说，电影教育伦理是从社会大环境出发，在伦理道德的视域下，对电影教育工作和电影教育行为进行分析和评价。在社会体制和现实环境的支配和影响下，每个社会的现实需要决定了其电影教育具体实施的政策和制度，从而决定了电影教育最终要培养什么样的人，达到什么样的教育目标。此时，电影教育伦理所关注的是电影教育的根本价值追求和道德指向，以及它能为社会带来什么样的意义和价值。电影教育伦理就是要正确引导电影教育的走向，保证电影教育是追求善的、正确的、有价值的一种教育形式，尤其强调电影教育是否能实现道德引导、促进社会全体人员的伦理回归。

从中观层面来说，电影教育伦理所关注的是显性的电影教育者（电影专业教师等）和隐性的电影教育者（如导演、编剧等）在从事电影职业活动中，所应遵循的职业道德准则和承担的社会责任。因此，电影教育伦理在这一层面所探索的都是一些"具体的""显而易见"的善和一些"可遵循"的伦理道德标准。包括教与学（师生、师师、生生等）过程中所涉及的所有道德关系，

---

[1] 王正平：《教育伦理学的基础理论探究与建构》，《上海师范大学学报（哲学社会科学版）》2017年第 6 期。

尤其侧重于电影教育工作者所应该遵循的教师道德准则的研究，如《高等学校教师职业道德修养》等。电影教育伦理在中观层面力图形成有效的、针对电影教育工作者的职业伦理，从而对电影教育工作者的教育活动形成有效规制，建立健康有效的电影教育秩序，营造良好的电影教育环境和氛围。

从微观层面来说，电影教育伦理与以往教育伦理研究的不同点在于，电影作为一种大众传播手段，它在传播过程中本身就具备教育大众的功能，基于其视听直觉性、兼容性、传播的迅捷性、介入的广泛性等特征，电影的文本内容能够直接影响和教育各个社会层次的受众，对人们的观念、态度和行为产生深刻而久远的影响。从这个方面来说，这是我们传统意义上的教育所不具备和所不能实现的。因此，电影教育伦理在微观层面不仅关注来自学校、家庭、社会的电影教育者、教育管理人员、学生等的教育道德形式与方法、实践路径和人格品质的伦理引导和培育，更是将电影文本本身的教育作用列为电影教育伦理的重点研究对象，探索电影在传播过程中是否符合电影教育伦理规范。教育伦理学经过几十年的发展已相对成熟，形成相当规模，电影教育伦理旨在针对已有的教育伦理的学术成果基础，探索电影作为一种教育手段其与大众教育存在哪些共同点，具备哪些独特的品质，从伦理道德的角度探讨如何更好地引导电影教育。

一、电影教育的伦理价值和道德导向

电影教育伦理旨在对电影教育过程中出现的重大伦理道德和教育价值意义上的具体问题，进行根本性的解决、研究和探讨，从而实现电影教育在家庭和社会等多个维度的正确、合理的道德导向。

电影教育活动追求价值目标的道德合理性。电影教育作为教育的一种特定形式，一般来说，其目标在于培养专业电影人才，提升人的电影专业素养，最终是为了共同的社会利益和目标，增进社会福祉。杜威曾提出："学校基本上是由社会建立的一个做某种特殊工作——在维持社会生活和增加社会福利中发挥某种特殊功能——的机构。这个事实使得学校承担了一种伦理责任。不承认这个事实的教育系统，是玩忽职守的，是一个不履行义务的教育系

统。"[1]也就是说,电影教育活动在实施的过程中无可避免地承担着伦理责任,因为电影教育追求的最终目标与社会伦理道德的指向是一致的,只有符合社会伦理道德的目标才会得到认可,因此电影教育活动追求必须具备道德合理性,否则它就是"玩忽职守的""不负责任的",当然也就与电影教育伦理要求相去甚远了。

电影教育的公平正义。从哲学的社会正义理论角度出发,电影教育的公平正义主要指的是电影的教育机会均等。在西方的教育体系中,由于在社会地位、种族、肤色、宗教信仰等方面一直存在较为严重的差异,引起了教育不平等的问题,电影教育也未免受其影响。而一个普遍存在的问题是,由于地区发展的差异,发达地区和城市往往比欠发达地区和城市享受更多的教育资源和机会。如我国位于北上广地区的中国传媒大学、复旦大学、上海戏剧学院、厦门大学普遍比中西部地区拥有更先进的教学设备、更丰富的教学资源、更高的教学平台等。举个简单的例子,许多当红明星都是由陈凯歌、张艺谋、徐帆直接从北京电影学院、中央戏剧学院等高校直接挑选出来的,在这些高校就读的学生比其他高校的学生所学所见都更为丰富。另外,许多知名导演和演员被聘为这些高校的客座教授,那么这些学校的学生就能直接接触到一线的"大咖",这是中西部地区的许多高校所不能比拟的,这也无形中造成了电影教育机会的不平等问题。而电影教育伦理的目的则在于着力解决电影教育中关于电影教育平等、正义的问题,努力让电影受教育者平等地享受教育资源。

电影教育与社会伦理道德的关系。前文提到,电影伦理,从一定意义上说,就是影片中所表现出来的伦理生活,它其实就是我们整个社会伦理生活的组成部分。社会伦理生活必然有其两面性,那么电影作为现实生活的反映,必然也有正面的和负面的,这就导致电影在呈现负面的伦理生活时,受众自觉或者不自觉地受到这些伦理生活的影响,甚至是对其加以模仿,导致电影呈现的伦理生活演变为现实的伦理生活。这个时候我们说,电影是有"原罪"的。那么该如何避免或者减轻电影的"原罪"呢?电影教育必须义不容辞地承担起责任,具体来说,就是电影教育应该如何处理好电影伦理和社会伦理

---

[1] 杜威:《杜威全集——中期著作1899—1924》(第四卷,1907—1909),上海:华东师范大学出版社2012年版,第215页。

道德之间的关系。既然电影教育最终的目的是为了共同的社会利益和目标，增进社会福祉，那么电影教育就应该在如何实现最大的善或最大的社会利益，践行社会所倡导的核心价值观、道德原则和规范上下功夫。电影教育实践活动在面对是非、正邪、善恶等矛盾关系时，应该主动审慎判断，传递真、善、美，传播正能量，让电影受教育者知晓和内化什么是电影的伦理道德标准，主动规避电影的"原罪"，在电影的创作、传播、接受过程中实现良性循环，最终指向社会正义。

二、电影教育者职业伦理

中观层面的电影教育伦理，主要包括电影教育者职业伦理道德、电影教育管理伦理两个层面的内容，即电影教育者和教育管理者在开展教学、管理等具体工作时所应遵循的基本道德原则和规范体系。

电影教育者职业伦理道德。目前已有的规范学校教育者相关法律法规包括《中华人民共和国教师法》（以下简称《教师法》）《教师资格条例》以及各个学校制定的教育者规章制度等。作为社会伦理道德的底线——法律在社会的各行各业中发挥着重要的规制作用，《教师法》等法律法规对于电影教育者具有普遍的约束意义，在电影教育教学中发挥着重要作用。不容忽视的是，目前我国高等院校的部分教育者职业伦理道德水平堪忧，"翟某某学术造假"事件揭开了高校教育学术不端的"阴暗面"，同时揭开了部分高校教师职业道德水平不高的冰山一角。翟某某的博士生导师陈某被曝光只有本科生学历，根据《北京电影学院研究生导师遴选办法及岗位职责条例（暂行）》的相关规定，广大网友对陈某的博士生导师资格提出了质疑，翟某某既然能够成为他的博士并且顺利毕业与他必然有莫大关系，其在成为博士生导师、招生等方面是否严格按照程序进行我们不得而知，但就翟某某的学术造假事件来看，陈某显然没有做到作为一名导师应尽的审核责任，作为一名博士生导师，在电影教育的过程中其职业伦理道德没有达到基本标准。

另外，部分高校教育者以科研、论文等多种方式过分要求学生从事相关学习和工作，最终导致学生轻生的事情已不是个案，如西安交通大学博士研究生溺亡案、武汉理工大学研究生跳楼案、中山大学教师王某某不雅微信事件等。站在教育伦理的角度上说，我们不是一味地指责高校教育者，这其中的原因肯定是多方面的，任何一个人都不想看到这样的新闻出现，我们应该做的是去反思哪个环节出了问题，当然这也是电影教育者需要引起重视和警惕的。早在2005年教育部就发布了《关于进一步加强和改进师德建设的意见》，该意见提出新时期加强和改进师德建设的重要性和紧迫性，明确加强和改进师德建设的总体要求和主要任务，加强和改进师德建设的主要措施。在当下复杂的学术环境下，对高校教育者也提出了更高的要求，但是恪守本职工作，做到为人师表，坚持教书育人，仍是教育之本，也是电影教育者职业伦理道德的基本要求。建立以电影学学科为导向的教育者职业道德准则也电影教育伦理需要深入探索和思考的问题。

电影教育管理伦理。教育管理作为学校的基本工作，指的是管理者组织教育队伍，充分发挥教育人力、物力和财力，以及各种教育资源优势，实现教育管理目标的行为。目前，指导教育管理实施的法律法规包括《中华人民共和国义务教育法》《中华人民共和国教育法》《中华人民共和国高等教育法》《教育行政处罚暂行实施办法》《广播电视大学暂行规定》等。由于我国公办学校教育和民办学校教育并存，因此教育管理也呈现较大的差异和自主性，同时每个学校的办学宗旨、理念不同，教育运行模式也各不相同，容易出现各种各样的问题。比如，某些民办学校只顾盈利，不顾学校师生的教学设备和生活设施保障，缺乏人文关怀。更有甚者，一些学校与"黑心"企业达成"合作"，强制学生在企业实习、工作时长达到每天11个小时的情况，媒体也多次曝光此类事件。在一些传媒院校，学校学生成为灰色产业链的牺牲品，学校将学生送至某些公司实习，甚至被"潜规则"等。毋庸置疑，此类事件严重违背了教育伦理和教师道德规范。

教育管理者的个人素质和管理水平也应该引起重视，部分高校教育管理存在官僚主义和形式主义作风，在教学评估等工作中兴师动众，甚至弄虚作假，影响正常教学。不求有功但求无过的领导作风，逃避责任，不求真务实等，严重影响高校的发展和教学质量的提升，不利于学校为社会输送优质人才。另外，北大校长将"鸿鹄志"发音读成了"鸿浩志"引发了社会热议，教育管理者的个人素养仍有待提升。高效的教育管理是优质教学实现的基础，教育管理者的个人素养与管理水平又是其中的重中之重。

总而言之，电影教育者伦理所面向的是教育者与学生、教育者与科研、教育者与教育者、教育者与集体、教育者与社会等多个方面的道德关系,探索教育中"具体的善"、"看得见的善"和"可遵循"的是非标准[1],即教育者和教育管理者应该遵循怎样的教育者道德原则和规范,确立具体的、被大众认可的价值尺度和行为准则,建立良好的教育秩序,促进教育工作的顺利进行和教育目标和追求的实现。

三、电影教学伦理

电影教学伦理(Ethics of Film Teaching)主要指的是电影教学的内容和路径,即电影教学内容和电影教学路径在具体的教学过程中所呈现的伦理关系,目前出现了哪些伦理失范现象,以及如何利用电影教学伦理更好地对其加以规制,实现良好的教学效果。

(一)电影教学内容伦理

首先是电影文本。电影作为一种大众传播手段,电影文本本身在传播的过程就具有教育大众的功能,电影文本作为一种源于现实又高于现实的影像艺术,既展现了现实生活中的真、善、美的正向伦理,又展现了假、恶、丑的负向伦理,是社会伦理道德的反映与再现,这就导致了电影文本既可以教"好"观众,又可以教"坏"观众,即电影文本能够对人产生广泛而深远的影响,这是我们传统意义上的电影教育所未曾涉及的,电影伦理学就不得不正视电影文本这一教学内容。

一方面,许多优秀的电影文本往往就是由一些文学名著改编而成的,如西方的《巴黎圣母院》《安娜·卡列尼娜》《乱世佳人》等;国内的《子夜》《祝福》《芙蓉镇》等。这些电影文本既可以让人们直接了解学习中外优秀的文化遗产,开阔视野,丰富知识,还可以弥补阅读书籍时在艺术直观方面的诸多不足,以进入更高层次的、更广泛的艺术审美领域,具有促进个体乃至社会发展和进步的正向伦理作用。

另一方面,电影伦理学又不得不必须追问电影影像媚俗化、趋利化等误区对人的道德破坏。近年来,在后现代文化和各种非理性主义思潮等的影响下,电影文本创作对物质、金钱、权力、性、暴力的偏爱,如《菊豆》《夜宴》

---

[1] 王正平:《教育伦理学的基础理论探究与建构》,《上海师范大学学报(哲社版)》2017年第6期。

《盲井》《色·戒》《古惑仔》等，一次次将人们引入道德价值取向和道德观念功利化、物质化，道德行为和道德习惯粗俗化、暴力化的误区。电影文本作为一种渗透力极强的艺术，对广大观众尤其是青少年的认知、态度、行为产生广泛、深刻、持久的影响。

其次是电影专业教育内容。电影专业教育内容主要包括电影生产制作、鉴赏评论、营销推广、研究调查等多个环节和鉴赏评论、批评、理论等多个角度，涵盖电影理论知识、电影专业技能、电影审美教育、人文素养教育等多个方面的内容。长期以来，我国电影类专业课程设置非常不合理，在电影人才培养计划中片面强调电影专业学生掌握电影专业技能或者电影理论知识，同时缺少必要的人文素养培育。因此，电影专业教育内容面临的现实伦理冲突包括电影理论知识与电影专业技能的冲突、电影专业素养和人文素养的冲突，这是电影教学过程中常遇到的伦理问题。

电影理论知识与电影专业技能的伦理冲突。电影作为一门综合艺术，不仅需要电影专业学生具备一定的理论素养，更要懂得把这些理论运用到实际的电影创作中去，但现实情况是，大部分高校或者其他电影教育机构往往更注重电影专业技能的掌握，其培养宗旨是为社会输出应用型电影人才，往往忽视电影基础理论的培养。同时，在电影学以及相关专业的教学过程中，本科生和研究生往往会出现断层，本科生重实践，研究生重理论，理论和现实处于一个脱节的状态，这是我国电影教学内容设置上普遍存在的问题。

电影专业素养和人文素养的冲突。在电影教育中，电影专业素养固然重要，但人文素养教育的缺席，将直接限制电影行业后备人才创造力的开发和领悟力的提升。中华民族坐拥五千多年的璀璨文明，从来都不缺少可以转化、利用到电影作品中的文化素材和资源，但是现状是我们拥有着丰饶的文化富矿，却不知如何开采和挖掘，总是去盲目地借鉴西方的电影创作模式和电影特效，缺乏自己的原始创新，这都是"忘本"的表现，文化底蕴便是我国电影之"本"。这也是《哪吒之魔童降世》一出即火，成为爆款，收获满满票房的原因所在，通过对传统文化的创新性转化，这部电影赚得盆满钵满。因此，电影教育的人文素养培养也是重中之重的问题。

（二）电影教学路径伦理

电影职业教育者一般为学校的教师，教师具体执行电影教育实践工作。

那么除学校外,电影教学路径伦理(Ethics of Film Teaching Method)还应该包括来自家庭和社会等多个方面表现出来的电影教育关系,前文提到,我们的电影教育实践不仅包括专业教育,而且涉及电影通识教育,因此电影教育路径包括学校、家庭、社会三个。

第一,家庭。在年幼时我们大概都有过这样的经历:当电视中播放的电影内容属于"少儿不宜"的男女亲热画面时,父母总是会叫我们蒙住眼睛,或者直接喊我们回到自己的房间去。而看到一些战争、武打的暴力场面时则允许我们观看。也就是说,父母在潜移默化的电影教育中,将性和色情归纳为禁忌内容,却把暴力、血腥置之在外。这样的电影教育实践,其结果就是年幼的我们得知不应该看性和色情的电影内容,其他内容没有明显的禁忌。但就电影暴力而言,如前文所述,美国国家暴力起因和防范委员会(National Commissionon Causesand Preventionof Violence)在1969年至1970年进行的媒介暴力的研究中指出,在所有的电视效果研究中,电视暴力的影响是一项非常重要的内容,尤其是对儿童的影响。影像暴力将导致未成年人容忍暴力的能力上升,其思想和行为都更倾向于暴力[1]。

家庭教育不仅忽略了暴力对青少年儿童的影响,其关于电影中的性与色情教育方式也是不恰当的,当父母不准我们看这些内容时,好奇心往往会驱使我们更加想看这些内容,反而求诸于网络和其他渠道,寻找关于性和色情的电影影像,不利于未成年人的健康成长,甚至会诱发社会性犯罪。电影教学伦理作为教育主体实施电影教学的道德准则,就是要规范家庭电影教育教学行为和活动。家庭作为电影教学的重要主体,其在未成年人的启蒙阶段发挥着至关重要的作用,所以家庭应该遵循正确的电影教学道德原则,懂得怎样的电影教学方式才是合理的。当年幼的孩子接触到纷繁复杂的影像世界时,他们往往缺乏成人的理解和判断能力,容易受到影像中一些灰暗元素的诱惑与误导,这时就需要家庭教育给予孩子正确的引导和价值判断。

第二,学校。学校作为以教育为本质属性的社会机构,对于影视教育负有重大责任。学校的影视专业教育应当以技术实践能力的培养和人文艺术素质的提高为核心内容和目标。此外,各类学校加强普及性的影视文化教育也

---

[1] 胡正荣等:《传播学总论》,北京:清华大学出版社2008年版,第299-300页。

很有必要。教师作为电影教学环节的具体执行者，其教学水平直接决定了电影教育的质量。中国传媒大学、北京电影学院、浙江传媒学院等传媒类院校以及北京师范大学、中国人民大学、复旦大学、上海大学、厦门大学、西南大学等师范类、综合类院校都开设了电影教育专业课程以及通识课程，培养了一大批电影人才。但由于开设的电影相关专业的高校太多，导致电影教育水平参差不齐，甚至是鱼龙混杂，师资力量和水平也各不相同，具体表现在电影教学环节就包括：部分高校电影教学主体因循守旧、职业倦怠，教学实践大纲与开拓创新相冲突，教师个人利益与教学实践活动相冲突等，这就需要电影教学伦理面向这些教学过程中的实际问题，有针对性地制定相应的伦理道德准则和规范，促进电影教学实践活动的顺利进行和质量的提升。

教师因循守旧、职业倦怠。自古以来，我国教师普遍具有较高的社会地位，古代以"天地君亲师"为上，到了今天教师仍然是"铁饭碗"的象征，"稳定"成为教师行业的代名词。但正是因为教师的稳定导致部分教师因循守旧，永远停留在原来的位置，尤其是在高校中，教育环境相对轻松，一些电影教育者抱着"铁饭碗"，守着基本概念、传统思路不为所动，电影作为一门与时俱进的艺术，其在创作观念和技术手法、传播平台等方面都是与时俱进的，原来的老一套教学体系呈现滞后性，已经难以满足时下电影人才的需求。另外，职业倦怠在中老年教师群体中表现得尤为强烈，其最大目标是完成基本课程要求，同样与当下的创新型电影人才需求是不相符甚至是相悖的。

教学实践大纲与教学创新之间的冲突。电影教学实践者所面临的现实矛盾就是，学校一方面要求教师必须严格按照教学大纲进行教学实践活动；另一方面要创新电影教学课堂的内容和形式，并且在很多情况下，现有的教学条件无法达到或者实现创新效果，电影教学主体在这样的情况下难以实现很好的教学效果。

教师个人利益与教学实践的冲突。在物价飞涨的社会背景下，教师行业虽然稳定且具有较高的社会地位，但相应的报酬保障不高，尤其是在高校教育对教师高学历严要求的情节下，一些学历不高职称不高单靠教学授课薪酬难以维系个人生活。为了获得更多的收入来源，在电影教育领域，许多电影教学主体选择额外的工作（如传媒公司、广告公司、培训机构等）来换取更多的报酬，这就导致部分电影教育主体由于把重心放在自己额外的事业上，而忽略了基本的教学实践活动，其结果就是导致教学水平和质量的严重下降。

第三，社会。社会层面的电影教育涵盖十分广阔，包括与电影艺术教育相关的培训、讲座、分享会、电影展、各大电影节、影像博物馆、影视教育基地、影视类专业比赛、影院放映、各类电影网站以及微博、微信等。这些不同的电影教育形式对于电影爱好者们有着很好的教育意义，但从电影教育伦理的角度出发，一些问题是不容忽视的，首先，各级各类的比赛、电影节层次各异、水平不一，很多比赛和电影节其准入门槛也是不一样的，导致一些想参与进来的受教育者被拒之门外，那么此类教育形式就无法实现一个良好的电影教育效果和社会效果。其次，在一些影视教育基地的教育实践活动中，负责人会把学生直接带入剧组，参与剧组的具体工作，但一些工作是具有一定危险性的，比如战争片的爆破、电影演员的替身工作，这时受教育者虽然经过亲身经历能够获得良好的电影教育效果，但其人身安全无法得到完全的保障，生命伦理与教育伦理之间存在一定的矛盾。

总之，以家庭、学校、社会为主体的电影教育，其在教学过程的伦理冲突远不止这些，产生的原因也是多方面的，归结起来，我们称之为电影教学伦理的失范，这是当下包括电影教育在内的广大教育活动普遍存在的问题，也是电影教学伦理需要着重解决的问题。

第3节 电影教育伦理的价值与意义

从伦理的立场来看，电影教育在引导社会道德价值观念、构建和谐社会方面具有不可推卸的责任。换言之，电影教育通过电影文本内容、电影教育实施者发挥电影作为社会公器的伦理价值与道德意义。这对于影像化时代背景下的教育革新具有重要作用。

一、价值

"今天的中国电视，正以最广的覆盖面、最大的影响力和最强的渗透性在人们的社会文化生活中扮演着重要角色；也在整个民族的精神文明建设和美育中,担负着其他姊妹艺术难以替代的作用。"[1]电视、电影教育的价值主要在于:一方面,电影教育的覆盖面广、渗透性强;另一方面,生动、形象的视听作品成为教育的重要材料,电影教学内容直观而富有表现力与感染力。

(一)电影文本内容的教育价值

塑造正确的人生观、价值观。"消费语境下,公众逐渐淡化了传统的评判标准、审美倾向,转向对感性信息的寻求。针对个人、群体性的传播问题,影视文化在传播上以交流互动为基础,呈现文化与消费之间的相互推动、平衡的状态,从而赋予影视文化生命和意义。"[2]电影通过还原现实的方式将社会所存在的问题进行艺术化的映射,通过视听语言的形式传递价值观念,达到潜移默化的影响效果。"艺术的特点,就是以鲜明的形象性和它所表现出来的一定的情绪、情感的感染、体验的力量来影响人,教育人的。"[3]

《荒野猎人》的表现背景是在美国的19世纪,弱肉强食的时代,社会整体对于资本都有着近乎狂热的追求。这些无底线索取和穿着文明外衣的一系列野蛮行径不仅破坏了生态,而且威胁到了大量当地土著的生存。影片通过对人与人、人与社会、人与自然之间关系的阐释而映射出关于生存之战、利益之争、复仇之路等。关于生态,人类猎杀动物得到皮草,忽略生态环境打破了最终的平衡。关于信义,约翰·菲茨杰拉德为个体私欲蔑视他者存在,不仅残忍地杀害了休·格拉斯之子,而且说服了吉姆·布里杰将休·格拉斯无情地抛弃在荒野等死。休·格拉斯在关于生存的故事里,其生命垂危目睹爱子被杀害,同时体会到被弃荒野的苦痛。这也是迫使他的意识主体继续走向"人性"丧失的原因,其最终是摈弃人类意义的生活,如动物食生肉,在荒野如动物习惯保持生命的延续和存在。影片通过艺术化的手段,将个人生存、人与人之间的关系、人与自然之间的关系进行了阐释,通过画面所赋予的视觉刺激与冲突,而引发观众进行思考与反思,从而帮助大众塑造正确的价值观、人生观。

《战狼2》中,冷锋脱下军装后被卷入非洲叛乱,本能够安全撤离,其却

---

[1] 李兴国、徐智鹏:《艺术·人文·技术:中国影视教育的三维坐标》,《现代传播》2008年第5期。
[2] 袁智忠:《影视文化纲要》,重庆:西南师范大学出版社2017年版,第220页。
[3] 公丕普:《伦理角色与伦理生活倒置后的道德情境——论〈嘿,老头〉中父子伦理的艺术表现》,四川戏剧2016年第3期。

坚守军人的职责，回归战场展开救援。电影对冷锋形象的刻画，营造出的不仅是军人的英勇、机智，而且是向世界展示了中国军人"一日为战狼，终身为战狼"的豪情，更是向世界宣示"中国的发展，是世界和平力量的壮大，是传递友谊的正能量"。电影通过打斗、爆炸场面的刻画和表现促使观众激情洋溢，同时通过故事情节的构造使得观众的爱国热情高涨，从而塑造观众的爱国意识、团结意识等。《建军大业》《建党伟业》展现了国家存在、国家强大的主题，而《红海行动》《战狼》《空天猎》《长津湖》等都从青春个体出发，阐释爱国主义、民族情怀、社会价值、个体生存等，从个体的行为中突出国家强大、国强民安的主题思想。

以追忆校园青春为主题的《匆匆那年》《同桌的你》《致我们终将逝去的青春》《那些年，我们一起追的女孩》《将爱情进行到底》《后会无期》《少年的你》《你好，李焕英》《我的姐姐》等影片则是以怀旧的方式，将电影指向消费群体的需求进行创作，讲述银幕下的爱情故事，呼唤纯真、懵懂、单纯的爱情世界。此外，包括对家庭观念塑造的《老炮儿》《心迷宫》，对友情观念塑造的《八月》《黑处有什么》《小时代》等。电影通过文化文本的视听化处理，促使受众在娱乐的同时接受电影所传递的价值观、人生观，从而达到对社会个体的观念再塑造。

以警示的形式减少社会犯罪。"从文化内涵看，电影文化传播这一独特的文化形态具有强大的包容性和内容无限的丰富性。"[1]电影并不是艺术元素形态简单叠加而成，而是通过专业的技巧促使各元素之间通过电影进行的融合，各元素之间的独立性消失而产生电影自身的有机部分。比如，《古惑仔》系列影片充斥着黑社会间的厮杀、乱斗、混战等。在讲述江湖恩怨的同时，通过影像的形式给予社会个体一种警示作用，通过血腥、残忍镜头的特写进行了冲动行为后果的刻画，将暴力、混战的疼痛代价进行了暴力美学的渲染，从而利用视听语言的视听冲击性影响社会大众犯罪的心理，以呈现后果的方式达到对社会试图犯罪人士的警示。例如，《红海行动》通过逼真还原战场血腥的方式对社会现实中所存在的恐怖分子进行了警示的作用，深刻地描绘了战争混乱之中，被炮弹炸断双腿的恐怖分子，在生命弥留之际残肢断臂的颤抖

---

[1] 袁智忠：《影视文化纲要》，重庆：西南师范大学出版社2017年版，第17页。

与脸上的绝望。采用特写镜头将穿透胸腔的血腥场景进行雕塑,以及子弹射击之后的阵痛,炮弹炸伤之后的恐惧等,通过恐怖镜头阐释混乱、混战、动乱下的人生存生命的微不足道,以达到恐怖震慑的效果,从而在存在恐怖心理的潜在犯罪分子的心中留下战争残酷无情,个体微不足道的恐怖印象,从而从心理层面击垮潜在的犯罪分子。此外,包括《湄公河行动》《美国队长》《钢铁侠》等对犯罪分子的打击场面进行刻画的电影,都从一定程度上震慑观众,从而减少社会犯罪。

《记忆大师》讲述了江丰因手术失误载入他者杀人记忆并诱发危险经历。电影夹杂凶杀、融入软科学、掺杂暴力,弥漫悬疑的浓厚气息。记忆的重组和梦境的片段抽丝剥茧,通过多种闪回的内容一步步寻找到了真凶。影片最后揭示了凶手的真面目及其杀人的动机,并以伦理的回归结束了整场叙事。

(二)电影专业人员的教育价值

"皮格马利翁效应"(Pygmalion Effect)的行为示范价值。"皮格马利翁效应"来源于罗森塔尔和雅格布森这两位著名的美国心理学家。他们在小学的教学上进行实证,提出了"暗示"的作用。即在本质的意义上,人类的情感以及所处观念必然会受到他者的下意识影响。个体热衷于不自觉接受自己所爱所喜、所信所敬的人的影响,不断强调个人期望、就能得到你所需求的。对于教育而言,教师对学生期望对学生发展具有巨大的影响。教育类型的电影中对教育相关的社会现象也进行了深刻的再现。例如,《放牛班的春天》中教师给学生贴上"坏学生"的标签,对做错事情的学生进行严厉处罚,丝毫不关心学生的内心世界,而马修老师的到来,以自身的言行改变了学生,当学生捉弄取笑他时,马修老师并没有冲他们发火,反而夸奖他们唱得不错;当学生做错事,没有直接体罚他们,而是了解事情的前因后果,妥善地解决此事……马修老师以自己的言行影响学生的言行,促使学生感受到他的关心、关爱,而通过自身努力取得了圆满成功。

电影多元主体的教育价值。电影教育伦理对于现实社会而言,具有约束作用。对于教师职业而言,则有利于规范教师教育活动的准则,促使教师在进行专业人才培养的过程中专业化、科学化、合理化的实践活动形成,从观念到行为的更新,辅助教师进行更深层次的教育教学活动。对于电影导演而言，为其在电影创作初期提供电影行业规范、准则的参考并起到内外结合的约束功能，有利于其所创作的电影摆脱抄袭、恶俗、不健康等问题的出现，从源头遏止低端的、不符合大众审美的电影文化产品出现，促使电影真正地服务于社会的和谐发展与意识形态的输出。对于电影演员而言，演员的素质包括形体动作、观察能力、灵活性、可塑性，但目前不乏有演员出于对剧本的肤浅理解而造成演绎生硬、呆板，致使无法生动、形象地呈现剧本的文化含义。例如，黄某某在综艺节目《演员的诞生》中扮演的剧目《我和春天有个约会》中女主角姚小蝶，但由于其面部表情、形体动作、舞台走位等导致该段表演失去剧本原有的韵味与内涵。电影教育伦理有利于演员对自身要求、素养的提升，促使其不断地提升自我的专业素养与能力。

综上所述，电影教育伦理对于电影从业人员而言，其从教师职业、人才培养、导演编剧、专业演员等多个层面进行了规范，促使电影从剧本创作初期，到演员演绎电影拍摄，再到后期电影制作等各个层面具有规范性、合理性、健康性、专业性、科学性，具备促进电影产业健康发展的重要价值。

二、意义

（一）电影文本内容的教育意义

"当下，影视作品中体现有关传统道德伦理方面的情节频繁呈现。大量剧作家也已经以题材和手法在民族文化积淀中挖掘到了合适的表现内容，民族的传统的文化普遍受到新的关注[1]。"通过文化渗透达到对自然规律的表述、社会道德的阐释、意识形态的输出等。从而服务于人与人、人与社会、人与自然之间关系的构成，达到社会和谐、健康发展，以及国家、民族意识形态的输出，提升文化软实力。

有利于促进社会和谐和人的健康发展。中华传统文化包括古文、古诗、词语、乐曲、赋、民族音乐、民族戏剧、曲艺、国画、书法、对联、灯谜、射覆、酒令、歇后语等。中华民族历经千年发展，拥有强大的民族精神，社会主义价值观如今支撑和指引着中华民族的生存和发展。是社会安定、和谐、发展的精神内涵基础，电影通过对民族符号的运用、故事情节对民族精神的

---

[1] 袁智忠：《新时期影视作品道德价值取向及其对青少年的影响研究》，重庆：西南大学2009年。

阐释等，传播统一的观念，从而有利于社会的稳健发展。例如，影片《羞羞的铁拳》阐释个人梦想实现的故事，同时以艾迪生与马小之间相互的镜像关系，进行男女性别的倒置，是对拳击手、记者之间社会身份的界定与融合。该影片讲述了职业区分下职业道德、职业操守等问题。艾迪生个人形象的塑造包含了诚实、努力、坚持、真诚、勤奋的精神内涵，其在拳击道路上有过挫折而逃避现实，进而在换回自我角色后，通过自强不息的拼搏精神实现自我梦想。而马小作为记者其秉承着对客观事实报道的职责，有义务将真相、真实呈现给大众，电影运用了冲突化的戏剧处理方式促使其在固执与真相中纠结与挣扎，最后选择了遵从真相，勇敢地说出真相。影片最后进行了马小与父亲之间关系的和解，达到了民族文化传递，将团结、勇敢、自强的精神内涵通过电影进行传递，进而影响社会人的行为倾向，实现以人为本的和谐社会建构。类似的电影包括《中国合伙人》《夏洛特烦恼》《港囧》《老男孩之猛龙过江》《谁的青春不迷茫》等。

国外电影同样具有相同的意义，如《美国队长》讲述了一名身体瘦弱的新兵，接受美国政府的实验改造后变成了"超级士兵"，其力量、速度、耐力等各项体能都异于常人，并以美国队长的身份在世界大战中立下显赫战功。电影通过塑造一个英雄的形象传递美国自由、平等、民主等观念，通过系列漫威漫画的超级英雄的构造，打造美国式的价值输出方式与意识形态体系。类似的电影还包括《蜘蛛侠》《银河护卫队》《绿巨人浩克》《复仇者联盟》《X战警》等。

有利于意识形态和文化的传播。在全球语境环境下，电影、电视势必是文化跨国传播的重要媒介。"国家的意识形态传播成了海外传播的必争之地，包含了国家形象、民族建构、风俗习惯等层面的传播和交流。然而，不同国家、民族在跨文化传播过程中强烈的民族文化特性会呈现削弱状态。"[1] 例如，具有中国元素的国外动画片《功夫熊猫》将中国文化、功夫进行了文本编辑，影片的动作设计结合了鹤拳、螳螂拳、虎拳、猴拳、蛇形刁手等传统中国武术等。而主人翁熊猫则是中国的国宝级保护动物，影片以熊猫为主吸引了观众眼球，辅以中国特色的配乐，以及在传统的服饰、中国山水画色彩的背景烘托下，

---

[1] 袁智忠：《影视文化纲要》，重庆：西南师范大学出版社2017年版，第233页。

将中国文化成功地搬到了电影银幕上，采用艺术化的手段进行了中国文化的融入与传播。

电影的文化也应发掘民族和本土内容，要将大范围的可理解文化加以影像化体现。在保持原有的本土内容的同时，文化之特色也能体现与不同地区文化的沟通状况。电影的文化本是一个庞杂多样的体系，包括了建筑、语言、服饰以及辐射等外在表现特征，也涵盖了日常的生活习惯、价值观念、民俗意识以及人际关系等含义[1]。美国主流意识形态宣传手法的影片《阿甘正传》讲述了一个平凡人通过努力成为英雄的故事，好莱坞商业大片中弥漫了美国社会的意识形态，使全世界的观众能够在茶余饭后、休闲娱乐之际接受美国的国民精神特质及意识形态规范。我国新时期电影如《黄土地》《大红灯笼高高挂》《红高粱》等都是在"镜像"中国本土内容。此外，《英雄》《卧虎藏龙》等电影在文化本质上加强了本土文化的讲述并注重与国际市场的需求进行融合。《卧虎藏龙》通过"竹林""刀剑江湖"等展现了中国武侠文化。演员的选用上采用大量国际化的演员，此外其在场面的设计上也是将反传统的超现实内容囊括进来，以此运用数码特性与其特技，从而在国内与国外各个元素的融合中诠释解读华夏武侠之文化和本土之特性。

"电影作为独特的一类艺术的形式，其涵盖人类的文化组成内容，并借助符号和媒体进行文化的传播"[2]电影创作者将具有特色的文化、风俗等融入电影文本中，以艺术化的手段展现中华民族的文化精神、民族的时代特色，有利于在国际传播领域中凸显中国现代的"大国形象"、独特的"民族形象"、悠久的中华文化。

（二）电影专业人员的教育意义

培养专业的电影从业人员。艾伦·贝克说："在教育问题上，我们始终贯彻理论和实践相结合的理念。"[3]电影教育伦理在一定层面上指向电影从业人员的培养，包括导演、制片、演员等在内的人才在专业知识、专业技能等层面的培养。目前，电影教育主要集中在以下几个层面的教育方式：一是通过高等电影专业院校的培养，这类院校配备专业的电影技术人员，对人才进行

---

[1] 袁智忠：《影视文化纲要》，重庆：西南师范大学出版社2017年版，第234页。

[2] 袁智忠：《影视文化纲要》，重庆：西南师范大学出版社2017年版，第220页。

[3] 史佳烨：《电影人才哪里来 中外电影教育互鉴》，《数码影像时代》2015年第8期。

专职专向的培养；二是通过社会各类型培训机构，这类培养方式主要是基于进入社会的在职人员而言，通过工作之余进行专业知识的学习。无论是哪一种教育教学方式，其中都存在教与学之间的人际关系，电影教育伦理涵盖了电影教学过程中，人与人之间所处的相同准则以及教育和教学过程中的参与，相互建立在不同的利益上。同样，我们依据这些观念和原则，以及相关的道德内容，都可能进行社会关系的重构。涵盖了教育者作为教师职业身份界定下的职业道德、职业操守、职业准则。

　　古语"言传身教"的观点涵盖了教师的素养内容。要求教师必须要以身作则、身体力行，时时处处起模范表率作用。《礼记》也强调："师也者，教之以事而喻诸德也。"[1]要求教师在教育活动中，要注重培养对象的德才兼备，不仅要传授学生"谋事之才"，更要教会学生"立世之德"，其中传"德"尤其重要。电影的教育、教学伦理有利于教师规范其教学的言行，并将正能量传递给学生。教育家苏霍姆林斯基强调教育者要深刻洞察人心，并且在整个教育生涯中，研究个人心理知识，以成为教育教学专业人员。教育人员需从学生心理内容层面着手，从而建构符合学生接受心理的教学计划、课堂设计、知识架构，以便达到更好的知识传授。而从学生层面而言，可分为导演、演员等，其在经过专业、系统、正确的培养之后对将所学知识反馈到电影产品的创作之中。新媒体背景下，延伸出众筹电影、微电影、手机电影等多种形式，电影人才需要符合社会需要，进而呈现对业务精湛、技术过硬、艺术素养、多元知识、综合能力素质等多层面知识、技能掌握的人才需求。以便面向市场，从而适应时代对复合应用型人才的需要。当然，电影的教育对新一代专业人才的全方位打造、整体的培养同样具有重要意义。

　　促进电影产业健康发展。教育不仅是社会服务行业的一种，而是在社会对人才的渴望中成为社会赖以发展的本源，促使人才的更新、提升，有利于社会行业注入新的能量、调整行业发展方向。创新产业发展最根本的因素是创新型人才的发展，取决于人才的创造性、操作力、执行力和更新能力。其综合素质、能力决定着一个行业的发展，更是社会的生产能力的体现，决定着社会的未来指向。电影教育培养方案的优化，能够促使课程体系、教材选

---

[1] 陈戍国：《礼记校注》，长沙：岳麓书社2004年版，第147页。

取、人才培养等各个层次的提升，从而进一步培养大量具有理论知识、实践能力、创新能力、动手能力、自主能力等相结合的复合型人才，从而以人为核心因素带动产业的发展与壮大。

此外，当前的电影产业也在IP产业链建设和新媒体营销上有了更多的新型策略，并在剧情上迎合受众、产出上依靠受众，融合了大量的奇幻叙事内容。例如，众筹的国产动画《大鱼海棠》讲述了能够控制海棠生长的女孩椿为了向救助自己的人类男孩"鲲"报恩，后受到天神湫的帮助，参与命运纠缠的故事。而电影的故事雏形来源于导演的两个梦境，导演通过对梦境的解析然后衍生创作。电影故事里面融合古书《山海经》《搜神记》以及上古神话"女娲补天"等传统文化元素，并基于这些文化元素打造了一个奇幻世界。影片故事题材独特、效果惊艳、制作经历传奇别致，电影中人物的服饰为中国红，土楼等设计源自中国元素的组合，赋予电影强烈的"中国风"，进而拉开了众筹电影的序幕。其后出现的《西游记之大圣归来》《小时代》《魁拔》《十万个冷笑话》等也都是众筹电影的代表。《西游记之大圣归来》消费对象是中国IP"齐天大圣孙悟空"，将传统故事与现代艺术进行再次创作，呈现传统与现代、经典与创意的结合，促使众筹电影与原创IP的结合，激发了互联网电影制作的高潮，推进讲故事、讲情怀、讲怀旧的电影文本进入市场。好莱坞在其电影众筹史上也不乏优秀产出如早期大卫·芬奇监制的动画片《亡命暴徒》、斯派克·李众筹的黑人电影《耶稣的甜血》以及罗布·托马斯导演的《美眉校探》等。

要促进电影产业健康、有序的发展，要建构中国电影伦理学派，不仅需要道德教育参与、创新创意的产出，也需要整体营销方案的综合优化。只有如此，才能保证电影产业的全面进步和稳步发展。

参考文献

中文文献

学术著作

［1］蔡卫.美国电影艺术史［M］.北京：中国传媒大学出版社，2009.
［2］蔡元培.中国新文学大系导论集［M］.上海：良友复兴图书印刷公司，1940.
［3］陈播.中国电影编年纪事（总纲卷上）［M］.北京：中央文献出版社，2005.
［4］陈荒煤.当代中国电影［M］.北京：中国社会科学出版社，1989.
［5］陈卫平.影视艺术欣赏与批评［M］.上海：上海古籍出版社，2003.
［6］陈犀禾.当代电影理论新走向［M］.北京：文化艺术出版社，2005.
［7］陈犀禾,聂伟.当代华语电影的文化、美学与工业［M］.桂林：广西师范大学出版社，2011.
［8］陈晓云.中国当代电影思潮与现象研究（1979—2009）［M］.北京：中国电影出版社，2013.
［9］陈旭光.影像当代中国：艺术批评与文化研究［M］.北京：北京大学出版社，2011.
［10］丁亚平.电影的踪迹：中国电影文化史评［M］.北京：中央编译出版社，2005.
［11］丁亚平.中国当代电影史（1）［M］.北京：中国电影出版社，2011.
［12］丁亚平.中国当代电影史（2）［M］.北京：中国电影出版社，2011.
［13］范志忠.百年中国影视的历史影像［M］.杭州：浙江大学出版社，2006
［14］何春耕.中国电影产业与政策发展研究［M］.北京：新华出版社，2012.
［15］何怀宏.伦理学是什么［M］.北京：北京大学出版社，2002.
［16］胡建.启蒙的价值目标与人类解放［M］.上海：学林出版社，2000.
［17］胡菊彬.新中国电影意识形态史（1949—1976）［M］.北京：中国广播电视出版社，1995.
［18］胡星亮.影像中国与中国影像［M］.北京：北京大学出版社，2014.
［19］胡亚敏.叙事学［M］.武汉：华中师范大学出版社，2004.
［20］荒煤.勇于探索和战斗的一生（论成荫）［M］.北京：中国电影出版社，1989.
［21］黄会林等.影视文化对未成年人的影响与对策研究［M］.广州：中山大学出版社，2009.
［22］贾成祥.中国传统文化概论［M］.北京：人民军医出版社，2005.
［23］贾磊磊,袁智忠.中国电影伦理学·2017［M］.重庆：西南师范大学出版社，2017.

[24] 金丹元.新中国电影美学史（1949—2009）[M].上海：上海三联书店，2013.
[25] 金龙晟.票房大腕冯小刚[M].北京：中国广播电视出版社，2005.
[26] 李道新.中国电影文化史[M].北京：北京大学出版社，2005.
[27] 李东燕.正义与邪恶的较量[M].北京：中国社会科学出版社，1997.
[28] 李恒基等.中外影视名作辞典[M].北京：国际文化出版公司，1993.
[29] 李璜.国家存在论[M].上海：中华书局，1929.
[30] 李显杰.电影叙事学：理论和实例[M].北京：中国电影出版社，2000.
[31] 厉震林.电影的转身[M].上海：文汇出版社，2010.
[32] 梁漱溟.中国民族自救运动之最后觉悟[M].上海：中华书局，1933.
[33] 梁漱溟.中国文化要义[M].上海：上海人民出版社，2005.
[34] 刘小枫.沉重的肉身[M].北京：华夏出版社，2004.
[35] 卢风.享乐与生存：现代人的生活方式与环境保护[M].广州：广东教育出版社，2000.
[36] 陆绍阳.中国当代电影史——1977年以来[M].北京：北京大学出版社，2004.
[37] 罗国杰.伦理学[M].北京：人民出版社，1989.
[38] 罗国杰.伦理学教程[M].北京：中国人民大学出版社，1986.
[39] 罗艺军.20世纪中国电影理论文选（上卷）[M].北京：中国电影出版社，2003.
[40] 马尔丹.电影语言[M].北京：中国电影出版社，1982.
[41] 马中.人与和：中国哲学简明读本[M].西安：陕西人民出版社，2007.
[42] 毛泽东.毛泽东选集（合订一卷本）[M].北京：人民出版社，1964.
[43] 孟固.电影艺术的文学解读[M].延吉：延边大学出版社，2004.
[44] 孟犁野.新中国电影艺术史（1949—1965）[M].北京：中国电影出版社，2011.
[45] 苗力田.亚里士多德全集第九卷[M].北京：中国人民大学出版社，1990.
[46] 倪震.改革与中国电影[M].北京：中国电影出版社，1994.
[47] 聂珍钊.文学伦理学批语导论[M].北京：北京大学出版社，2014.
[48] 彭吉象.影视美学[M].北京：北京大学出版社，2002.
[49] 曲春景，耿占春.叙事与价值[M].上海：学林出版社，2005.
[50] 饶曙光.中国（华语）电影发展与对外传播[M].北京：中国广播电视出版社，2013.
[51] 沈亚生等.人学思潮前沿探究[M].北京：社会科学文献出版社，2010.
[52] 沈芸.中国电影产业史[M].北京：中国电影出版社，2005.
[53] 史可扬.新时期中国电影美学研究[M].北京：北京师范大学出版社，2014.
[54] 数托邦.中国娱乐大数据[M].北京：东方出版社，2014.
[55] 宋家玲.影视叙事学[M].北京，中国传媒大学出版社，2007.
[56] 孙献韬，李多钰.中国电影百年下编（1977—2005）[M].北京：中国广播电视出版社，2010.
[57] 万俊人.道德之维：现代经济伦理导论[M].广州：广东人民出版社，2000.
[58] 王彬.颠倒的青春镜像：青春成长电影的文化主题研究[M].成都：巴蜀书社，2011.
[59] 王德胜.中国中学教学百科全书·政治卷[M].沈阳：沈阳出版社，1990.

［60］王宁.消费社会学［M］.北京：社会科学文献出版社，2001.
［61］王海明.伦理学与人生［M］.上海：复旦大学出版社，2009.
［62］吴迪.中国电影研究资料（上卷）［M］.北京：文化艺术出版社，2006.
［63］伍茂国.现代小说叙事伦理［M］.北京：新华出版社，2008.
［64］萧延中.晚年毛泽东［M］.北京：春秋出版社，1989.
［65］萧扬，胡志明.文化学导论［M］.石家庄：河北教育出版社，1989.
［66］徐克谦.中国传统思想与文化［M］.桂林：广西师范大学出版社，2007.
［67］尹鸿.跨越内年：全球化背景下的中国电影［M］.北京：清华大学出版社，2007.
［68］虞吉.中国电影史纲要［M］.重庆：西南师范大学出版社，2008.
［69］袁智忠.光影艺术与道德扫描——新时期影视作品道德价值取向及其对青少年的影响研究［M］.重庆：重庆大学出版社，2011.
［70］袁智忠.影视批评纲要［M］.重庆：重庆大学出版社，2008.
［71］张冲.电影文化研究［M］.北京：北京大学出版社，2015.
［72］徐岱.审美正义论——伦理美学基本问题研究［M］.杭州：浙江工商大学出版社，2014.
［73］刘小枫.沉重的肉身［M］.北京：华夏出版社，2015.
［74］李道新.中国电影批评史（1897—2000）［M］.北京：中国电影出版社，2002.
［75］蔡元培.中国伦理学史［M］.北京：中华书局，2014.
［76］朱贻庭.伦理学大辞典［M］.上海：上海辞书出版社，2011.

期刊论文

［1］白景晟.观影杂感——看《苦恼人的笑》《生活的颤音》《小花》［J］.电影艺术，1979（6）.
［2］常彦.《在被告后面》的后面［J］.电影艺术，2004（6）.
［3］胜利.理想主义的负面［J］.读书，1986（12）.
［4］陈墨.当代中国青年电影发展初探［J］.当代电影，2006（3）.
［5］陈旭光.第六代导演：现代性危机与青年身份焦虑［J］.艺术广角，2003（2）.
［6］陈旭光.第六代电影的青年文化性［J］.北京电影学报，2004（3）.
［7］崔卫平.我们时代的叙事［J］.电影艺术，2006（2）.
［8］戴锦华.雾中风景：初读第六代［J］.天涯，1996（1）.
［9］郝建.谢晋其片其人［J］.北京电影学院学报，2009（6）.
［10］贺照田.从"潘晓讨论"看当代中国大陆虚无主义的历史与观念成因［J］.开放时代，2010（7）.
［11］洪帆.暗影下的虚构：探寻百年中国电影中的"兄弟伦理"［J］.电影艺术，2005（2）.
［12］胡牧.十七年电影英雄叙事的性别话语［J］，重庆广播电视大学学报，2008（4）.
［13］黄会林，王宜文.新中国十七年电影美学探论［J］.当代电影，1999（5）.
［14］贾磊磊.悖论叙事：电影伦理选择的两难境遇［J］.当代电影，2021（2）.
［15］李秀娟.从观影"快"感到创伤时延——史考特·希克斯《雪落香杉》中的时间伦理［J］.英美文学评论（台北），2011（5）.
［16］刘晓希.电影叙事与电影评论的伦理分析——兼谈2016年的电影现象［J］.东北师

大学报（哲学社会科学版），2017（4）．

［17］刘欣．叙述的伦理性如何可能——评保罗·利科《作为一个他者的自身》［J］．文艺研究，2017（2）．

［18］倪震．谢晋［J］．杭州师范大学学报（社会科学版），2009（1）．

［19］饶朔光．社会／文化转型与电影的分化及其整合——90年代中国电影研究论纲［J］．当代电影，2001（1）．

［20］申丹．也谈"叙事"还是"叙述"［J］．外国文学评论，2009（3）．

［21］唐因，唐达成．论《苦恋》的错位倾向［N］．人民日报，1981-01-07．

［22］天刃．却话巴山夜雨时——《巴山夜雨》的导演艺术［J］．电影艺术，1981（1）．

［23］王鸿生．不排除解构视界，但拒绝虚无主义——序《叙事与价值》［J］．文艺理论研究，2005（4）．

［24］王鸿生．何谓叙事伦理批评［J］．文艺理论研究，2015（6）．

［25］谢枫，谢飞，张庆艳，等．再发现第四代［J］．电影艺术，2008（5）．

［26］谢建华．青春映像：中国青春电影的文化母题与创作趋向［J］．当代电影，2010（4）．

［27］杨延晋，薛靖．电影美学随想［J］．电影艺术，1980（5）：32．

［28］杨延晋，薛靖．学习与探索——《苦恼人的笑》创作后记［J］．电影新作，1980（1）．

［29］余纪．中国电影伦理观念的现代性转换［J］．电影艺术，2005（2）．

［30］袁智忠，贾森．中国主流电影的商业伦理危机［J］．电影艺术，2014（3）．

［31］袁智忠，马健．基于伦理视角的新世纪中国都市爱情电影创作［J］．文艺争鸣，2014（12）．

［32］袁智忠，孙玮．中国电影IP创作的文化伦理反思［J］．艺术百家，2016（3）．

［33］袁智忠，田鹏．电影伦理学与中国电影学派［J］．艺术百家，2021（1）．

［34］袁智忠，田鹏．影像语言的伦理性［J］．电影艺术，2021（1）．

［35］袁智忠，杨璟．电影伦理学的命名、对象、边界与谱系［J］．电影艺术，2019（4）．

［36］袁智忠，易连云．后现代语境下的影像传播与青少年道德自律［J］．高等教育研究，2008（2）．

［37］袁智忠．姜文电影的伦理价值追问［J］．艺术百家，2011（6）．

［38］袁智忠．近年来影视创作价值取向误区对青少年道德的负面影响［J］．现代传播—中国传媒大学学报，2009（1）．

［39］袁智忠．远离"弑父"：新生代影像策略的惨胜［J］．当代文坛，2005（1）．

［40］张光年．张光年日记选：1981年批判《苦恋》的前前后后［J］．百年潮，1998（1）．

［41］张暖忻．《沙鸥》从剧本到电影［J］．北京电影学院学报，2005（3）．

［42］张暖忻．青春祭导演自述［J］，北京电影学院学报，2005（3）．

［43］张小虹．台北慢动作：身体—城市的时间显微［J］．中外文学（台北），2007（2）．

［44］张振华，孙玲．中国电影伦理叙事的历史变迁［J］．厦门大学学报(哲学社会科学版)，2006（2）．

［45］张仲年．试论《小街》的艺术探索［J］．电影艺术，1982（11）．

［46］赵毅衡．"叙事"还是"叙述"——一个不能再"权宜"下去的术语混乱［J］．外国文学评论，2009（1）．

[47] 周星，孙惠丽.反思中国电影叙事艺术［J］.电影艺术，2006（5）.

学位论文

[1] 韩探.漂流的中国青春——中国当代先锋电影思潮论（大陆1977年以来）[D].济南：山东师范大学，2012.
[2] 李丹丹.女性主义伦理思想与当代中国电影叙事［D］.南京：东南大学，2016.
[3] 石晓芳.影像青春——九十年代以降大陆青春电影发展初探［D］.呼和浩特：内蒙古师范大学，2018.
[4] 苏月奂.中国当代电影的叙事伦理研究［D］.济南：山东师范大学，2016.
[5] 徐凯.青春·成长·镜像——20世纪90年代以来中国大陆电影的青春叙述［D］.广州：暨南大学，2014.
[6] 袁智忠.新时期影视作品道德价值取向及其对青少年的影响研究［D］.重庆：西南大学，2009.
[7] 赵文国.理论与批评［D］.太原：山西师范大学，2019.

中文译著

[1][德]弗洛伊德.性学和爱情心理学［M］.南昌：百花洲文艺出版社，1996.
[2][德]黑格尔.法哲学原理［M］.北京：商务印书馆，1961.
[3][德]康德.道德的形而上学基础［M］.上海：上海人民出版社，2005.
[4][德]康德.法的形而上学原理——权利的科学［M］.北京：商务印书馆，1991.
[5][德]康德.论优美感和崇高感［M］.北京：商务印书馆，2001.
[6][德]康德.判断力批判［M］.北京：商务印书馆，1964.
[7][德]马克思，恩格斯.马克思恩格斯选集（第1卷）[M].北京：人民出版社，1972.
[8][德]尼采.道德的谱系［M］.北京：三联书店，1992.
[9][德]尼采.善恶的彼岸［M］.北京：商务印书馆，2015.
[10][德]齐格弗里德·克拉考尔.电影的本性：物质现实的复原[M].南京：江苏教育出版社，2006.
[11][德]叔本华.伦理学的两个基本问题［M］.北京：商务印书馆，2010.
[12][德]叔本华.人生的智慧［M］.北京：工人出版社，1988.
[13][德]叔本华.生存空虚说［M］.北京：作家出版社，1988.
[14][德]叔本华.作为意志和表象的世界［M］.北京：商务印书馆，1982.
[15][俄]车尔尼雪夫斯基.生活与美学［M］.北京：人民文学出版社，1959.
[16][英]A.米尔恩.人权哲学［M］.北京：东方出版社，1991.
[17][法]克里斯蒂安·麦茨等.想象的能指：精神分析与电影［M］.北京：中国广播电视出版社，2006.
[18][法]克里斯蒂安·梅茨.电影的意义［M］.南京：江苏教育出版社，2005.
[19][法]马尔丹.电影语言［M］.北京：中国电影出版社，1980.
[20][古希腊]亚里士多德.尼各马可伦理学［M］.北京：商务印书馆，2003.
[21][荷]斯宾诺莎.伦理学［M］.北京：商务印书馆，1998.

[22][美]W.考夫曼.存在主义[M].北京：商务印书馆，1987.

[23][美]埃利希·弗洛姆.占有还是生存[M].北京：三联书店，1989.

[24][美]安敏成.现实主义的限制[M].南京：江苏人民出版社，2011.

[25][美]芭芭拉·沃德，雷纳·杜博斯.只有一个地球[M].长春：吉林人民出版社，1997.

[26][美]保罗·库尔茨.21世纪的人道主义[M].北京：东方出版社，1998.

[27][美]博登海默.法理学：法律哲学与法律方法[M].北京：中国政法大学出版社，1999.

[28][美]弗兰克纳.伦理学[M].北京：生活·读书·新知三联书店，1987.

[29][美]科利斯·拉蒙特.人道主义哲学[M].北京：华夏出版社，1990.

[30][美]理查德·麦特白.好莱坞电影[M].北京：华夏出版社，2005.

[31][美]鲁道夫·爱因汉姆,电影作为艺术[M].邵牧君译.北京：中国电影出版社，2003.

[32][美]罗伯特·C.艾伦，道格拉斯·戈梅里.电影史：理论与实践[M].北京：中国电影出版社，1997.

[33][美]罗伯特·F.墨菲.文化与社会人类学引论[M].北京：商务印书馆，1994.

[34][美]罗尔斯.正义论[M].北京：中国社会科学出版社，1988.

[35][美]马尔库塞.单向度的人[M].重庆：重庆出版社，1988.

[36][美]斯坦利·D.威廉斯.故事的道德前提：怎样掌控电影口碑与票房[M].北京：北京联合出版公司，2013.

[37][美]托马斯·沙兹.旧好莱坞/新好莱坞：仪式，艺术与工业[M].北京：中国广播电视出版社，1992.

[38][美]詹姆斯·费伦.作为修辞的叙事[M].北京：北京大学出版社，2003.

[39][日]西田几多郎.善的研究[M].北京：商务印书馆，1965.

[40][意大利]安东尼奥·梅内盖蒂.电影本体心理学：电影和无意识[M].北京：中国广播电视出版社，2007.

[41][英]拉斯基.国家的理论与实际[M].上海：商务印书馆，1959.

外文文献

[1] Adam Zachary Newton. *Narrative Ethics*. Cambridge MA: Harvard University Press. 1995.

[2] Berys Gaut. Art, *Emotionand Ethics*. New York: Oxford University PressInc. 2007.

[3] J. Hillis Miller. *The Ethics of Reading*. New York: Columbia University Press. 1987.

[4] Lisa Downing and Lib by Saxton. *Film and Ethics*. Routledge Taylor&Francis Group. 2010.

[5] Stuart Hall, Tony Jefferson, eds. *Resistance Through Rituals: Youth Subculturein Postwar Britain*. London: Hutchinson, 1976.

[6] Timothy Shary. *Teen Movies: American Youthon Screen*. Timothyshary, 2005.

写在后面的话

这是中国第一部电影伦理学专著。它是在电影学和伦理学的交叉和跨界点上建构的原创性学术著作。全书立足于传统伦理道德观视角，将电影中的伦理道德问题作为主要研究对象，包括（电影）"二律背反"的伦理现象、性与电影伦理、暴力与电影伦理、社会正义与电影伦理、电影类别与电影伦理等，进行了专题、系统、深入的具体研究。毫无疑问，这就是电影学、伦理学学科的新发展、新动态、新成就。

作为一部力求构建创新体例的学术著作。这本书体现了作者30多年在高等院校工作、长期积累而形成的典型学院派学术风格。它借鉴了已有的人文社科的相关著述，如美学、哲学、文艺学、教育学等学科的研究范式和学术智慧，集成了这本专著。《电影伦理学》对电影伦理学的诞生与发展、电影生产伦理、电影叙事伦理、电影传播伦理、电影接受伦理、电影批评伦理、电影教育伦理进行了全面的阐释。其结构完整，内容翔实，案例丰富，在人文社科已有研究成果的基础上，建构起独有的话语体系和学术体系，力图创构电影伦理学研究的新范式。

"电影伦理，确切地讲就是影片中表现出来的伦理生活，又何尝不是我们整个社会伦理生活的组成部分呢？"[1]作为一部契合电影学专业，以及中国和人类社会现实的著作。作者面对一百多年的中国电影发展史和学术研究史，认为电影的创作和传播有"原罪"，需要对其进行救赎。当今电影工业化时期，大量的电影作品出现在观众面前，带来一场场视听盛宴的同时，在伦理道德领域上却是"负债累累"。它也教坏了人类，成了人类犯罪的"教科书"，扭曲人们生活的"哈哈镜"，给人类带来了一系列社会危机和精神危机。电影伦理学的创建和探讨也许正是实现其救赎的一条重要途径。

无论是从思想内容层面，还是从视听语言层面，作者都作了努力的思考，包括电影伦理学的基本原理、历史、叙事伦理、跨学科知识、电影个案等多个方面。面对中国电影理论发展的客观现实，面对电影创作和产业界所出现

---

[1] 贾磊磊，袁智忠.中国电影伦理学·2017.重庆：西南师范大学出版社，2017.

的种种现象，面对电影批评中出现的诸多问题，作者以影像叙事形态研究为基础，以影片表现的伦理取向为主要研究对象，建构了独特的电影伦理学学科体系。电影伦理学是以视听媒介为代表的电影出发点，去分析电影所分析的伦理现象，去透析电影伦理诉求，去剖解有悖传统伦理道德的影像表达，去解决电影创作、生产、传播、接受过程中的实际问题。

带着一种情怀和使命感，作者集几十年的学术积淀之功力，综合参考、借鉴了电影学、伦理学、文艺学、美学、教育学等学科智慧和学术成果，创造性地、创新性地勉力完成了这部具有开创意义的电影伦理学著作。《电影伦理学》从构思到完成历时多年，是作者多年学术积淀的体现。作者面向中国电影的实际问题，力求从理论上建构中国电影的伦理精神，从而尝试开宗立派地建构中国电影伦理学的学科体系、话语体系、学术体系。

作者从 20 世纪 80 年代开始，一直在高校从事电影学及其相关学科的教学和研究。凭借较为开阔的学术视野，除电影学的学术背景外，还广泛融入了文学、艺术学、美学、伦理学、传播学、教育学等多学科的知识积淀。这种开阔的学术视野，锤炼了作者较大的学术格局和学术胸怀，能够在当下中国，在社会主义市场经济不断发展，在电影票房不断攀升、电影产量不断扩大的背景下，开创出一门有利于或造福于电影创作、电影观众和人类命运的，具有跨时代意义的电影伦理学著作。《电影伦理学》将为研究中国电影伦理问题提供最直接的理论工具，同时为中国电影创造提供伦理学学术参照，最终促进中国电影朝着政治正确、历史认知真实、艺术风格趋于完美，同时符合中华优秀传统伦理道德和人类命运共同体意识的方向发展。

在书稿形成和修改的过程中，研究团队成员贾淼、余鸿康、张文博、田鹏分别参与了初稿的写作和后期校对等工作。

作为一部原创性著作，定然有诸多不足。我们谨以此抛砖引玉，盼望吸引更多的专家学者参与这门新兴学科的研究。这本书的写作和出版，得到了著名电影理论家贾磊磊先生、饶曙光先生的鼓励、提携和帮助。在此谨向贾老师、饶老师，向所有帮助、支持、参与电影伦理学创立和研究的人们道一声：感谢！

袁智忠
2022 年 10 月 28 日
于西南大学影视传播与道德教育研究所